O USO DE PSICOFÁRMACOS E TERAPIAS COMPLEMENTARES NA APRENDIZAGEM

Coleção
Aos Mestres com Carinho

O USO DE PSICOFÁRMACOS E TERAPIAS COMPLEMENTARES NA APRENDIZAGEM

ORGANIZADORES

WÂNIA CRISTINA DA SILVA

ANTONY DE PAULA BARBOSA

Artesã

O uso de psicofármacos e terapias complementares na aprendizagem

DIRETOR
Alcebino Santana

DIREÇÃO DE ARTE
Tiago Rabello

COORDENAÇÃO EDITORIAL
Michelle Guimarães El Aouar

REVISÃO
Maria Clara Regis

CAPA
Michelle Guimarães El Aouar

DIAGRAMAÇÃO
Conrado Esteves

U86

O uso de psicofármacos e terapias complementares na aprendizagem / organizadores: Wania Cristina da Silva , Antony de Paula Barbosa. – Belo Horizonte : Artesã, 2023.

164 p. : il.; 23 cm.. – (Aos mestres com carinho / organizadora: Ângela Mathylde Soares)

ISBN: 978-85-7074-074-8

1. Psicologia. 2. Técnicas psicoterapeuticas. 3. Farmacoterapia. I. Silva, Wania Cristina da. II. Barbosa, Antony de Paula. III. Soares, Ângela Mathylde.

CDU 159.9.018

Catalogação: Aline M. Sima CRB-6/2645

IMPRESSO NO BRASIL
Printed in Brazil

(31)2511-2040 (31)99403-2227
www.artesaeditora.com.br
Rua Rio Pomba 455, Carlos Prates - Cep: 30720-290 | Belo Horizonte - MG
/artesaeditora

COMISSÃO EDITORIAL DA OBRA

Ana Luiza Chaves Maia

Possui graduação em Farmácia pela Universidade Federal de Ouro Preto (2012), mestrado (2015) e doutorado (2019) em Ciências Farmacêuticas, com projetos na área de Nanotecnologia, pela Universidade Federal de Minas Gerais (UFMG) e especialização em Farmácia Estética pelo ICosmetologia e pela Associação Brasileira de Educação Farmacêutica. (2022). Atualmente, é pesquisadora no Centro de Tecnologia de Vacinas da UFMG, exercendo atividades de suporte técnico e regulatório relacionados ao desenvolvimento clínico de vacinas. Foi professora e membro do Núcleo Docente Estruturante dos cursos de Farmácia e Tecnologia em Estética e Cosmética do Centro Universitário Newton Paiva. Nesta instituição, fez parte da Comissão de Biossegurança para Controle de Infecção por COVID-19 em Clínicas e Laboratórios específicos dos cursos da área da Saúde, ministrou disciplinas e orientou trabalhos de conclusão de curso nas áreas relacionadas à atuação do farmacêutico em Farmácias Magistrais, Indústrias Cosméticas e de Medicamentos. Além disso, elaborou o projeto pedagógico, implementou e foi coordenadora da Pós-Graduação em Cosmetologia Estética e Clínica.

Currículo Lattes: http://lattes.cnpq.br/6608276815392755

Cristina Mariano Ruas

Cristina Mariano Ruas, Farmacêutica (2005), Mestrado (2008) e Doutorado em Saúde Pública (2012) pela Universidade Federal de Minas Gerais (UFMG). É professora associada da graduação em Farmácia e Biomedicina e do Programa de Pós-graduação em Medicamentos e Assistência Farmacêutica da Faculdade de Farmácia da UFMG. Atua na área de Saúde Coletiva, principalmente nas seguintes áreas: políticas de saúde e assistência farmacêutica. Mais recentemente, tem se dedicado à saúde e à educação.

Currículo lattes: http://lattes.cnpq.br/3535918051912413

Dirce Inês da Silva

Graduada pela Faculdade de Farmácia da Universidade Federal de Minas Gerais (UFMG). Especialista em Farmacologia e Novas Perspectivas pela Universidade Federal de Lavras (UFLA), Farmácia Hospitalar pela Sociedade Brasileira de Farmácia Hospitalar (SBRAFH), Biotecnologia pela Universidade Federal de Lavras (UFLA), Gestão da Assistência Farmacêutica pela Universidade Federal de Santa Catarina (UFSC), Especialista em Farmácia Clínica. Mestre em Ciências da Saúde pela Universidade Estadual de Montes Claros e Fundação Hospitalar do Estado de Minas Gerais (UNIMONTES/FHEMIG). Doutorado em Medicamentos e

Assistência Farmacêutica (UFMG/FAFAR). Farmacêutica Clínica do Ambulatório de Infectologia e Dermatologia do Hospital Eduardo de Menezes/ Fundação Hospitalar do Estado de Minas Gerais (HEM/FHEMIG). Farmacêutica do Núcleo de Risco e Núcleo de Segurança do Paciente do Hospital Eduardo de Menezes/FHEMIG (Farmacovigilância e Tecnovigilância). Gestora do Sistema de Monitoramento Clínico de Pessoas Vivendo com HIV do Hospital Eduardo de Menezes/FHEMIG. Áreas de Atuação: Farmácia Hospitalar, Qualidade em Serviço de Saúde, Imunologia, Hormônios, Infectologia, Biotecnologia, Farmacovigilância, Farmácia Clínica, Tecnovigilância e Segurança do Paciente.

Endereço para acessar este CV: http://lattes.cnpq.br/1734014054248124
ID Lattes: 1734014054248124
dirceines68@gmail.com

Francielda Queiroz Oliveira

Possui graduação em Farmácia pela Universidade Federal do Pará – UFPA – (1997), MBA em Gestão Integrada da Qualidade, especialização em Homeopatia e Fitoterapia, mestrado em Ciências Farmacêuticas pela Universidade Federal de Minas Gerais – UFMG – (2002). Doutorado em Educação pela *Universidad Católica de Santa Fe/Argentin*a (2018). Trabalhou nas seguintes instituições: Drogaria Farmavit; Drogaria Granfarma; Farmácia-Escola da Universidade Federal do Pará; Professora de Farmacognosia e Fitoquímica na Universidade Federal do Pará; professora de Farmacobotânica, Farmacognosia e Fitoterapia e Nutrição no Centro Universitário Newton Paiva/MG; Professora de Farmacognosia no Centro Universitário de Belo Horizonte – UNIBH/MG; Professora de Farmacognosia e Trabalho Interdisciplinar Dirigido no Centro Universitário Una - UNA; Professora de Atenção Farmacêutica e Farmacologia de fitoterápicos na UNA Pós-Graduação; Pesquisadora e analista de avaliação acadêmica no Comitê Permanente de Avaliação do Conhecimento – COPAC – (FAMINAS-BH); Instrutora do Serviço Nacional de Aprendizagem Comercial no Serviço Nacional de Aprendizagem Comercial (SENAC/MG); Professora de Farmacognosia 1 e 2, Farmacobotânica e Farmacotécnica Homeopática na Faculdade Ciências da Vida em Sete Lagoas/MG; Professora de Farmacobotânica, Farmacognosia (Controle de Qualidade de Plantas Medicinais e Fitoterápicos). Atualmente, é professora de Fitoterapia, Homeopatia e Projetos e Práticas Aplicados da Faminas/BH/MG. Atuante de forma autônoma como Fitoterapeuta, Terapeuta Homeopata e Psicanalista.

Vanessa de Almeida

Professora Associada nível I da Universidade Federal de Minas Gerais (UFMG) do Departamento de Gestão em Saúde. Ocupa, atualmente, o cargo de Subcoordenadora do Programa de Pós-Graduação em Gestão de Serviços de

Saúde da UFMG. Diretora da Diretoria de Avaliação e Fomento de Extensão da PROEX-UFMG (Julho de 2019 - Março de 2022). Professora do Corpo Docente Permanente do Programa de Pós-Graduação em Gestão de Serviços de Saúde da Escola de Enfermagem/UFMG e do Programa de Pós-Graduação em Promoção de Saúde e Prevenção da Violência da Faculdade de Medicina/UFMG, ambos Mestrados Profissionais. Possui Doutorado em Saúde Pública pela Faculdade de Saúde Pública da Universidade de São Paulo (FSP/USP) (2012) e Mestrado em Epidemiologia pela UFMG (2003). Atuou como coordenadora da Coordenação de Hipertensão e Diabetes na Secretaria de Estado de Saúde de Minas Gerais (2002-2006) e, na Secretaria Municipal de Saúde de Belo Horizonte (2008-2012), foi responsável pela Política Municipal de Promoção à Saúde. Participa do grupo de pesquisa cadastrado no CNPq Núcleo de Gestão em Saúde (NUGES). Membro do Núcleo Executivo do GT de Promoção da Saúde e Desenvolvimento Sustentável/ABRASCO (2016-2022) e coordenadora (2018-2020). Tem experiência na área de Saúde Coletiva, com ênfase em Promoção da Saúde, Saúde do Trabalhador, Gestão e Atenção Primária à Saúde.

Link do lattes: http://lattes.cnpq.br/7148215603678213

Walter Batista Cicarini

O professor Walter Batista Cicarini é graduado em Farmácia Bioquímica Analista Clínico pela Universidade Federal de Ouro Preto (UFOP). Mestre em ensino, com ênfase em Bioquímica Básica, pela Pontifícia Universidade Católica de Minas Gerais (PUCMG). Doutor em Análises Clínicas e Toxicológicas pela Escola de Farmácia da Universidade Federal de Minas Gerais (UFMG) e com realização de doutorado Sanduíche na área de microbiologia pela *Michigan State University* (USA). Atualmente, é professor das disciplinas de Bioquímica Básica, Imunologia, Parasitologia, Microbiologia, para os cursos de enfermagem, nutrição e odontologia, e neuropsicofarmacologia, para o curso de psicologia. É responsável pela disciplina de Bioquímica Clínica para o curso de Pós-graduação em Análises Clínicas e Toxicológicas.

CV: https://lattes.cnpq.br/8534305229349069

Linkedin: http://www.linkedin.com/in/walter-cicarini-1b33a326

CV: https://lattes.cnpq.br/8534305229349069

Linkedin: http://www.linkedin.com/in/walter-cicarini-1b33a326

APRESENTAÇÃO DA COLEÇÃO

Profa. Dra. Ângela Mathylde Soares

A Coleção AOS MESTRES COM CARINHO é um diálogo com conteúdo sobre o dia a dia do chão de sala de aula com a intenção e o objetivo de responder indagações e inquietações das perguntas sem respostas. O famoso "*e agora*?".

Esta coleção tem o desejo de trazer a valorização dos profissionais de educação.

Precisamos entender que essa ação de valorizar não está ligada apenas à remuneração, mas sim a dar condições para que os envolvidos no processo do educar e do aprender tragam bagagem pedagógica que acompanhe as novas tecnologias e as novas aprendizagens.

E não podemos nos esquecer das novas parcerias feitas com a educação, como a psicopedagogia, a saúde, a ciência, o direito e várias outras áreas presentes na educação do século XXI.

A Informação hoje é rápida, dinâmica e imediata, com isso, com esta nova geração de estudantes, é necessário um professor que caminhe nesse mesmo território. Assim, há necessidade de capacitar e renovar para acompanhar as tão desejadas mudanças.

Precisamos alinhar as ações, incluindo a capacitação dos docentes, as parcerias das famílias e o casamento com a ciência, trazendo respaldo a essa formação, com intuito, intenção E GARANTIA de melhora constante do ensino.

Esta coleção será um encontro carinhoso, respeitoso e eficaz sobre o tema que trabalhará a qualificação e a motivação dos nossos mestres e dos envolvidos nesta gestão.

Uma equipe qualificada e preparada para as demandas de sala de aula é de suma importância, aliás, fundamental para que esse objetivo seja cumprido.

Entendemos que esta coleção é um investimento importante que trará um conforto para professores, alunos, gestores e profissionais da educação, que possibilitará uma melhoria nas questões, individualidade e empoderamento do aluno – o que se fará por volumes e temáticas pontuais, possibilitando, assim, para o profissional da educação, ter informação ampla e bem assertiva sobre cada assunto proposto.

É importantíssimo ressaltar os benefícios que esta coleção trará aos cursos universitários, favorecendo a reflexão de que, no processo, precisam receber com a teoria, a prática e o envolvimento uma metodologia que traga excelência e respeite as competências e habilidades de nossos alunos.

A prática em sala de aula tem que nortear o aluno e o professor em atividades que estimulem a criatividade e a pesquisa baseada em evidências, por meio de um marco teórico fundamentado.

Pensando nessa discrepância entre o que se aprendeu na faculdade e a realidade de uma sala de aula, nasce a coleção AOS MESTRES COM CARINHO, para auxiliar e responder os agoras dos profissionais da educação. Nasce uma coleção que se importa com a educação de qualidade e com evidência.

E não podemos nos esquecer do professor e de todos os envolvidos neste processo de receber o melhor de nós.

Com muito carinho, como professora, dedico esta coleção aos profissionais da educação, com o coração cientificado e motivado. Espero que esta experiência seja proveitosa. Curta os volumes e responda às perguntas que não querem calar!

O meu MUITO OBRIGADA!

PREFÁCIO

No Brasil, existem vários desafios estruturais relacionados ao sistema de ensino e aprendizagem. Neste livro, iremos abordar os obstáculos associados aos transtornos de aprendizagem, à importância do diagnóstico precoce e correto, ao uso de psicofármacos, a terapias farmacológicas e não farmacológicas, tais como algumas das terapias incluídas nas Práticas Integrativas e Complementares da Saúde (PICS), como um suporte à família e à comunidade escolar: pais ou responsáveis e professores.

A diversidade de temas propostos, abordados nos 14 capítulos deste livro, por uma equipe de profissionais mestres e doutores, demandou um grande esforço por parte de todos os autores desta obra. Os quais se debruçaram sobre o tema, com profundidade para relatarem as evidências científicas mais significativas, da forma mais simplificada possível.

Entendemos que muitos indivíduos, alunos de todas as idades, não conseguem avançar no desenvolvimento da aprendizagem devido às falhas na identificação, na avaliação e em intervenções pertinentes às suas dificuldades ou transtornos.

Queremos entregar, para o leitor, um conteúdo que contribua em todos os aspectos dos temas discutidos, principalmente, sob a perspectiva de tratamentos farmacológicos e não farmacológicos que resultem em uma melhor qualidade de vida para o indivíduo, seja ele um aprendiz, jovem, criança ou adulto, sejam professores, pais, familiares e responsáveis.

É inegável dizer o quão enriquecedor foi participar do desenvolvimento do conteúdo deste livro. A nossa responsabilidade e compromisso de aprofundar os debates na perspectiva da busca pelo diagnóstico, na diversidade dos tratamentos baseados no comportamento de estudantes, bem como suas dificuldades de aprendizagem, fez-nos avançar além dos tratamentos farmacológicos.

Trouxemos os desafios das abordagens não farmacológicas, tais como a psicoterapia, fonoaudiologia, prática de atividades físicas, fisioterapia, alimentação adequada, bem como algumas práticas integrativas e complementares da saúde, as quais buscam o desenvolvimento do vínculo terapêutico e a integração do ser humano com o meio ambiente e a sociedade. As PICS foram institucionalizadas por meio da Política Nacional de Práticas Integrativas e Complementares (PNPIC) e, desde 2018, estão incorporadas no Sistema Único de Saúde (SUS). A utilização de práticas não medicamentosas, por exemplo, Aromaterapia, Fitoterapia, Homeopatia, *Yoga*, Quiropraxia, Reflexoterapia, dentre outras, empregadas de forma isolada ou associada ao tratamento farmacológico, representa um avanço muito importante nas condutas terapêuticas.

Além dos aspectos estruturais da aprendizagem, a mudança brusca de rotina, provocada pela pandemia da COVID-19, trouxe impactos imensuráveis para a saúde mental e emocional dos estudantes. Transtornos como ansiedade, estresse e redução na qualidade do sono atingiram pessoas de todas as faixas etárias em nível mundial, em especial, crianças e jovens em fase de aprendizagem. Essa emergência de saúde global trouxe reflexos importantes no contexto da educação, principalmente para o público em estágios iniciais de aprendizagem.

O nosso livro nasceu da necessidade de gerar subsídios que ajudem os profissionais da educação, pais e responsáveis, profissionais da saúde e de terapeutas a enfrentarem o "novo normal" e trabalharem com crianças e jovens que apresentem algum típico transtorno de aprendizagem.

Além disso, mantemos nossa preocupação em auxiliar a população geral que esteja enfrentado sintomas associados ao período pós-pandemia, tais como: ansiedade, estresse, depressão e redução da qualidade do sono. Tudo isso foi disponibilizado por meio de um conteúdo científico de qualidade, escrito de forma simples e de fácil entendimento para todas as pessoas. Essa estratégia foi adotada para contribuir e promover, de alguma forma, a inclusão e a melhora na qualidade de vida de crianças, adolescentes, jovens e adultos em seus ambientes de convivência.

Wânia Cristina da Silva

APRESENTAÇÃO

O processo ensino-aprendizagem nas escolas encontra-se em constante evolução. Novas metodologias de ensino associadas às novas tecnologias exigem dos alunos uma assimilação e construção das competências em um curto espaço de tempo. O número de crianças, adolescentes e adultos diagnosticados com alguma doença que dificulta o aprendizado tem crescido e, consequentemente, aumenta o número de prescrição de medicamentos que atuam no Sistema Nervoso Central, por aumentarem o poder cognitivo.

O aumento no número de prescrição desses medicamentos pressiona a pesquisa e o desenvolvimento de novos protótipos candidatos a psicofármacos, por meio das indústrias farmacêuticas. A demanda de novos medicamentos que auxiliam o processo de aprendizado é alta, no entanto, os efeitos colaterais observados por essa classe de medicamentos ainda são grandes.

Os psicofármacos são fármacos que atuam sobre o Sistema Nervoso Central (SNC) e estão em condições de alterar diversos processos mentais, gerando alterações na conduta, na percepção e na consciência, portanto os diagnósticos dessas doenças devem ser embasados em laudos psíquicos e em exames laboratoriais certificados, de modo que a prescrição possa ser realizada de forma segura e eficiente.

Os psicofármacos podem ser classificados com designações diferentes, de acordo com o tipo de influência que apresentarão no SNC, podendo ser: a) Alucinógenos (Psicodislépticas): como a mescalina, *Lysergic Acid Diethylamide*/Dietilamida do Ácido Lisérgico (LSD), canabinoides; b) Depressores do SNC (Psicolépticas): como os benzodiazepínicos, barbitúricos, etanol, inalantes; c) Estimulantes do SNC (Psicoanalépticos): como cocaína, anfetaminas e derivados. Estes últimos, também conhecidos como psicoestimulantes, são os mais prescritos para transtornos psiquiátricos que comprometem a aprendizagem. Todavia, o abuso de substâncias psicoestimulantes tem sido um dos grandes problemas sociais da atualidade, causa de diversos acidentes, mortes e evasões escolares (Carvalho & Mídio, 2003).

Psicoestimulantes ou estimulantes cerebrais são fármacos que apresentam a capacidade de aumentar o estado de alerta e a motivação e, consequentemente, apresentam efeitos farmacológicos antidepressivos, estabilizadores de humor e aumentam, consideravelmente, o desempenho cognitivo (Morgan et al., 2017). São usados, frequentemente, por indivíduos saudáveis, para aumentar funções mentais como memória, atenção, concentração, vigília e/ou inteligência. Alguns podem ser empregados no tratamento de doenças e distúrbios como Transtorno do Déficit de Atenção e Hiperatividade (TDAH), narcolepsia e apneia obstrutiva do sono. Entre os principais efeitos apreciados pelos usuários de estimulantes do SNC, encontram-se o aumento da concentração e da capacidade de memorização, o raciocínio mais rápido e a diminuição do sono noturno.

A medicalização durante a vida escolar tem sido frequente em crianças que apresentam comportamentos de aprendizado diferente dos demais, o que tem causado uma epidemia de diagnósticos e um aumento considerável do uso de medicamentos por crianças e adolescentes em idade escolar. O fenômeno da medicalização é mais amplo que somente a prescrição de fármacos e envolve questões nas esferas sociais, políticas e escolares. Essa epidemia de diagnósticos produz, na mesma escala, uma epidemia de tratamentos, muitos dos quais são altamente prejudiciais à saúde, especialmente nos casos em que não seriam de fato necessários (Meira, 2012).

Atualmente, os estudantes, principalmente adultos, cursando ensino superior, "concurseiros", e profissionais que atuam no mercado de inteligência buscam meios para aumentar seu poder produtivo, estudar exageradamente e potencializar o processo de memorização (Fardin[1] et al., 2015). Este fato explica o fenômeno mundial da expansão de uso de psicofármacos, de maneira pouco divulgada, mas cada vez mais alarmante, por meio da medicalização da vida, processo pelo qual um problema não médico começa a ser definido e tratado como uma questão médica (Carolina Pereira da Silva et al., 2012).

Os psicofármacos, assim como qualquer outro medicamento, devem ser usados de forma segura, isto é, de forma racional, considerando que podem produzir efeitos adversos (nervosismo, diminuição do apetite, perda de sono, cefaleia, palpitação e alterações cutâneas), causar dependência e ocasionar diversos problemas à saúde da população com seu uso prolongado. Deve-se, portanto, garantir o uso racional e seguro dos psicofármacos, considerando o conceito do uso racional de medicamentos, segundo a Organização Mundial de Saúde (OMS), no qual o paciente recebe o medicamento apropriado à sua necessidade clínica, na dose e posologia corretas por um período de tempo adequado e ao menor custo para si e para a comunidade (Rocha & Werlang, 2013).

A compreensão dos distúrbios e das principais doenças que comprometem a aprendizagem e, consequentemente, as dificuldades de aprendizagem relacionadas ao estudante, aos conteúdos pedagógicos, à relação com o professor, aos métodos de ensino, aos pares educativos e ao ambiente escolar favorecem o diagnóstico clínico e laboratorial, uma vez que as dificuldades surgem devido a diversos fatores externos à condição neurobiológica do aluno, por exemplo, por estímulos dos colegas, pela desmotivação dos professores, pela temperatura da sala de aula, por problemas familiares, condições socioeconômicas, que levam às defasagens no processo de aprendizagem. Já nos distúrbios de aprendizagem, os alunos podem apresentar padrão de inteligência, condição física, social e emocional sem conseguir êxito no processo de aquisição da aprendizagem, conforme os outros estudantes de sua idade cronológica e escolar. No distúrbio de aprendizagem, os indivíduos demonstram dificuldades com as questões teóricas e práticas, já que são afetados em sua capacidade de receber, processar, analisar, interpretar, inferir ou armazenar as informações.

A conclusão de um diagnóstico clínico e laboratorial é um desafio, mesmo se tendo conhecimento sólido da fisiopatologia dos distúrbios e doenças que desencadeiam as dificuldades de aprendizagem. Para tanto, o papel da família, escola e demais profissionais da saúde são cruciais para a elucidação e conclusão desses distúrbios e/ou patologias. A intervenção medicamentosa deve ser analisada com muita cautela, tendo em vista os inúmeros efeitos adversos e colaterais identificados. Anteriormente à prescrição dos psicofármacos, é necessária a verificação de alternativas não farmacológicas, que além de ajudar no diagnóstico, são fundamentais para compreensão dos fatores desencadeantes e predisponentes, tratando, portanto, o indivíduo como um todo.

As opções terapêuticas farmacológicas são inúmeras, dentre as classes mais prescritas, encontram-se as dos medicamentos alopáticos comerciais de referência: psicoestimulantes, antidepressivos, ansiolíticos e hipnóticos. As substâncias psicoestimulantes mais utilizadas na terapêutica são: Cafeína, Metilenodioximetanfetamina (MDMA), Metilfenidato (Ritalina®), Modafinil (Stavigile®), Piracetam (Nootropil®), Lisdexanfetamina (Venvanse®), bebidas energéticas e as demais anfetaminas, assim como fitoterápicos contendo compostos ativos com atividades estimulantes. As principais classes de antidepressivos incluem os tricíclicos, inibidores de recaptação de serotonina (ISRS) e inibidores da monoaminooxidase (IMAO). Já a intervenção com fármacos ansiolíticos e hipnóticos devem ser muito bem avaliadas (Cortesi et al., 2010).

Além desses medicamentos consagrados na terapêutica, há outras opções terapêuticas farmacológicas em expansão para o tratamento desses distúrbios e doenças que prejudicam o aprendizado. A medicina canábica, com os seus diversos princípios ativos canabinoides, tem demonstrado um papel importante no tratamento da ansiedade, humor e epilepsia. O uso de canabinoides nos transtornos relacionados aos distúrbios da aprendizagem tem demonstrado resultados surpreendentes, contudo ainda se faz necessária a condução de estudos clínicos controlados, a fim de que possam contribuir com a recomendação da prática clínica e terapêutica na utilização dos canabinoides para o tratamento de pacientes com distúrbios da aprendizagem.

Considerando outras terapias alternativas complementares, a fitoterapia destaca-se pelo seu vasto potencial terapêutico nos distúrbios relacionados à deficiência na aprendizagem, incluindo o Transtorno do Déficit de Atenção e Hiperatividade (TDAH) e o Transtorno do Espectro do Autismo (TEA), além de desordens emocionais e comportamentais, como ansiedade, insônia e depressão, que também podem estar associadas a dificuldades no processo de aprendizagem. A fitoterapia é uma opção para pacientes que não toleram ou apresentam resposta limitada aos psicoestimulantes. As plantas medicinais e fitoterápicos podem ser utilizados de forma isolada ou em associação aos medicamentos convencionais. Os mecanismos envolvidos na ação das plantas medicinais não estão completamente elucidados, mas a neuroproteção, decorrente de atividade antioxidante, anti-inflamatória e antiapoptótica, é o principal fator.

Como prática terapêutica, a aromaterapia é uma das terapias complementares de mais rápido crescimento em todo o mundo. De acordo com o *National Institutes of Health National Center for Complementary and Integrative Health* (NCCIH), os americanos gastam anualmente cerca de

US $ 30,2 bilhões, sendo US $ 28,3 bilhões para adultos e US $ 1,9 bilhões para crianças em abordagens complementares de saúde. A necessidade de cuidados a desordens emocionais provenientes do enfrentamento de diversas situações de transtornos cognitivos e psicoemocionais requer formas mais naturais e menos medicamentosas para se resolver as condições de ansiedade, insônia, frustrações, medos, tristeza, desatenção, agitação etc. Nos distúrbios de aprendizagem, a ação positiva dos óleos essenciais cítricos nos problemas de concentração e motivação escolar tem sido estudada com bastante sucesso em diversos países. Aromas naturais durante os estudos também podem ajudar a reter melhor as informações recém-adquiridas, além de melhorar a qualidade do sono.

Atualmente, a homeopatia tem se mostrado uma prática médica extremamente importante no tratamento de diversas doenças do ambiente clínico, principalmente no que tange ao tratamento dos distúrbios de aprendizagem. A homeopatia é um método de tratar as doenças pela lei do semelhante, ou seja, utiliza-se um medicamento que cause os mesmos sinais e sintomas da doença que se quer tratar. A prescrição homeopática está voltada ao tratamento da depressão e da ansiedade, duas grandes patologias que afetam o aprendizado, todavia há prescrições específicas para o aumento cognitivo e outras doenças associadas.

As opções não farmacológicas devem ser consideradas antes da intervenção medicamentosa. Existem opções não farmacológicas aplicadas individualmente ou com a proposta interdisciplinar e complementar nos casos de dificuldades e distúrbios de aprendizagem. Uma visão mais ampla tem envolvido o trabalho com a detecção e intervenção precoce, em prevenção e controle aos fatores de risco e na intervenção após o diagnóstico, com as ações voltadas para a promoção da saúde. Dentre as principais intervenções não farmacológicas, pode-se citar: a intervenção escolar, a psicopedagogia, a fonoaudiologia, a terapia ocupacional, a psicanálise, a atividade física, a equoterapia, a musicoterapia, a nutrição, a *yoga*, a meditação, a massoterapia, a acupuntura, dentre outras.

REFERÊNCIAS

Carolina Pereira da Silva, A., Amélia Luzio, C., Yonatan Poli dos Santos, K., Yasui, S., & Henrique Dionísio, G. (2012). A explosão do consumo de ritalina. *Cristina Amélia Luzio & Kwame Yonatan Poli Dos Santos Revista de Psicologia Da UNESP*, *11*(2), 44–57.

Carvalho, D. G. de, & Mídio, A. F. (2003). Quality of cocaine seized in 1997 in the street-drug market of São Paulo city, Brazil. *Revista Brasileira de Ciências Farmacêuticas*, *39*(1), 71–75. https://doi.org/10.1590/S1516-93322003000100007

Cortesi, F., Giannotti, F., Ivanenko, A., & Johnson, K. (2010). Sleep in children with autistic spectrum disorder. *Sleep Medicine*, *11*(7), 659–664. https://doi.org/10.1016/j.sleep.2010.01.010

Fardin[1], C. E., Da, J. A., & Piloto[2], R. (2015). *Uso Indiscriminado Do Metilfenidato Para O Aperfeiçoamento Cognitivo Em Indivíduos Saudáveis Indiscriminate Use of Methylphenidate for Cognitive Improvement in Healthy People*. *23*(3), 98–103.

Meira, M. E. M. (2012). Para uma crítica da medicalização na educação. *Psicologia Escolar e Educacional*, *16*(1), 136–142. https://doi.org/10.1590/S1413-85572012000100014

Morgan, H. L., Petry, A. F., Licks, P. A. K., Ballester, A. O., Teixeira, K. N., & Dumith, S. C. (2017). Consumo de Estimulantes Cerebrais por Estudantes de Medicina de uma Universidade do Extremo Sul do Brasil: Prevalência, Motivação e Efeitos Percebidos. *Revista Brasileira de Educação Médica*, *41*(1), 102–109. https://doi.org/10.1590/1981-52712015v41n1rb20160035

Rocha, B. S. da, & Werlang, M. C. (2013). Psicofármacos na Estratégia Saúde da Família: perfil de utilização, acesso e estratégias para a promoção do uso racional. *Ciência & Saúde Coletiva*, *18*(11), 3291–3300. https://doi.org/10.1590/S1413-81232013001100019

Autores:
Antony de Paula Barbosa
Wânia Cristina da Silva

Revisão Técnica:
Walter Batista Cicarini

Parte I

ASPECTOS CLÍNICOS E EPIDEMIOLÓGICOS DOS TRANSTORNOS DE APRENDIZAGEM

DIFICULDADES E TRANSTORNOS DE APRENDIZAGEM

Camila Gosenheimer Righi

Márcia Zakur Ayres

Wânia Cristina da Silva

INTRODUÇÃO

O processo de aprendizado é multidimensional, apresentando desde alterações da normalidade devido às dificuldades de aprendizagem até transtornos de aprendizagem. Alguns termos empregados neste capítulo serão conceituados, a seguir, para fins de melhor entendimento do texto.

O termo dificuldade de aprendizagem tem seu significado mais abrangente, incluindo condições orgânicas ou psicológicas, transitórias ou não, podendo englobar ou não *transtornos de aprendizagem* (Vidyadharan & Tharayil, 2019). Logo, ao longo do texto, utilizaremos o termo dificuldades que significará uma infinidade de condições transitórias ou permanentes, orgânicas ou não.

As dificuldades de aprendizagem são caracterizadas por uma discrepância significativa entre o nível de intelecto percebido de um indivíduo e sua capacidade de adquirir uma nova linguagem e outras habilidades cognitivas (Medline Database, 1966, 2020). A dificuldade de aprendizagem pode ocorrer devido a diferentes fatores como déficits intelectuais, falta de motivação, doença mental, metodologia de ensino ou devido aos transtornos de aprendizagem (Vidyadharan & Tharayil, 2019).

Distúrbio e transtornos são termos utilizados na área para expressar uma alteração da normalidade no aspecto estrutural, funcional ou comportamental. Ambos os termos, embora tenham significados equivalentes, precisam ser utilizados mais assertivamente (Rezende, 2018). O termo distúrbio apresenta restrições em seu uso. As ocorrências de termos incluindo transtorno e distúrbio identificadas nas bases de dados BIREME, Lilacs e na Décima Edição Classificação Estatística Internacional de Doenças e Problemas Relacionados à Saúde (CID-10) demonstraram que o termo distúrbio é utilizado em quatro situações e em apenas um dos diagnósticos de problemas de aprendizagem, a dislexia (Rezende, 2018).

A influência do inglês na área médica favorece algumas confusões adicionais no emprego adequado de termos, por exemplo, *learning disorders* é traduzido de forma mais correta por transtornos de aprendizagem. Adicionalmente, o transtorno contempla em sua definição o aspecto psíquico ou comportamental, além dos aspectos estruturais e funcionais das alterações da normalidade, enquanto o termo distúrbio abrange apenas os aspectos estruturais e funcionais (Rezende, 2018).

Sumariamente, a literatura científica demonstra que fatores biológicos, sociais, ambientais, emocionais e cognitivos influenciam nos mecanismos neuronais envolvidos no processo de aprendizagem, compondo um sistema multidimensional iterativo e interativo. A perturbação sobre um desses fatores pode caracterizar tanto uma dificuldade transitória quanto um transtorno de aprendizagem, dependendo dos fatores causais envolvidos.

Os desafios no processo de aprendizagem são demonstrados por meio de levantamentos de dados nacionais e internacionais. Organizações brasileiras acompanham os níveis de alfabetização no País como o Sistema de Avaliação da Educação Básica por meio da Avaliação Nacional da Alfabetização (ANA) e o Instituto Nacional de Estudos e Pesquisas (INEP). Tais organizações indicam um desempenho insuficiente em leitura, escrita e matemática e alertam instituições de ensino, educadores, pais e profissionais de saúde sobre a necessidade de ações urgentes apoiadas em estratégias validadas cientificamente para reverter esse cenário (Esteves et al., 2020) (INEP, 2019).

O Programa Internacional de Avaliação de Estudantes (PISA) identificou que cerca de 50% dos brasileiros com 15 anos de idade não apresentam níveis satisfatórios de desempenho (PISA, 2018). Ou seja, os jovens brasileiros não atingiram o mínimo de proficiência que devem ser adquiridos até o final do ensino médio. Nos demais países da Organização de Cooperação e de Desenvolvimento Econômico, o nível de desempenho dos estudantes é maior comparado ao Brasil, cerca de 77% (OCDE, 2019).

Esse cenário educacional se torna mais crítico ao considerarmos os efeitos cumulativos da pandemia da COVID-19, devido ao vírus SARS CoV-2, como o atraso das etapas escolares e o impacto sobre os níveis de desempenho, consequentemente, adicionando uma incerteza sobre perspectivas futuras de uma geração.

O *status* do desempenho escolar no Brasil tem origem multicausal (Hattie, 2017), gerando a necessidade de práticas efetivas para reconhecimento e investigação das dificuldades e transtornos de aprendizagem no ambiente escolar. Os facilitadores na detecção populacional de tais problemas escolares incluem uma entrevista clínica integral e abrangente com equipe multidisciplinar para levantar as queixas e o histórico do aluno, relatos de familiares ou responsáveis e de educadores (Dominguez & Carugno, 2020).

Uma equipe multiprofissional engloba educadores, especialistas em educação, serviços especiais, médicos, fonoaudiólogos, terapeutas ocupacionais, fisioterapeutas, psicólogos clínicos e terapeutas educacionais, como psicopedagogos, e a comunicação entre eles pode influenciar no alcance de melhores resultados. (Dominguez & Carugno, 2020).

A avaliação diagnóstica não exige recursos assistenciais de alto custo ao sistema público de saúde, por outro lado, exige uma equipe de profissionais de saúde e educadores treinados para fornecer suporte de qualidade a essa população em idade escolar. "A avaliação se faz importante para verificação do desenvolvimento do indivíduo, para verificar se há algum atraso ou questão interferente na aprendizagem de conceitos escolares e sociais", segundo Ayres (2022). No Capítulo 5, abordaremos o processo diagnóstico dos transtornos de aprendizagem com maior detalhamento.

O processo de aprendizagem pode ser afetado por diferentes transtornos. Além dos denominados Transtornos Específicos de Aprendizagem, o processo de aprendizagem pode ser afetado por outros transtornos, como Transtorno do Neurodesenvolvimento: inclui a Deficiência Intelectual, o Atraso Geral no Desenvolvimento, os Transtornos da Comunicação, como linguagem, fala, fluência, comunicação social, os Transtornos Motores, como coordenação, movimento estereotipado e tiques, o Transtorno do Espectro Autista e o Transtorno do Déficit de Atenção/Hiperatividade (TDAH); os Transtornos Emocionais e

Comportamentais, incluindo depressão, ansiedade, estresse, fobia social, transtorno opositor-desafiante e transtorno obsessivo-compulsivo.

Os transtornos diagnosticados frequentemente, serão detalhados a seguir:

Transtornos Específicos de Aprendizagem: são um grupo de transtornos do neurodesenvolvimento que se manifestam durante a escolaridade formal, sendo caracterizados por dificuldades persistentes e prejudiciais na aprendizagem de habilidades acadêmicas fundamentais para leitura, escrita ou matemática. Eles são diagnosticados quando há déficits específicos na capacidade de um indivíduo de perceber e processar informações de forma eficiente e precisa. A classificação, definição e identificação dos Transtornos de Aprendizagem são questões que preocupam os pesquisadores dessa área (Fletcher et al., 2009).

No Transtorno de Aprendizagem, está presente o comprometimento significativo na habilidade escolar especificada. Tal comprometimento não é explicado por déficits sensoriais ou motores, retardo mental, baixa inteligência geral, ensino deficiente, falta de estimulação adequada ou qualquer uma dessas causas externas (DSM-V, 2013). Na 10ª Edição da Classificação Internacional de Doenças (CID-10, 2013), são chamados de Transtornos Específicos do Desenvolvimento de Habilidades Escolares, sendo renomeado Transtorno de Aprendizagem do Desenvolvimento no CID-11 (CID-11, 2019), incluindo categorias de prejuízos como leitura, expressão escrita, matemática e outros prejuízos específicos de aprendizagem. Anteriormente, na CID-10, eram categorizados como transtorno específico de leitura, transtorno específico de escrita, transtorno de habilidades aritméticas e tipos mistos (Vidyadharan & Tharayil, 2019).

No Transtorno de Aprendizagem, apesar dos alunos apresentarem preservação de aspectos como inteligência, condição física, social e emocional, há prejuízo no processo de aquisição da aprendizagem comparados aos demais alunos com mesma idade e etapa escolar. O transtorno, frequentemente, é percebido na idade escolar somente, podendo se manifestar apenas quando a aprendizagem representar uma barreira que não consegue ser superada pela inteligência inata ou pelas estratégias compensatórias (Medline, 2016).

Adicionalmente, o transtorno afeta a capacidade de receber, processar, analisar, interpretar, inferir ou armazenar as informações de forma adequada para a execução de diversas tarefas (Nascimento,2020); (Zanela & Valentini, 2015), ocasionando prejuízos ao longo da vida em diferentes atividades dependentes de habilidades (DSM-V, 2013).

Os transtornos específicos de aprendizagem podem ser classificados em três grandes grupos: 1) Transtorno específico da aprendizagem, com comprometimento da leitura ou dislexia, caracterizado por problemas de identificação e reconhecimento das palavras, decodificação e ortografia; 2) Transtorno específico da escrita, caracterizado por problemas na construção da ortografia e caligrafia, também chamado de disortografia; e 3) Transtorno específico da habilidade aritmética ou discalculia, caracterizado por comprometimento na matemática e cálculos.

Mundialmente, a prevalência dos transtornos de aprendizagem é estimada em crianças de diferentes idiomas e culturas na idade escolar em cerca de 5 a 15%, porém, essa estimativa é desconhecida na população adulta (DSM-5, 2013). Alunos com dificuldades ou transtornos constituem um grupo de risco, tanto pelas consequências quanto pelos rótulos, apelidos pejorativos, minando sua autoestima (Hattie, 2017).

Educadores tendem a atribuir os problemas de aprendizagem aos comportamentos de impulsividade e agitação característicos dos meninos (Barkley, 2002). Por exemplo, é frequente identificar publicações em que os transtornos de aprendizagem são mais frequentemente identificados em alunos do sexo masculino, apresentando prejuízo nas habilidades de leitura, escrita e matemática (Capellini et al., 2004).

Os transtornos de aprendizagem, no entanto, não são exclusivos do sexo masculino (Moll et al., 2014). Nesse contexto, há um evidente fenômeno de causalidade reversa entre comportamento e aprendizado, sendo relevante pontuar que os problemas de aprendizagem estão presentes em ambos os sexos, embora a atribuição de tais problemas ao perfil comportamental de meninos possa satisfazer as observações menos atentas na área (Hattie, 2017).

Levantamentos indicam que as diferenças de diagnóstico apresentadas entre os sexos podem depender dos critérios de avaliação utilizados (Devine et al., 2013), levando à necessidade de avaliar atentamente tanto meninos quanto meninas. Por outro lado, os métodos e instrumentos utilizados para identificar os transtornos de aprendizagem diferem entre países e profissões, permanecendo necessário o alcance de um consenso internacional e avanços na melhoria dos instrumentos (Billard et al. 2021); (Grünke & Cavendish, 2016).

Métodos científicos válidos utilizados para detectar problemas de aprendizagem nem sempre correspondem à avaliação da escola. Tal constatação foi demonstrada ao avaliar os métodos de identificação utilizados por um estudo comparados aos de uma instituição escolar. A correspondência entre ambos os métodos foi ruim em geral, sendo pior para as meninas. Por exemplo, a cada sete meninas com problemas de aprendizagem, uma era diagnosticada pela escola em comparação aos meninos, que a cada quatro com problemas, um era diagnosticado pela escola (Quinn & Wagner, 2015).

O desempenho comportamental de um indivíduo pode ser influenciado por ações incentivadoras, as quais melhoram processos cognitivos e perceptuais para o desempenho de alguma tarefa, funcionando como um sistema de retroalimentação (Pessoa & Engelmann, 2010). Tal contexto é válido e impõe desafios em um ambiente escolar para que ações incentivadoras de melhores desempenhos sejam avaliadas e seu impacto medido. Por exemplo, escolas com programas de aprendizagem de habilidades sociais e emocionais obtém de seus alunos melhores atitudes e comportamentos, levando a um ganho de 11 pontos percentuais no desempenho acadêmico de 270 mil alunos do jardim de infância até o ensino médio (Durlak et al., 2011).

A mudança na atitude e comportamento é contemplada no conceito de aprendizagem, sendo a finalidade de um programa educacional assertivo (Cozenza, 2011). A aprendizagem é definida como uma mudança, relativamente, permanente no comportamento em decorrência das experiências ou de práticas prévias, promovendo a aquisição de habilidades e conhecimentos à medida que a estrutura cerebral é modificada por meio de sinapses e transmissores neuronais em decorrência dessa experiência (Schmidt RA et al., 2019), (Bromberg-Martin et al., 2010) e (HAESE p.11, 2016). A memória é considerada um resultado do processo da aprendizagem (Simplício & Haase, 2019).

Transtorno do Espectro Autista (TEA): é um tipo de transtorno do neurodesenvolvimento sob o código CID-10 10F840 (WHO, 2010). O TEA é definido por alterações presentes em idades muito precoces, tipicamente antes dos três anos de idade, é caracterizado pela tríade de desvios qualitativos na 1) comunicação, 2) interação social e 3) uso da imaginação (Lorna Wing & Judith Gould, 1979). Essa tríade é responsável por um padrão de comportamento restritivo e repetitivo, apresentando variações na inteligência, incluindo desde o retardo mental até níveis acima da média (Mello, 2007). O autismo foi adicionado ao CID pela primeira vez apenas em 1993.

O *Centro de Controle de Doenças* dos Estados Unidos (CDC) estima um caso de autismo a cada 110 pessoas. No Brasil, são estimados dois milhões de casos. As causas do autismo permanecem desconhecidas, mas estudos indicam associações a fatores genéticos, a anormalidades em regiões cerebrais, a problemas na gestação ou no parto, a influências ambientais, entre outros. Investigações adicionais permanecem necessárias para melhor compreensão e detecção das causas potenciais do autismo.

A manifestação dos sintomas pode variar conforme a gravidade do autismo, por exemplo, a gravidade determina o nível necessário de suporte à criança (Hodges et al., 2020). O TEA pode ser diagnosticado por vários profissionais, como pediatras, psiquiatras ou psicólogos, sendo ideal a contribuição de várias disciplinas (Lord et al., 2018).

Instrumentos diagnósticos padronizados estão disponíveis para monitorar o progresso e os resultados das crianças com TEA. Embora não exista, até o momento, recomendação de ferramentas totalmente robustas, algumas são amplamente utilizadas para auxiliar o acompanhamento dessa população à medida que a necessidade de pesquisas adicionais nessa área se mantém (McConachie et al., 2015).

Um dos instrumentos amplamente utilizado na área é o Questionário ou Lista de verificação modificada para autismo em crianças, conhecido pelo acrônimo *M-CHAT-R/F* (*Modified Checklist For Autism In Toddlers*) (Robins, DL et al., 2001). Esse instrumento pode ser encontrado na versão traduzida para o português. A Sociedade Brasileira de Pediatria recomenda que toda criança seja submetida à triagem para o Tea, entre 18 e 24 meses de idade, por meio da avaliação pela *M-CHAT*, obrigatória para crianças em consultas pediátricas de acompanhamento realizadas pelo Sistema Único de Saúde (SUS).

O Transtorno do Déficit de Atenção/Hiperatividade (TDAH): é um tipo de transtorno do neurodesenvolvimento com código no CID-10 R463/F900. O transtorno inicia na infância e pode persistir na vida adulta em mais da metade dos casos (Mattos, 2012). A prevalência nas crianças é estimada em cerca de 5% a 8% e nos adultos cerca de 2% a 4% (Mattos, 2012, p.74). Outros problemas estão associados em 70% dos casos de TDAH, como ansiedade, depressão, abuso de substâncias e comportamento de risco, independente da faixa etária.

O TDAH é caracterizado por sintomas de desatenção e hiperatividade/impulsividade, que estão em níveis mais elevados do que aqueles encontrados na população geral. Existem três tipos de TDAH: 1) desatento, 2) hiperativo e impulsivo e 3) combinado. O tipo combinado apresenta sintomas tanto de desatenção quanto de hiperatividade e impulsividade simultaneamente.

O TDAH é diagnosticado na proporção de 1 menina para 2 meninos aproximadamente. Ambos os sexos apresentam predominância de TDAH do tipo desatento (Ayano et al., 2020). A avaliação é clínica, realizada por equipe multidisciplinar, preferencialmente composta de neuropsicólogo, psicopedagogo e fonoaudiólogo. O diagnóstico médico é realizado preferencialmente após avaliação multidisciplinar. Inexistem exames genéticos ou de imagem para indicar o transtorno no momento. Instrumentos auxiliam no rastreamento do problema em crianças e adultos, respectivamente, os instrumentos chamados *Swanson, Nolan, and Pelham Rating Scale* ou SNAP-IV (Swanson et al., 2012) e *Adult ADHD Self-Report Scale* ou ASRS (Kessler et al., 2005).

O diagnóstico conclusivo considera, obrigatoriamente, a presença de sintomas antes dos 12 anos, problemas em pelo menos dois contextos distintos, como em casa e na escola, que afetam diversas áreas da vida, como relações familiares e sociais, processo de aprendizagem, profissão, e que não sejam explicados por outros problemas com sintomas parecidos como depressão ou ansiedade, embora sejam comorbidades frequentes associadas (Back et al., 2020).

Os cientistas estudam as causas e os fatores de risco em um esforço para evitar que pessoas venham a ter TDAH. Os fatores causais são desconhecidos, no entanto, estudos apontam que a genética desempenha um papel importante, além de histórico de lesão cerebral, exposição ao chumbo durante a gravidez ou em uma idade jovem, uso de álcool e tabaco durante a gravidez, prematuridade e baixo peso ao nascimento (Faraone, et al., 2021) (James, et al. 2013).

Outros fatores foram refutados como predisponentes ao TDAH, como o consumo de muito açúcar, assistir muita televisão e fatores sociais e ambientais, como pobreza ou caos familiar. Tais fatores não causam o TDAH, porém podem piorar os sintomas em algumas pessoas (Faraone et al., 2021).

Anormalidades estruturais e funcionais em regiões cerebrais são observadas tanto em crianças quanto em adultos (Norman et al., 2016). Algumas alterações específicas foram observadas em crianças, mas não em adolescentes ou adultos, por meio de exames de imagem (Hoogman et al., 2017, 2019).

Alterações em regiões frontais do cérebro são identificadas em indivíduos com TDAH (Norman et al., 2016). A região frontal é responsável pelo controle de inibição e desinibição comportamental, pela capacidade de prestar atenção, memória, organização e planejamento (ABDA, 2012).

Transtornos de Ansiedade e Depressão: a depressão e a ansiedade estão entre os transtornos emocionais e comportamentais que afetam a aprendizagem. A depressão é uma condição crônica, atingindo mais de 300 milhões de pessoas em todas as idades mundialmente (OMS, 2019). O Brasil é o país com o maior número de casos de transtornos de ansiedade, acometendo aproximadamente 10% da população (OMS, 2019).

Ambas as condições são muito incapacitantes, podendo atingir todas as áreas de funcionamento do indivíduo (Atienza et al., 2002) e impactam na qualidade de vida (Antai-Otong, 2003). Crianças e adolescentes com diagnósticos de ansiedade ou depressão podem apresentar dificuldades de atenção, concentração e desinteresse pelos estudos. A ansiedade e a depressão impactam negativamente o rendimento escolar, além de aumentar a evasão escolar de crianças e adolescentes (Schulte-Körne. 2016).

O diagnóstico médico é necessário para ambas as condições, além do tratamento e acompanhamento de equipe multiprofissional de saúde mental, incluindo a escola no plano terapêutico e envolvendo familiares da criança (CDC, 2021). Há diferentes formas de ajudar a criança a se sentir menos estressada e a ser mais saudável, por exemplo, por intermédio de alimentos nutritivos, atividade física, sono suficiente, rotinas previsíveis e suporte social (CDC, 2021).

Outras Condições de Saúde: podem afetar de forma negativa o processo de aprendizagem, por exemplo, problemas no processamento visual e auditivo central (Fernández et al., 2010), alterações da tireoide (Anastasio-Pessan et al., 2014), apneia obstrutiva do sono (Wallace & Bucks, 2013), epilepsia (Teixeira,2008) e diabetes (Qiu et al., 2014). Igualmente, outros fatores como privação de sono (Valle et al.,2009), nutrição (FNDE, 2006), histórico de abuso e agressão (Paula

& Assumpção Jr. FBA. ,2013) e *bullying* (Lemos, 2007) podem afetar a aprendizagem, além de outros fatores relacionados a hábitos ou ao estilo de vida, como uso excessivo de tecnologias (Silva & Silva, 2017), uso de drogas (Paula & Assumpção Jr., 2013), entre outros.

O indivíduo que apresenta um transtorno de aprendizagem precisa de uma orientação profissional responsável para o seu potencial se desenvolver de forma plena, encontrando soluções para superar as dificuldades ao longo da vida. A participação dos responsáveis, como familiares, educadores, além da equipe multidisciplinar especializada, é fundamental para o sucesso das ações de suporte ao aluno. Respeitar as particularidades do processo de aprendizagem de todo indivíduo é essencial. O prognóstico dependerá da gravidade da incapacidade de aprendizagem. Embora desafiador, o cenário da aprendizagem escolar, a terapêutica multiprofissional adequada e assertiva contribuem para as crianças alcançarem um adequado *status* funcional (Handler, 2011).

REFERÊNCIAS

ABDA, Associação Brasileira do Déficit de Atenção. Disponível: https://tdah.org.br/.

Anastácio-Pessan, F. da L., da Luz Anastácio-Pessan, F., & CusinLamônica, D. A. (2014). Hipotireoidismo congênito: influência para as habilidades linguísticas e comportamentais: estudo de revisão. In *Revista CEFAC* (Vol. 16, Issue 6, pp. 1990–1996). https://doi.org/10.1590/1982-0216201412213

American Psychiatric Association. (2013). *Diagnostic and Statistical Manual of Mental Disorders: DSM-V*. 5th ed. Washington, DC: American Psychiatric Association; 2013. https://doi.org/10.1176/appi.books.9780890425596

Amy Devine, Fruzsina Soltész, Alison Nobes, Usha Goswami, Dénes Szűcs. (2013) *Gender differences in developmental dyscalculia depend on diagnostic criteria. Learning and Instruction*. Volume 27,, Pages 31-39, ISSN 0959-4752. DOI: 10.1016/j.learninstruc.2013.02.004. Disponível: https://www.sciencedirect.com/science/article/pii/S095947521300025X

Atienza, F.; Cuesta, M. & Galán, S. (2002). Relación entre rendimiento acadêmico, síntomas depresivos, edad y gênero en una población de adolescentes. *Revista Psiquiatria*.com. Disponível em: www.psiquiatria.com.

Ayano G, Yohannes K, Abraha M. Epidemiology of attention-deficit/hyperactivity disorder (ADHD) in children and adolescents in Africa: a systematic review and meta-analysis. Ann Gen Psychiatry. 2020 Mar 13;19:21. doi: 10.1186/s12991-020-00271-w. PMID: 32190100; PMCID: PMC7071561.

Ayres, M.Z.(2022) A esperiência de uma psicopedagoga no Janela da Escuta.In: Grillo, C.F.C., Rocha, B.F., Mourão, M. (Orgs.). *Janela da Escuta: o adolescen-*

te especialista de si e a tessitura de uma rede sob medida. (pp567-576).Belo Horizonte: Editora UFMG.

Back, Nadja Cristina Furtado et al. Modelo de avaliação de transtornos de aprendizagem por equipe interdisciplinar. Rev. psicopedag. [online]. 2020, vol.37, n.112, pp. 37-51. ISSN 0103-8486. http://dx.doi.org/10.5935/0103-8486.20200003

Barkley RA. *Transtorno de déficit de atenção/ hiperatividade (TDAH): guia completo e autorizado para pais, professores e profissionais da saúde*. Porto Alegre: Artmed; 2002.

Billard, C., Thiébaut, E., Gassama, S., Touzin, M., Thalabard, J. C., Mirassou, A., & Munnich, A. (2021). *The Computerized Adaptable Test Battery (BMT-i) for Rapid Assessment of Children's Academic Skills and Cognitive Functions: A Validation Study. Frontiers in pediatrics*, 9, 656180. https://doi.org/10.3389/fped.2021.656180

Brasil. Fundo Nacional de Desenvolvimento da Educação - FNDE. *Programa nacional de alimentação Escolar*. Brasília: FNDE, 2006.

Brasil, Ministério de Educação. Instituto Nacional de Estudos e Pesquisas Educacionais Anísio Teixeira (Inep). *Base Nacional Comum Curricular*. Brasília, DF: MEC/CNE, 2017. Disponível em: <http://inep80 anos.inep.gov.br/inep80anos/ futuro/novas-competencias-da-base-nacional-comum-curricular-bncc/79>.

Brasil. Ministério da Educação. Instituto Nacional de Estudos e Pesquisas Educacionais Anísio Teixeira. *Sistema de Avaliação da Educação Básica*. Press Kit: Saeb 2017. Brasília: MEC/Inep, SAEB; 2018. 37 p.

Bromberg-Martin, E. S., Matsumoto, M., & Hikosaka, O. (2010). Dopamine in motivational control: rewarding, aversive, and alerting. Neuron, 68(5), 815–834. https://doi.org/10.1016/j.neuron.2010.11.022 Disponível: https://www.ncbi.nlm.nih.gov/pmc/articles/PMC3032992/#FN2

Capellini,AS;Onelotto,JMF; Ciasca, SM. Medidas de desempenho escolar: avaliação formal e opinião de professores. Estud Psicol (Campinas). 2004;21(2):79-90.

Classificação Internacional de Doenças (CID – 10). Organização Mundial de Saúde, Universidade de São Paulo, 1994.

Dominguez O, Carugno P. Learning Disability. [Updated 2020 Oct 23]. In: StatPearls [Internet]. Treasure Island (FL): StatPearls Publishing; 2021 Jan-. Available from: https://www.ncbi.nlm.nih.gov/books/NBK554371/

Durlak, J. A., Weissberg, R. P., Dymnicki, A. B., Taylor, R. D., & Schellinger, K. B. (2011). The impact of enhancing students' social and emotional learning: a meta-analysis of school-based universal interventions. Child development, 82(1), 405–432. https://doi.org/10.1111/j.1467-8624.2010.01564.x Disponível: https://pubmed.ncbi.nlm.nih.gov/21291449/

Esteves, T. D. J., De Jesus Esteves, T., & Dos Santos Souza, J. (2020). O papel do instituto nacional de estudos e pesquisas educacionais anísio teixeira (inep) na reforma gerencial dos sistemas públicos de ensino no Brasil. In *Educere et Educare* (Vol. 15, Issue 35, p. 10). https://doi.org/10.17648/

educare.v15i35.24136Robins, D. L., Fein, D., Barton, M. L., & Green, J. A. (2001). The Modified Checklist for Autism in Toddlers: an initial study investigating the early detection of autism and pervasive developmental disorders. Journal of autism and developmental disorders, 31(2), 131–144. ttps://doi.org/10.1023/a:1010738829569

Faraone, S. V., Banaschewski, T., Coghill, D., Zheng, Y., Biederman, J., Bellgrove, M. A., Newcorn, J. H., Gignac, M., Al Saud, N. M., Manor, I., Rohde, L. A., Yang, L., Cortese, S., Almagor, D., Stein, M. A., Albatti, T. H., Aljoudi, H. F., Alqahtani, M., Asherson, P., Atwoli, L., … Wang, Y. (2021). The World Federation of ADHD International Consensus Statement: 208 Evidence-based conclusions about the disorder. Neuroscience and biobehavioral reviews, 128, 789–818. https://doi.org/10.1016/j.neubiorev.2021.01.022

Fernández, A. Y., Mérida, J. F. C., Cunha, V. L. O., Batista, A. O., & Capellini, S. A. (2010). Avaliação e intervenção da disortografia baseada na semiologia dos erros: revisão da literatura. In *Revista CEFAC* (Vol. 12, Issue 3, pp. 499–504). https://doi.org/10.1590/s1516-18462010005000056

Fernandes WM, Lima RF, Azoni CAS, Ciasca SM. Neuroimagem e dislexia do desenvolvimento. In: Ciasca SM, Rodrigues SD, Azoni CAS, Lima RF, eds. *Transtornos de aprendizagem. Neurociência e Interdisciplinaridade*. São Paulo: Book Toy; 2015.

Ferreira, F. O.; Haase, V. G. Discalculia do desenvolvimento e cognição matemática: aspectos neuropsicológicos. In: Valle, L. E. R.; Assumpção, F.; Wajnsztejn, R.; Diniz, L. F. M. (Orgs.). ***Aprendizagem na atualidade: neuropsicologia e desenvolvimento na inclusão.*** São Paulo: Novo conceito Editora, 2010.

Fletcher, J. M., Reid Lyons, G., Fuchs, L. S., Costa, R. C., & Barnes, M. A. (2009). *Transtornos de aprendizagem: Da Identificação à Intervenção*.

Fonseca, V. (1995). ***Introdução às dificuldades de aprendizagem***. Porto Alegre: Artes Médicas.

Grünke M, Cavendish WM. Learning disabilities around the globe: Making sense of the heterogeneity of the different viewpoints. Learn Disabil Contemp J. (2016) 14:1–8. Available online at: http://docplayer.net/20930497-Learning-disabilities-around-the-globe-making-sense-of-the-heterogeneity-of-the-different-viewpoints.html

Handler, S. M., Fierson, W. M., Section on Ophthalmology, Council on Children with Disabilities, American Academy of Ophthalmology, American Association for Pediatric Ophthalmology and Strabismus, & American Association of Certified Orthoptists (2011). Learning disabilities, dyslexia, and vision. Pediatrics, 127(3), e818–e856. https://doi.org/10.1542/peds.2010-3670

Hattie J. ***Aprendizagem visível para professores: Como maximizar o impacto da aprendizagem***. Porto Alegre: Artmed; 2017.

Hodges, H., Fealko, C., & Soares, N. (2020). Autism spectrum disorder: definition, epidemiology, causes, and clinical evaluation. Translational pediatrics, 9(Suppl 1), S55–S65. https://doi.org/10.21037/tp.2019.09.09

Hoogman, M., Bralten, J., Hibar, D. P., Mennes, M., Zwiers, M. P., Schweren, L., van Hulzen, K., Medland, S. E., Shumskaya, E., Jahanshad, N., Zeeuw, P., Szekely, E.,

Sudre, G., Wolfers, T., Onnink, A., Dammers, J. T., Mostert, J. C., Vives-Gilabert, Y., Kohls, G., Oberwelland, E., … Franke, B. (2017). Subcortical brain volume differences in participants with attention deficit hyperactivity disorder in children and adults: a cross-sectional mega-analysis. The lancet. Psychiatry, 4(4), 310–319. https://doi.org/10.1016/S2215-0366(17)30049-4

Hoogman, M., Muetzel, R., Guimaraes, J. P., Shumskaya, E., Mennes, M., Zwiers, M. P., Jahanshad, N., Sudre, G., Wolfers, T., Earl, E. A., Soliva Vila, J. C., Vives-Gilabert, Y., Khadka, S., Novotny, S. E., Hartman, C. A., Heslenfeld, D. J., Schweren, L., Ambrosino, S., Oranje, B., de Zeeuw, P., … Franke, B. (2019). Brain Imaging of the Cortex in ADHD: A Coordinated Analysis of Large-Scale Clinical and Population-Based Samples. The American journal of psychiatry, 176(7), 531–542. https://doi.org/10.1176/appi.ajp.2019.18091033

Instituto ABCD. Disponível em: <https://www.institutoabcd.org.br>.

International Dyslexia Association. About Dyslexia. Baltimore: International Dyslexia Association; 2021. Disponível em https://dyslexiaida.org/.

James K.GoodladaDavid K.MarcusbJessica J.Fultonc. (2013) Lead and Attention-Deficit/Hyperactivity Disorder (ADHD) symptoms: A meta-analysis. Clinical Psychology Review. Volume 33, Issue 3, April 2013, Pages 417-425

Kessler, R. C., Adler, L., Ames, M., Demler, O., Faraone, S., Hiripi, E., Howes, M. J., Jin, R., Secnik, K., Spencer, T., Ustun, T. B., & Walters, E. E. (2005). The World Health Organization Adult ADHD Self-Report Scale (ASRS): a short screening scale for use in the general population. Psychological medicine, 35(2), 245–256. https://doi.org/10.1017/s0033291704002892

Lemos, Anna Carolina Mendonça. (2007). Uma visão psicopedagógica do bullying escolar. ***Revista Psicopedagogia***, *24*(73), 68-75. Recuperado em 20 de outubro de 2021, de http://pepsic.bvsalud.org/scielo.php?script=sci_arttext&pid=S0103-84862007000100009&lng=pt&tlng=.

Lord, C., Elsabbagh, M., Baird, G., & Veenstra-Vanderweele, J. (2018). Autism spectrum disorder. Lancet (London, England), 392(10146), 508–520. https://doi.org/10.1016/S0140-6736(18)31129-2

Mattos, P. *No mundo da Lua – Transtorno do Déficit de Atenção com Hiperatividade (TDAH)*: perguntas e respostas sobre o transtorno do déficit de atenção com hiperatividade em crianças, adolescentes e adultos. 12ª edição revista e atualizada.

McConachie, H., Parr, J. R., Glod, M., Hanratty, J., Livingstone, N., Oono, I. P., Robalino, S., Baird, G., Beresford, B., Charman, T., Garland, D., Green, J., Gringras, P., Jones, G., Law, J., Le Couteur, A. S., Macdonald, G., McColl, E. M., Morris, C., Rodgers, J., … Williams, K. (2015). Systematic review of tools to measure outcomes for young children with autism spectrum disorder. Health technology assessment (Winchester, England), 19(41), 1–506. https://doi.org/10.3310/hta19410

Medline Database. MESH 2016. Acesso: outubro de 2021. Disponível: https://www.ncbi.nlm.nih.gov/mesh/2009737

Mello, Ana Maria S. Ros de e Vatavuk, Marialice de Castro. (2007) Autismo: guia prático. 6.ed São Paulo: AMA; Brasília: CORDE. Disponível: https://www.autismo.org.br/site/images/Downloads/Cartilha8aedio.pdf

Moll K, Kunze S, Neuhoff N, Bruder J, Schulte-Körne G (2014) Specific Learning Disorder: Prevalence and Gender Differences. PLoS ONE 9(7): e103537. https://doi.org/10.1371/journal.pone.0103537

National Center on Birth Defects and Developmental Disabilities, Centers for Disease Control and Prevention. CDC. (2021) Anxiety and Depression in Children. Last reviewed: March 22, 2021. Disponível: https://www.cdc.gov/childrensmentalhealth/depression.html

Norman, L. J., Carlisi, C., Lukito, S., Hart, H., Mataix-Cols, D., Radua, J., & Rubia, K. (2016). Structural and Functional Brain Abnormalities in Attention-Deficit/Hyperactivity Disorder and Obsessive-Compulsive Disorder: A Comparative Meta-analysis. JAMA psychiatry, 73(8), 815–825. https://doi.org/10.1001/jamapsychiatry.2016.0700

Paula, MLB, Jr. FBA. Delinquência juvenil e família. Rev. Psicopedagogia 2013;30(91):43-51

Pessoa L & Engelmann JB (2010) Embedding reward signals into perception and cognition. Front. Neurosci. 4:17. doi: 10.3389/fnins.2010.00017

Qiu, C., Sigurdsson, S., Zhang, Q., Jonsdottir, M. K., Kjartansson, O., Eiriksdottir, G., Garcia, M. E., Harris, T. B., van Buchem, M. A., Gudnason, V., & Launer, L. J. (2014). Diabetes, markers of brain pathology and cognitive function: the Age, Gene/Environment Susceptibility-Reykjavik Study. *Annals of Neurology*, *75*(1), 138–146.

Quinn, J. M., & Wagner, R. K. (2015). Gender Differences in Reading Impairment and in the Identification of Impaired Readers: Results From a Large-Scale Study of At-Risk Readers. Journal of learning disabilities, 48(4), 433–445. DOI: 10.1177/0022219413508323 Disponível: https://www.ncbi.nlm.nih.gov/pmc/articles/PMC3997651/

Rezende, J. M. de. (2008). Transtorno. Distúrbio.Disfunção. Desarranjo. Desordem. Perturbação. Revista De Patologia Tropical / Journal of Tropical Pathology, 37(3), 281–282. https://doi.org/10.5216/rpt.v37i3.5071

Schulte-Körne G. (2016). Mental Health Problems in a School Setting in Children and Adolescents. Deutsches Arzteblatt international, 113(11), 183–190. https://doi.org/10.3238/arztebl.2016.0183

Silva, Thayse de Oliveira, & Silva, Lebiam Tamar Gomes. (2017). Os impactos sociais, cognitivos e afetivos sobre a geração de adolescentes conectados às tecnologias digitais. *Revista Psicopedagogia*, *34*(103), 87-97. Recuperado em 20 de outubro de 2021, de http://pepsic.bvsalud.org/scielo.php?script=sci_arttext&pid=S0103-84862017000100009&lng=pt&tlng=pt.

Sociedade brasileira de pediatria. Triagem precoce para Autismo/ Transtorno do Espectro Autista. Departamento Científico de Pediatria do Desenvolvimento e Comportamento. 2017;1:1-5.

Swanson, J. M., Schuck, S., Porter, M. M., Carlson, C., Hartman, C. A., Sergeant, J. A., Clevenger, W., Wasdell, M., McCleary, R., Lakes, K., & Wigal, T. (2012). Categorical and Dimensional Definitions and Evaluations of Symptoms of

ADHD: History of the SNAP and the SWAN Rating Scales. *The International journal of educational and psychological* assessment, 10(1), 51–70.

Teixeira, Ricardo. ***Epilepsia: entenda o que ela realmente significa e ajude a reduzir seu estigma. ICB, canal conhecendo melhor o seu cérebro***, 2008. Acesso: 16 de out de 2021. Disponível: <http://www.icbneuro.com.br/paginas/artigos_especiais_materia.php?id=30 >.

Valle, Luiza Elena Leite Ribeiro do, Valle, Eduardo L. Ribeiro do, & Reimão, Rubens. (2009). Sono e aprendizagem. ***Revista Psicopedagogia***, *26*(80), 286-290. Recuperado em 20 de outubro de 2021, de http://pepsic.bvsalud.org/scielo.php?script=sci_arttext&pid=S0103-84862009000200013&lng=pt&tlng=pt.

Vidyadharan, V., & Tharayil, H. M. (2019). ***Learning Disorder or Learning Disability: Time to Rethink. Indian journal of psychological medicine***, 41(3), 276–278. https://doi.org/10.4103/IJPSYM.IJPSYM_371_18

Wallace, A., & Bucks, R. S. (2013). ***Memory and obstructive sleep apnea: a meta-analysis***. Sleep, 36(2), 203–220. https://doi.org/10.5665/sleep.2374

World Health Organization - WHO. (2010). ***International statistical classification of diseases and related health problems***. ICD-10. 10th revision, edition 2010.

World Health Organization - WHO (2019). ***International Statistical Classification of Diseases and Related Health Problems*** - ICD-11. (11th ed.). Disponível: https://icd.who.int/browse11/l-m/en#/http://id.who.int/icd/entity/2099676649.

Revisão Técnica:

Walter Batista Cicarini

ASPECTOS EPIDEMIOLÓGICOS DOS TRANSTORNOS DE APRENDIZAGEM

Sonia Faria Mendes Braga

Vanessa Cristine Rezende

INTRODUÇÃO

Neste capítulo, apresentaremos a epidemiologia das doenças e dos transtornos mais relacionados à dificuldade de aprendizagem, tendo como referência as classificações do Manual Diagnóstico e Estatístico de Transtornos Mentais, 5ª edição (DSM-V) e da Classificação Internacional das Doenças, 11ª edição (CID-11).

A Associação Americana de Psiquiatria (APA, sigla em inglês) publicou, em 1952, a primeira edição do "Manual Diagnóstico e Estatístico de Transtornos Mentais", o DSM-I, instrumento que auxilia os profissionais de saúde a implementar a classificação diagnóstica na prática clínica. Sua versão mais recente, o DSM-V, foi publicada em maio de 2013. Nela, o Transtorno de Aprendizagem está inserido na seção "Transtornos do Neurodesenvolvimento", além de ter sido renomeado para Transtorno Específico de Aprendizagem (Fortes, 2014; Klein & Lima, 2020).

Além do DSM, temos a "Classificação Internacional de Doenças e Problemas Relacionados à Saúde", a CID, criada pela Organização Mundial de Saúde em 1893, originariamente com o nome de "Lista Internacional das Causas de Morte". As versões são incrementadas e atualizadas conforme se identificam novas doenças. A versão atual (CID-11) entrou em vigor em janeiro de 2022 e substitui a CID-10, datada de 1940. Trata-se de um dos principais instrumentos epidemiológicos que visa padronizar a codificação de doenças e outros problemas relacionados à saúde.

TRANSTORNOS DO NEURODESENVOLVIMENTO

A. TRANSTORNO DO ESPECTRO DO AUTISMO (TEA)

O Transtorno do Espectro Autista (TEA) é caracterizado por dificuldades de comunicação e de interação social, além da presença de comportamentos e interesses restritos ou repetitivos. Tais sintomas são o cerne do transtorno, porém a gravidade da apresentação é variável. A sua causa ainda é desconhecida, entretanto, a tendência atual é considerá-la como uma síndrome de origem multicausal, envolvendo fatores genéticos, neurológicos e sociais da criança. Apesar de a intervenção precoce poder alterar o prognóstico e amenizar o quadro, até o momento, não há cura (Pinto et al., 2016).

Em algumas crianças, os sintomas podem surgir no nascimento; todavia, na maioria dos casos, eles são identificados entre um e dois anos de idade e seu diagnóstico ocorre, em média, aos quatro ou cinco anos de vida (Sociedade Brasileira de Pediatria, 2019).

Quanto à incidência do TEA em crianças, considera-se que ela seja maior do que a incidência de outras doenças como diabetes, câncer, AIDS e síndrome de Down combinadas. O Centro de Controle e Prevenção de Doenças (*Center of Disease Control and Prevention* – CDC), Agência do Departamento de Saúde e Serviços Humanos dos Estados Unidos, estimou, em 2010, que o transtorno afeta mais frequentemente meninos do que meninas, na proporção de quatro a cinco meninos para uma menina (Reis, 2019).

Atualmente, estima-se que a prevalência mundial do TEA esteja em torno de 70 casos para cada 10.000 habitantes, sendo quatro vezes mais frequente em meninos. No Brasil, considerando escassos estudos epidemiológicos que possam melhor estimar os dados nacionais, constatou-se que o acometimento pelo autismo está na ordem de 27,2 casos para cada 10.000 habitantes (Pinto et al., 2016).

B. TRANSTORNO DE DÉFICIT DE ATENÇÃO E HIPERATIVIDADE (TDAH)

Este transtorno neurobiológico de causa genética surge na infância e geralmente acompanha o indivíduo ao longo da vida. Caracteriza-se por sintomas de desatenção, impulsividade e hiperatividade devido às alterações na região frontal do cérebro, bem como de suas conexões com o restante desse órgão. Essa porção cerebral é responsável pela memória, atenção, autocontrole, organização e planejamento, além de inibir comportamentos inadequados. O Transtorno de Déficit de Atenção e Hiperatividade (TDAH) possui 18 sintomas, divididos em três grupos:

- Nove relacionados à desatenção;
- Seis relacionados à hiperatividade e
- Três relacionados à impulsividade.

Na infância, o transtorno se manifesta por meio de dificuldades na escola e no relacionamento com colegas, pais e professores. Durante a adolescência, caracteriza-se por dificuldades em lidar com limites e regras. Na vida adulta, são observados problemas de desatenção, falta de memória e impulsividade.

As taxas de prevalência do TDAH em crianças e adolescentes variam na literatura de 3% a 8%, dependendo das definições e dos critérios utilizados. Uma meta-análise resultou em uma taxa de prevalência agrupada de 5,3% (Polanczyw et al., 2014).

No Brasil, a prevalência é estimada em 7,6% em crianças e adolescentes com idades entre seis e 17 anos (Arruda et al., 2015).

TRANSTORNOS ESPECÍFICOS DA APRENDIZAGEM

A. TRANSTORNOS DE LEITURA

DISLEXIA

A Dislexia é caracterizada por uma dificuldade no reconhecimento fluente e/ou preciso da palavra, na habilidade de decodificação e na soletração, resultantes de um déficit no componente fonológico da linguagem (Associação Internacional de Dislexia - IDA, 2002).

De todos os pacientes atendidos pela Associação Brasileira de Dislexia (ABD) entre 2013 e 2018, 40% apresentavam o distúrbio, sendo a maioria do sexo masculino. A presença de antecedentes familiares / hereditariedade também se destacou (81%). Quase a totalidade (89%) era proveniente de instituições de ensino particulares. Quanto ao percentual de alterações nos exames complementares, 79% tinham déficit no processamento auditivo (Associação Brasileira de Dislexia, 2018).

B. TRANSTORNOS DE ESCRITA E DE HABILIDADE ARITMÉTICA

DISORTOGRAFIA E DISGRAFIA

Em relação à escrita, temos a Disortografia e a Disgrafia. O primeiro transtorno está relacionado à dificuldade na aprendizagem de ortografia, gramática e redação. Trata-se de uma dificuldade no nível da palavra, na organização de frases ou de textos. A Disgrafia refere-se à questão motora da escrita, na qual a criança tem uma letra ilegível e apresenta lentidão para escrever, inclusive, para copiar textos do quadro durante as atividades escolares.

DISCALCULIA

O Transtorno da Matemática, conhecido como Discalculia, relaciona-se à forma com que a criança associa as habilidades matemáticas básicas ao mundo que a cerca. A capacidade para fazer operações aritméticas e cálculos é inferior à média esperada para a idade cronológica, capacidade intelectual e nível de escolaridade do indivíduo. Geralmente, é encontrado em combinação com transtornos de leitura e de escrita.

A validação e a normatização de instrumentos avaliadores do desempenho acadêmico ainda são um problema em países de média e de baixa renda. Uma investigação feita por Fortes em 2014 reuniu 1618 crianças e adolescentes, do 2° ao 6° ano do Ensino Fundamental, moradores de cidades de porte médio nas Regiões Norte, Nordeste, Centro-Oeste e Sudeste. O objetivo foi investigar a prevalência do Transtorno Específico de Aprendizagem de acordo com o DSM-V. As taxas foram: 7,6% para comprometimento global; 5,4% para déficit na escrita; 6,0% na área da aritmética e 7,5% na leitura (Sociedade Brasileira de Pediatria, 2018).

TRANSTORNOS EMOCIONAIS E COMPORTAMENTAIS

PRINCIPAIS TRANSTORNOS INTERFERENTES NA APRENDIZAGEM

DEPRESSÃO

A criança não é capaz de compreender e expressar bem seus sentimentos, e, muitas vezes, os adultos interpretam os sinais clínicos da depressão como "crises da idade". Devido ao fato de a clínica da doença na infância diferir da apresentação na vida adulta, tal transtorno é subdiagnosticado nessa faixa etária. No geral, ocorre baixa autoestima, distúrbios do sono, desinteresse por brincadeiras e atividades habituais, alterações do apetite, choro fácil, agitação ou lentidão, comportamento opositor e, até mesmo, pensamentos suicidas e automutilação.

A depressão na infância e adolescência tem sido foco de estudos internacionais devido ao aumento de sua prevalência nos últimos anos. No Brasil, a prevalência real é desconhecida, mas se estima que está se tornando um problema de saúde pública, pois dados de tentativas e de casos de suicídio têm aumentado na adolescência e em idade cada vez mais precoce na infância, assim como o aumento do comportamento de automutilação, principalmente em meninas. Estudo realizado na cidade de Recife (Jatobá & Bastos, 2007) demonstrou que as prevalências de sintomas depressivos expressivos se igualaram a 59,9% em adolescentes de 14 a 16 anos (Sociedade Brasileira de Pediatria, 2019).

ANSIEDADE

Os Transtornos de Ansiedade englobam um conjunto de doenças psíquicas caracterizadas pela preocupação excessiva de que algo ruim está para acontecer. Há, durante as crises, uma tensão considerável, podendo manifestar sintomas físicos, tais como aceleração do batimento cardíaco e sudorese intensa. A origem dos transtornos pode surgir por desequilíbrios químicos cerebrais, pela falta de suporte familiar e/ou por traumas, principalmente ocorridos durante a infância. Insônia, estresse, sedentarismo e falta de atividades de lazer também podem deflagrar as manifestações da ansiedade.

A idade de início é muito variável; alguns casos de transtorno de ansiedade generalizada começam na infância, a maioria começa no início da idade adulta, com um segundo pico em pacientes mais velhos no contexto de outras comorbidades associadas à perda da saúde geral. A presença de comorbidades é frequente, incluindo outros transtornos ansiosos, como a fobia social, ocorrendo em cerca de 28% dos pacientes, fobias específicas em 30% dos casos e transtorno do pânico em aproximadamente 23% dos pacientes. A depressão também é uma comorbidade frequentemente presente nesses pacientes (Neto, 2016).

PRINCIPAIS DOENÇAS QUE INTERFEREM NA APRENDIZAGEM

A. HIPOTIREOIDISMO

HIPOTIREOIDISMO CONGÊNITO

O Hipotireoidismo Congênito é um distúrbio metabólico ocasionado pela secreção insuficiente dos hormônios tireoidianos, Triiodotironina (T3) e Tiroxina (T4), relacionados ao funcionamento de vários órgãos e sistemas, além de serem fundamentais na maturação do Sistema Nervoso Central. O período crítico de dependência desses hormônios vai desde a vida fetal até os dois anos de idade. Retardo mental grave, falência de crescimento e distúrbios neurológicos como incoordenação, estrabismo e perda auditiva sensorial são algumas das consequências. O transtorno pode ser classificado de acordo com o nível da lesão:

- Primário: alteração na glândula tireoide;
- Secundário: alteração na hipófise;
- Terciário: alteração no hipotálamo.

No Brasil, o Teste do Pezinho - realizado por meio de uma amostra de sangue coletada em papel filtro entre o 3° e o 5° dia de vida do recém-nascido - é a rotina recomendada para a triagem neonatal do Hipotireoidismo Congênito. Uma criança com teste alterado passa por avaliação médica na qual se fazem exames laboratoriais confirmatórios da doença. Caso os testes sejam positivos, inicia-se de imediato o tratamento com hormônios tireoidianos sintéticos, de modo a evitar as consequências a longo prazo.

HIPOTIREOIDISMO ADQUIRIDO

Além da forma congênita, também há o Hipotireoidismo Adquirido, no qual as causas mais comuns são a autoimune e a deficiência de iodo. Independentemente da forma, os sintomas em crianças maiores e adolescentes incluem déficit de crescimento e/ou retardo da puberdade, além daqueles apresentados pelos adultos (sonolência, pele e cabelos ressecados, aumento do peso, constipação, dentre outros).

Nos países suficientes em iodo, a prevalência varia de 1% a 2%, e a doença é mais prevalente no sexo feminino. Variações regionais sugerem interferência do meio ambiente no desenvolvimento do hipotireoidismo. Enquanto iodo e fatores genéticos exercem papéis importantes, acredita-se que níveis elevados de desreguladores endócrinos sejam parte da explicação para o aumento na sua prevalência. O Hipotireoidismo Congênito Primário é o defeito endócrino metabólico congênito mais frequente, cuja prevalência varia de 1:1.500 – 1:4.000 nascidos vivos e acomete duas vezes mais o sexo feminino, sendo a causa mais comum de deficiência mental passível de prevenção (Benvenga S. et al., 2018).

B. EPILEPSIA

Uma crise epiléptica pode ser definida como um evento transitório e involuntário, manifestado por sinais e sintomas motores, sensitivos, sensoriais, autonômicos e psíquicos, com ou sem alteração do nível de consciência, decorrente de uma atividade neuronal excessiva no tecido cerebral. Pode ser classificada como *provocada* ou *sintomática aguda* quando está temporalmente relacionada a uma condição que alterou transitoriamente o funcionamento cerebral. Já a crise *não provocada* ocorre na ausência de um fator desencadeante imediato (Thurman, 2011).

Segundo Fischer (2014), desde 2014, optou-se por usar uma definição operacional para epilepsia como uma doença cerebral caracterizada por:

- Pelo menos duas crises epilépticas não provocadas ou duas crises reflexas ocorrendo em um intervalo mínimo de 24 horas;
- Uma crise epiléptica ou uma crise reflexa e risco estimado de uma nova crise em pelo menos 60%;
- Diagnóstico de uma síndrome epiléptica, caracterizada por um conjunto de sinais e sintomas que habitualmente ocorrem juntos, podendo ser clínicos ou alterações detectadas por exames complementares (eletroencefalograma, tomografia computadorizada e ressonância magnética do crânio).

Não há dados confiáveis a respeito da incidência e prevalência da Epilepsia no Brasil. Além disso, as dimensões continentais de nosso país provocam variações epidemiológicas significativas entre as regiões. Entre 2 e 3% das pessoas terão diagnóstico de epilepsia em algum momento da vida, e a prevalência estimada no Brasil varia entre

10 a 15:1.000. A incidência na infância é maior do que na população adulta (Liberalesso, 2018).

C. OBESIDADE (EXCESSO DE PESO)

A obesidade é um dos maiores problemas de saúde pública no mundo, com impacto populacional devido à evolução para doenças crônicas degenerativas não transmissíveis, como hipertensão arterial e diabetes mellitus tipo 2. A partir de dados antropométricos, como peso, estatura, circunferências e dobras, obtém-se índices de acordo com o sexo e a idade. O Índice de Massa Corpórea (relação entre o peso e o quadrado da estatura, expresso em Kg/m^2) é um preditor de risco metabólico, cujo aumento na infância associa-se à dislipidemia, resistência à insulina e doença cardiovascular na vida adulta.

Indivíduos obesos podem apresentar distúrbios do sono, dentre eles, a apneia obstrutiva (fechamento parcial ou total das vias aéreas enquanto se dorme). A fragmentação do sono e a hipoxemia (falta de oxigenação do sangue), causadas pelos episódios de apneia noturna, podem contribuir para a sonolência durante o dia, levando a sintomas de desatenção similares aos do TDAH (Granato, 2015).

COMORBIDADE ASSOCIADA À OBESIDADE

Dentre as comorbidades associadas, é possível citar a inflamação como um impacto negativo na resposta imunológica, além do processo aterosclerótico e o risco aumentado de lesões em membros inferiores. A atividade física programada e regular está associada a mudanças tanto no estilo de vida quanto na composição corporal, sendo importante na promoção da saúde e na prevenção de doenças. Entretanto, com a evolução tecnológica, crianças e adolescentes reduziram o tempo gasto com atividade física e aumentaram o tempo de tela (*smartphones, tablets, videogames*), contribuindo para o aumento da prevalência da obesidade nessa população.

Em todas as regiões geográficas brasileiras, o indicador de excesso de peso ultrapassou 20,0%, sendo a Região Sul a mais elevada com 28,2% e a Região Nordeste com menor índice de prevalência (20,5%). A distribuição da prevalência de obesidade foi similar à distribuição do excesso de peso. Prevalências maiores foram observadas para os escolares da Região Sul, com 10,2 %, contra 6,1% no caso dos escolares da Região Norte (Instituto Brasileiro de Geografia e Estatística - IBGE, 2019).

Seguindo a tendência mundial, o Brasil apresenta elevada prevalência de sobrepeso e obesidade, inclusive, na população jovem, apesar da reduzida disponibilidade de estudos populacionais. As informações mais recentes das diferentes regiões do País são de abrangência municipal, de pequenas comunidades ou de estudos isolados realizados em diferentes cidades, indicando prevalência de excesso de peso em adolescentes entre 15,3% e 29,1%, considerando diferentes critérios diagnósticos (Sociedade Brasileira de Pediatria, 2019).

REFERÊNCIAS

Arruda M.A., Querido C.N., Bigal M.E., Polanczyk G.V. (2015). ADHD and Mental Health Status in Brazilian School-Age Children. Journal of Attention Disorders. 2015;19(1):11–7. DOI: 10.1177/1087054712446811.

Associação Brasileira de Dislexia (ABD). Centro Especializado em Distúrbios de Aprendizagem (CEDA). Estatísticas 2013 - 2018. Disponível em <https://www.dislexia.org.br/estatisticas-2013-2018> Acesso em 21 fev. 2021.

Benvenga S., Klose M., Vita R., Feldt-Rasmussen U. (2018). Less known aspects of central hypothyroidism: Part 2 - Congenital etiologies. Journal of Clinical and Translational Endocrinology. 2018; 14:5-11. DOI: 10.1016/j.jcte.2018.09.004.

Cherella C.E., Wassner A.J. (2017). Congenital hypothyroidism: insights into pathogenesis and treatment. International Journal of Pediatric Endocrinology. 2017; 2017:11. DOI: 10.1186/s13633-017-0051-0.

Christensen D.L., Baio J., Braun K.V.N., Bilder D., Charles J., Constantino J.N. et al (2012). Prevalence and characteristics of autism spectrum disorder among children aged 8 years. Autism and Developmental Disabilities Monitoring Network, 11 Sites, United States, 2012. The Morbidity and Mortality Weekly Report (MMWR) Surveillance Summaries. 2016;65(3):1-23.

Developmental Disabilities Monitoring Network Surveillance Year 2010 Principal Investigators, Centers for Disease Control and Prevention (CDC). Prevalence of autism spectrum disorder among children aged 8 years - autism and developmental disabilities monitoring network, 11 sites, United States, 2010. The Morbidity and Mortality Weekly Report (MMWR) Surveillance Summaries. 2014;63(2):1–21.

Fisher R.S., Acevedo C., Arzimanoglou A., Bogacz A., Cross J.H., Elger C.E. et al (2014). ILAE official report: a practical clinical definition of epilepsy. Epilepsia. 2014;55(4):475-82.

Flores L.S., Gaya A.R., Petersen R.D.S., Gaya A. (2013). Trends of underweight, overweight, and obesity in Brazilian children and adolescents. Jornal de Pediatria (Rio de Janeiro). 2013;89:456–61. DOI: http://dx.doi.org/10.1016/j.jped.2013.02.021.

Fortes, I.S. (2014). Prevalência de transtornos específicos de aprendizagem e sua associação com transtornos mentais da infância e adolescência do Estudo

Epidemiológico de Saúde Mental do Escolar Brasileiro - INPD. Dissertação (mestrado) - Faculdade de Medicina da Universidade de São Paulo. Programa de Psiquiatria. São Paulo, 2014.

Fountain C., King M.D., Bearman P.S. (2011). Age of diagnosis for autism: individual and community factors across 10 birth cohorts. Journal of Epidemiology and Community Health. 2011;65(6):503–10. DOI: 10.1136/jech.2009.104588.

Granato, M.F. (2015). Avaliação da associação entre obesidade e transtornos de déficit de atenção/hiperatividade em crianças e adolescentes. Dissertação (mestrado) - Faculdade de Medicina da Universidade de São Paulo. Programa de Pediatria. DOI: 10.11606/D.5.2016.tde-05012016-151846.

Instituto Brasileiro de Geografia e Estatística (IBGE). Ministério do Planejamento e Gestão. Ministério da Saúde. 2016. Pesquisa nacional de saúde do escolar: 2015 / IBGE, Coordenação de População e Indicadores Sociais. – Rio de Janeiro: IBGE, 2016. 132 p.

Jatobá J.A.C.V.N., Bastos O. Depressão e ansiedade em adolescentes de escolas públicas e privadas. Jornal Brasileiro de Psiquiatria. 2007;56(3):171-179. DOI: https://doi.org/10.1590/S0047-20852007000300003.

Klein T., Lima R.C. (2020). Mais além dos Transtornos do Neurodesenvolvimento: desdobramentos para a infância e educação. Movimento-Revista de Educação 2020; 7(15): 106-132. DOI: https://doi.org/10.22409/mov.v7i15.42885.

Liberalesso, P.B.N. (2018). Síndromes epilépticas na infância. Uma abordagem prática. Residência Pediátrica 2018;8 (supl 1):56-63.

Mandell D.S., Morales K.H., Xie M., Lawer L.J., Stahmer A.C., Marcus S.C. (2010). Age of Diagnosis Among Medicaid-Enrolled Children With Autism, 2001–2004. Psychiatric Services. 2010;61(8):822–9. DOI:10.1176/ps.2010.61.8.822.

Mayes S.D., Calhoun S.L., Crowell E.W. (2000). Learning disabilities and ADHD: overlapping spectrum disorders. Journal of Learning Disabilities 2000; 33:417-424.

Neto, R.A.B. (2016). Transtorno de ansiedade generalizada. Revisões em Psiquiatria. Publicado online em 23/03/2016.

Pinto R.N.M., Torquato I.M.B., Collet N., Reichert A.P.S., Souza Neto V.L., Saraiva A.M. (2016). Autismo infantil: impacto do diagnóstico e repercussões nas relações familiares. Revista Gaúcha de Enfermagem. 2016;37(3):e61572. DOI: http://dx.doi.org/10.1590/1983- 1447.2016.03.61572.

Polanczyw, G.V., Willcutt, E. G., Salum, G. A., Kieling, C., Rohde, L. A. ADHD prevalence estimates across three decades: an updated systematic review and meta-regression analysis. Int J Epidemiol, 2014:1-9. DOI: 10.1093/ije/dyt261.

Reis et al (2019). Perfil epidemiológico dos pacientes com Transtorno do Espectro Autista do Centro Especializado em Reabilitação. Pará Research Medical Journal. 2019;3(1): e15. DOI: http://dx.doi.org/10.4322/prmj.2019.015.

Sociedade Brasileira de Pediatria. Departamento Científico de Endocrinologia. 2018. Hipotireoidismo Congênito: Triagem Neonatal. Documento Científico Nº 5; nov. 2018.

Sociedade Brasileira de Pediatria. Departamento Científico de Pediatria do Desenvolvimento e Comportamento. 2019. Depressão na infância e adolescência Documento Científico N° 8; ago. 2019.

Sociedade Brasileira de Pediatria. Departamento Científico de Pediatria do Desenvolvimento e Comportamento. 2018. O papel do pediatra diante da criança com Dificuldade Escolar. Diretriz N° 1; set. 2018.

Sociedade Brasileira de Pediatria. Departamento Científico de Pediatria do Desenvolvimento e Comportamento. 2019. Transtorno do Espectro do Autismo. Documento Científico N° 5; abr. 2019.

Sociedade Brasileira de Pediatria. 2019. Obesidade na infância e adolescência – Manual de Orientação. Departamento Científico de Nutrologia. 3ª. Ed - São Paulo: SBP. 2019. 236 p.

Taylor P.N. et al (2018). Global epidemiology of hyperthyroidism and hypothyroidism. Nature reviews | Endocrinology. Publicado online em 23/março/2018. DOI: 10.1038/nrendo.2018.18.

Thurman D.J., Beghi E., Begley C.E., Berg A.T., Buchhalter J.R., Ding D. et al. (2011); ILAE Commission on Epidemiology. Standards for epidemiologic studies and surveillance of epilepsy. Epilepsia. 2011;52 Suppl 7:2-26. DOI: 10.1111/j.1528-1167.2011.03121.x.

Revisão Técnica:

Cristina Mariano Ruas

DIAGNÓSTICO DOS TRANSTORNOS DE APRENDIZAGEM

Ingrid Caroline Silva Dias

Salvina Maria de Campos Carli

Vanessa Cristine Rezende

INTRODUÇÃO

Os transtornos de aprendizagem são caracterizados pelo comprometimento do desempenho acadêmico, muitas vezes, causado por dificuldades na concentração, atenção, linguagem ou processamento visual de informações. Por não haver testes genéticos ou de neuroimagem disponíveis e/ou que auxiliam no diagnóstico, o conjunto de avaliações médicas, psicológicas, intelectuais, educacionais são necessários. No presente capítulo, serão apresentados os principais transtornos que cursam com deficiência de aprendizagem e a abordagem diagnóstica necessária.

TRANSTORNOS DO NEURODESENVOLVIMENTO

O neurodesenvolvimento é um processo caracterizado pelo domínio progressivo de habilidades motoras, cognitivas e psicossociais. Tem início ainda no período fetal e pode sofrer interferência de fatores genéticos, biológicos, ambientais e socioculturais. Os transtornos do neurodesenvolvimento caracterizam-se por alterações neurológicas que se iniciam nesse período e se manifestam ainda na infância, sendo caracterizados, portanto, por prejuízos nas funcionalidades sociais, acadêmicas e profissionais. Podem variar desde o comprometimento da aprendizagem e inteligência até habilidades sociais e prejuízos globais, sendo bastante comum a associação de mais de um transtorno do neurodesenvolvimento como transtornos do espectro autista, transtorno de déficit de atenção/hiperatividade e deficiência intelectual (Thapar, Cooper e Rutter, 2017).

A. TRANSTORNO DO ESPECTRO AUTISTA (TEA)

Apesar de estudos recentes mostrarem uma herdabilidade estimada entre 70 a 90%, o diagnóstico do TEA é essencialmente clínico e é baseado nos critérios do Manual Diagnóstico e Estatístico dos Transtornos Mentais (DSM-V), não existindo até o momento exames laboratoriais específicos (Monteiro et al., 2020). Exames de imagem e laboratoriais devem ser considerados em conjunto com a presença de sintomas clínicos sugestivos, possibilitando o diagnóstico diferencial e a investigação de comorbidades (Savall & Dias, 2018).

Características essenciais para o diagnóstico do TEA são prejuízos nas áreas da comunicação social e comportamentos restritos e repetitivos. Esses sintomas devem estar presentes desde o início da infância e devem limitar ou prejudicar o funcionamento do indivíduo ao longo de sua vida. As manifestações também podem variar em razão da gravidade da condição do sujeito, do nível de desenvolvimento e funcionalidade e da idade cronológica. Para o diagnóstico, são necessários exames clínicos com uma anamnese ampla, avaliações direta, neuropsicológica e multidisciplinar, além de instrumentos como questionários de rastreamento e varredura visual (Amato et al., 2018).

Por apresentar uma etiologia genética muito heterogênea, milhares de genes foram relatados como associados ao TEA. Entretanto, essas variações estão presentes em cerca de 20% dos casos de TEA, não configurando, até o momento, uma possível ferramenta diagnóstica (Waters, 2011). Nesse contexto, tem sido proposto o estudo dos designados polimorfismos de nucleotídeos únicos (SNP), do inglês *Single Nucleotide Polymorphisms*. Estes consistem em variações na sequência de DNA que afetam apenas uma base (adenina, timina, citosina, guanina) ou ainda as deleções ou duplicações em pequenos segmentos de DNA, denominadas de variantes de número de cópias - "*Copy-number Variants*" (CNV). Contudo, essas anormalidades cromossômicas, dentre elas a observada na síndrome do X-frágil, têm um padrão de herança familiar com taxas de recorrência em irmãos de uma criança com TEA superior à da população geral (Freitag et al., 2010; SBGM, 2011). O cariótipo é o exame recomendado para auxílio ao diagnóstico etiológico do

TEA, apesar de possibilitar a identificação de alterações cromossômicas em apenas 5% dos pacientes. Outra técnica laboratorial sugerida é a CGH-*array*, que consegue detectar alterações genômicas submicroscópicas, como deleções e duplicações com número de cópias de segmento de DNA.

Contudo, apesar de ainda não existirem exames laboratoriais e biomarcadores, isto é, moléculas ou alterações específicas que possam ser observadas em indivíduos com TEA, estudos científicos têm apontado alguns contribuintes para a sua fisiopatologia, como desequilíbrios metabólicos (Kang et al., 2020; Qureshi et al., 2020), desregulação imunológica, estresse oxidativo (Bjørklund et al., 2020), disfunção gastrointestinal e alterações na microbiota intestinal, que possivelmente poderão ser futuramente propostos como biomarcadores para o TEA (Oh; Cheon, 2020; Needham et al., 2021;Chen et al., 2021).

B. TRANSTORNO DE DÉFICIT DE ATENÇÃO E HIPERATIVIDADE (TDAH)

O TDAH é uma condição com início na infância e tem como característica essencial um padrão persistente de desatenção e/ou hiperatividade-impulsividade que interfere no funcionamento/rotina da criança. A desatenção está associada a vários processos cognitivos subjacentes, e os indivíduos podem exibir problemas cognitivos em testes de atenção, função executiva ou memória. O rendimento escolar insatisfatório é um dos principais prejuízos que o transtorno acarreta na infância (Paterlini et al., 2019). Assim como o TEA, o TDAH tem o diagnóstico baseado nos sintomas clínicos, que são centrais no transtorno, como a desatenção, a hiperatividade e a impulsividade, que prejudiquem o funcionamento e o desenvolvimento (Martinhago, 2018; Calixto et al., 2021). O TDAH não possui exames laboratoriais específicos para o seu diagnóstico e, geralmente, não são necessários exames de imagem ou laboratoriais (Conitec, 2021).

TRANSTORNOS ESPECÍFICOS DA APRENDIZAGEM

Os Transtornos Específicos da Aprendizagem se caracterizam por dificuldades na aprendizagem e uso de habilidades acadêmicas. Podem incluir prejuízos nos domínios da leitura, da expressão escrita ou da matemática (ver tabela 1). Para sua caracterização, deve haver a presença de ao menos um sintoma, dentre:

- Ler palavras incorretamente ou sem fluência suficiente;
- Ter dificuldades na compreensão da leitura;
- Ter dificuldades em escrever corretamente;
- Ter dificuldades na produção escrita em termos de gramática, pontuação ou organização de ideias;
- Ter dificuldades em matemática com o senso numérico, a memorização dos fatos aritméticos ou os cálculos;
- Ter dificuldades no raciocínio quantitativo.

Tais dificuldades devem ser inesperadas para a idade da pessoa e devem persistir por pelo menos seis meses, apesar do oferecimento de intervenções específicas dirigidas às dificuldades. Essa persistência é definida no DSM-V como característica importante e corresponde a um progresso limitado na aprendizagem, apesar de instruções adequadas oferecidas na escola ou em casa. Para caracterizar o Transtorno Específico da Aprendizagem, as dificuldades devem ter início durante os anos escolares e não devem ser mais bem explicadas por outras condições, tais como alterações visuais ou auditivas, deficiência intelectual, outros transtornos neurológicos, instrução educacional inadequada, condições psicossociais impróprias, dentre outras (Amato et al., 2018).

Após a avaliação do Neuropediatra, os exames laboratoriais podem ser solicitados de forma complementar, mas não possuem valor diagnóstico para os transtornos de aprendizagem. Além dos exames laboratoriais, outros exames como eletroencefalograma, tomografia computadorizada, ressonância magnética ou outros exames que se julgarem necessário podem ser solicitados para auxiliar tanto no diagnóstico diferencial quanto para o fechamento do diagnóstico (Back et al., 2020).

Transtorno	Manifestações observadas
Transtornos de Leitura	Prejuízo na leitura de palavras (precisão da leitura), na velocidade ou fluência da leitura, ou na compreensão da leitura
Dislexia	Falhas no reconhecimento, na fluência da leitura ou na escrita imprecisa ou incorreta
Transtorno Específico da Escrita (Disortografia)	Prejuízos na soletração (ou ortografia), na gramática e na pontuação, ou na clareza e organização da expressão escrita

Transtorno	Manifestações observadas
Transtorno Específico de Habilidade Aritmética (Discalculia)	Pode se manifestar como dificuldades com o senso numérico, a memorização de fatos aritméticos, a precisão ou fluência de cálculos, e a precisão no raciocínio matemático. Conforme o DSM-V, "Discalculia" é um termo que pode ser alternativamente usado quando os problemas estão nos três primeiros domínios citados acima

Fonte: Amato et al., 2018.

Tabela 1 – Principais manifestações observadas nos transtornos de aprendizagem.

TRANSTORNOS EMOCIONAIS E COMPORTAMENTAIS INTERFERENTES NA APRENDIZAGEM

Crianças com diagnósticos de transtornos do humor podem apresentar capacidade de aprendizagem tão ou mais deficitária que uma criança com deficiência intelectual (Paterlini et al., 2019). Nos transtornos emocionais e comportamentais interferentes na aprendizagem - tais como Depressão e Ansiedade -, também não há exames laboratoriais diagnósticos. Sua identificação é fundamentalmente clínica, e os exames laboratoriais podem ser solicitados com o intuito de se realizar o diagnóstico diferencial, a fim de descartar outras condições clínicas que podem se apresentar com sinais e sintomas de transtornos emocionais (Secretaria de Estado da Saúde do Espírito Santo, 2018).

É importante salientar que a Classificação Internacional de Doenças (CID) - da 6ª a 11ª edição - e o Manual Diagnóstico e Estatístico (DSM) - da edição I a V - fornecem um conjunto de critérios para o diagnóstico de Depressão. Entretanto, nem o DSM nem a CID fazem referência a quaisquer características biológicas mensuráveis e objetivas que atuem no diagnóstico (Nobis et al., 2020). Até o momento, não há testes de laboratório clínico ou biomarcador aprovados que possam ser usados por médicos como parte dos critérios diagnósticos para qualquer transtorno psiquiátrico. (Lakhan et al., 2010; Hacimusalar & Esel, 2017).

A. DEPRESSÃO

A clínica da Depressão na infância difere da do adulto e este é o motivo de a doença ser subdiagnosticada nessa faixa etária. A criança não é capaz de compreender e expressar bem seus sentimentos, e os adultos, muitas vezes, interpretam os sinais clínicos como crises da idade. No geral, podemos citar como sinais e sintomas principais (Sociedade Brasileira de Pediatria - SBP, 2019):

- Sentimento de culpa ou baixa autoestima;
- Dificuldade de tomar decisões;
- Distúrbios do sono, como sonolência excessiva, insônia, despertar precoce;
- Humor deprimido, apatia;
- Desinteresse pelas atividades habituais e por brincadeiras;
- Redução da energia ou irritabilidade;
- Dificuldade de concentração;
- Alterações do apetite, desde hiperfagia à anorexia, e alterações do peso;
- Agitação psicomotora ou lentidão;
- Pensamentos suicidas, comportamento de autoinjúria.

Estes sintomas devem estar presentes por mais de duas semanas e acarretarem prejuízos funcional ou social. Em crianças menores de 12 anos, sintomas inespecíficos podem ocorrer, como dor abdominal, cefaleia, náuseas, choro fácil, dificuldades escolares e queda do rendimento escolar (SBP, 2019).

B. TRANSTORNOS DE ANSIEDADE

A base destes transtornos são as características de medo e ansiedade aumentadas e perturbações comportamentais. Se diferenciam do medo ou da ansiedade adaptativos por serem excessivos ou persistirem além de períodos apropriados ao nível de desenvolvimento (Paterlini et al., 2019).

OUTRAS DOENÇAS QUE INTERFEREM NA APRENDIZAGEM

A. HIPOTIREOIDISMO

A tireoide está localizada na parte anterior do pescoço, abaixo da região conhecida como "Pomo de Adão", que é popularmente chamada de "gogó". É uma das maiores glândulas do corpo humano e pesa aproximadamente de 15 a 25 g no adulto. Por ser uma glândula endócrina, produz os hormônios tireoidianos triiodotironina (T3) e tiroxina (T4), fundamentais para a homeostasia do organismo (Hernandes et. al, 2021). O hormônio estimulador da tireoide (TSH), produzido na hipófise anterior, é responsável pela regulação da tireoide.

O Hipotireoidismo é uma doença desencadeada pela deficiência de hormônios tireoidianos, o T3 e o T4, e pode ser severa ou moderada. Os hormônios tireoidianos têm um forte efeito modulador no desenvolvimento e na função do cérebro humano. Essa função pode ser percebida, uma vez que alterações cognitivas são frequentemente observadas nas doenças da tireoide (Persani & Campi, 2019). O Hipotireoidismo pode afetar a função cognitiva e este efeito prejudicial pode variar de leve comprometimento da memória e atenção a condições que lembram Demência ou Depressão. Sintomas como desatenção, hiperestimulação ou déficits de função cognitiva, no entanto, são mais comumente associados ao Hipertireoidismo (Chaker et al., 2017; Secretaria de Saúde do Estado da Bahia, 2020).

O diagnóstico do Hipotireoidismo é feito por meio de exames laboratoriais, pois os sintomas são inespecíficos. Em caso de suspeita, a dosagem de TSH é o primeiro exame a ser solicitado, tendo-se em vista a associação inversa entre o TSH e os hormônios tireoidianos. Assim, pequenas reduções na concentração de T4 levam a um aumento exponencial nas concentrações de TSH, tornando o marcador mais sensível do estado da tireoide (Taylor et al., 2018). A avaliação laboratorial é extremamente importante para o diagnóstico do hipotireoidismo, visto que as manifestações dos sintomas são pouco específicas (Universidade Federal do Rio Grande do Sul, 2020). A tabela 2 apresenta a classificação do Hipotireoidismo:

Hipotireoidismo	TSH	T4 livre ou T4 total
Primário franco	Aumentado	Diminuído
Subclínico	Persistentemente elevado	Normal
Secundário ou terciário (central)	Normal ou baixo	Diminuído

Fonte: Universidade Federal do Rio Grande do Sul, 2020.

Tabela 2 – Classificação do Hipotireoidismo.

B. EPILEPSIA

Na maioria dos casos, o diagnóstico da Epilepsia pode ser feito clinicamente por meio da história pregressa do paciente, bem como por meio de um exame físico geral focado nas áreas neurológica e psiquiátrica. Os exames laboratoriais são utilizados na investigação da causa da Epilepsia (Conitec, 2019) e auxiliam na tomada de decisão clínica, especialmente quando a crise epiléptica ocorreu fora do ambiente hospitalar, não sendo observada por profissionais de saúde (Guzzo et al., 2020).

A Epilepsia também pode ter como etiologia infecções, alterações metabólicas e imunológicas, e os exames laboratoriais são fundamentais para diferenciar uma da outra. A Epilepsia de etiologia infecciosa é a mais comum e acontece em decorrência de uma infecção, em que as crises convulsivas são os principais sintomas. Pode ser causada por cisticerco - como a Neurocisticercose, Tuberculose, HIV, Malária Cerebral, Panencefalite Esclerosante Subaguda, Toxoplasmose Cerebral e infecções congênitas, como a do vírus Zika e Citomegalovírus (Costa et al., 2020). A Epilepsia de etiologia metabólica é provocada por algum distúrbio metabólico em que as crises convulsivas são os principais sintomas. Pode ser provocada por manifestações ou alterações bioquímicas como erros inatos do metabolismo (Costa et al., 2020). A Epilepsia de etiologia imunológica é provocada por alterações imunológicas em que as crises convulsivas também são o principal sintoma, principalmente quando há indicativo de inflamação e injúria do Sistema Nervoso Central (SNC). O teste de anticorpos pode ser usado, por exemplo, na Encefalite Antirreceptor NMDA (N-metil-D-aspartato) e Anti-LGI1(anti-glioma inativado-1 rico em leucina), em casos raros em que a causa imunológica é fortemente suspeitada, como convulsões frequentes, perda de memória e sintomas psiquiátricos em um indivíduo previamente saudável (Devinsky et al., 2018; Costa et al., 2020).

Atualmente, nenhum exame laboratorial pode provar ou excluir definitivamente o diagnóstico de uma crise epiléptica. Para convulsões com causas desconhecidas, exames de sangue simples podem ser uma ajuda valiosa para tentar identificar a etiologia. É sugerido que testes de creatina quinase (CK), eletrólitos, creatinina, funções hepática e renal devem ser medidos pelo menos uma vez. Mais pesquisas são necessárias para identificar novos biomarcadores que melhorem o diagnóstico e o prognóstico de convulsões e as complicações relacionadas (Nass et al., 2017).

Um estudo, realizado por Guzzo, Pedrini e Breigeiron (2020), demonstrou que os principais distúrbios metabólicos responsáveis por desencadear crises epilépticas foram: hipocalcemia (redução da concentração sanguínea de cálcio), uremia e insuficiência hepática. Notoriamente, foi demonstrada que a etiologia das crises epiléticas diferiu conforme a faixa etária. Febre foi o fator etiológico de crise epiléptica mais prevalente nas crianças/adolescentes; nos adultos, as medicações/intoxicações e agentes psicoativos; enquanto nos idosos, foram os distúrbios metabólicos/circulatórios (Guzzo et al., 2020). Durante o diagnóstico da Epilepsia, deve-se levar em consideração algumas comorbidades, como dificuldades de aprendizagem e transtornos psiquiátricos, incluindo a Depressão e o Transtorno do Espectro Autista (Devinsky et al., 2018).

C. OBESIDADE

A Obesidade é caracterizada pelo acúmulo excessivo de gordura corporal na criança. Sua principal causa consiste na alimentação inadequada, juntamente com baixo gasto de energia, principalmente por falta de atividade física. Pode também ser decorrente de fatores genéticos e hormonais. A criança, diferentemente do adulto, não recebe o diagnóstico de Obesidade baseado apenas no Índice de Massa Corporal (IMC - relação entre o peso e a estatura), mas sim por meio da curva de peso pela idade e IMC por idade. Além disso, no caso de atletas adultos, o IMC também não é utilizado para avaliação do excesso de peso.

Relaciona-se com diversas doenças, como colesterol alto, diabetes, problemas ortopédicos, dentre outras. Além disso, favorece a baixa autoestima e o desenvolvimento de problemas psicológicos, podendo prejudicar no desempenho escolar e ser causa frequente de *bullying* nas escolas (UFMG, 2018).

Os exames laboratoriais são muito empregados na prática clínica e na intervenção nutricional frente à Obesidade. Os exames rotineiramente solicitados são colesterol total e suas frações (LDL, HDL, VLDL), triglicérides, glicose em jejum e hemoglobina glicada (Piantino et al., 2017).

A Obesidade tem sido relacionada à baixa cognição em adultos, tendo em vista que a desregulação dos hormônios do apetite, como a Grelina e o Peptídeo 1 semelhante ao glucagon (GLP-1) - provocados pela Obesidade, tem efeitos prejudiciais na cognição. Estes hormônios atuam em várias regiões do cérebro relevantes para as habilidades cognitivas e com a sua desregulação essas áreas são atingidas (Li et al., 2018).

REFERÊNCIAS

Amato, C. A. H. (2018) *Distúrbios do desenvolvimento [livro eletrônico]: estudos interdisciplinares.* Disponível em https://www.mackenzie.br/fileadmin/ARQUIVOS/Public/6-pos-graduacao/upm-higienopolis/mestrado-doutorado/disturbios_desenvolvimento/2019/DISTU%CC%81RBIOS-DO-DESENVOLVIMENTO-eBOOK-1.pdf

Back, N. C. F., Telaska, T. dos S., Damari, J. L., Dettmer, C. C., Silva, S. V., Riechi, T. I. J. de S., & Crippa, A. C. de S. (2020). Modelo de avaliação de transtornos de aprendizagem por equipe interdisciplinar. *Revista Psicopedagogia, 37*(112), 37–51. https://doi.org/10.5935/0103-8486.20200003

Bjørklund, G., Meguid, N. A., El-Bana, M. A., Tinkov, A. A., Saad, K., Dadar, M., Hemimi, M., Skalny, A. V., Hosnedlová, B., Kizek, R., Osredkar, J., Urbina, M. A., Fabjan, T., El-Houfey, A. A., Kałużna-Czaplińska, J., Gątarek, P., & Chirumbolo, S. (2020). Oxidative Stress in Autism Spectrum Disorder. *Molecular neurobiology, 57*(5), 2314–2332. https://doi.org/10.1007/s12035-019-01742-2

Calixto, F. G. C., Soares, S. L., & Paixão e Vasconcelos, F. U. (2021). A aprendizagem e o transtorno do déficit de atenção e hiperatividade: uma análise da produção brasileira. *Revista Contexto & Educação, 36*(113), 74–84. https://doi.org/10.21527/2179-1309.2021.113.74-84

Chaker, L., Bianco, A. C., Jonklaas, J., & Peeters, R. P. (2017). Hypothyroidism. *Lancet (London, England), 390*(10101), 1550–1562. https://doi.org/10.1016/S0140-6736(17)30703-1

Chen, L., Shi, X. J., Liu, H., Mao, X., Gui, L. N., Wang, H., & Cheng, Y. (2021). Oxidative stress marker aberrations in children with autism spectrum disorder: a systematic review and meta-analysis of 87 studies (N = 9109). *Translational psychiatry, 11*(1), 15. https://doi.org/10.1038/s41398-020-01135-3

CONITEC. Comissão Nacional de Incorporação de Tecnologias no Sistema Único de Saúde (2019). *Protocolo Clínico e Diretrizes Terapêuticas para Epilepsia.* Disponível em:http://conitec.gov.br/images/Consultas/Relatorios/2019/Relatorio_PCDT_Epilepsia_CP13_2019.pdf.

CONITEC. Comissão Nacional de Incorporação de Tecnologias no Sistema Único de Saúde (2021). *Metilfenidato e lisdexanfetamina para indivíduos com Transtorno do Déficit de Atenção com Hiperatividade.* Disponível em: http://conitec.gov.br/images/Relatorios/2021/20210319_Relatorio_601_metilfenidato_lisdexanfetamina_TDAH.pdf.

Costa, L. L. de O., Brandão, E. C., & Marinho Segundo, L. M. D. B. (2020). Atualização em epilepsia. *Revista de Medicina, 99*(2), 170–181. https://doi.org/10.11606/issn.1679-9836.v99i2p170-181

Devinsky, O., Vezzani, A., O'Brien, T. J., Jette, N., Scheffer, I. E., de Curtis, M., & Perucca, P. (2018). Epilepsy. *Nature reviews. Disease primers, 4*, 18024. https://doi.org/10.1038/nrdp.2018.24

Freitag, C. M., Staal, W., Klauck, S. M., Duketis, E., & Waltes, R. (2010). Genetics of autistic disorders: review and clinical implications. *European child & adolescent psychiatry, 19*(3), 169–178. https://doi.org/10.1007/s00787-009-0076-x

Guzzo, E. F. M., Pedrini, D. B., & Breigeiron, M. K. (2020). Inflammatory signs and epileptic crisis in patients admitted in an emergency unit. *Revista Gaúcha de Enfermagem*, *41*. https://doi.org/10.1590/1983-1447.2020.20190074

Hacimusalar, Y., & Eşel, E. (2018). Suggested Biomarkers for Major Depressive Disorder. *Noro psikiyatri arsivi*, *55*(3), 280–290. https://doi.org/10.5152/npa.2017.19482

Hernandes, E. O., Coelho, J., M., Machado, M., Ferreira, A., C., Buchardt, A., T., Gama, I., L., Pereira, C., & Kummer, R. (2021). *Nativa – Revista de Ciências Sociais Do Norte de Mato Grosso*, *9*(1). https://www.revistanativa.com.br/index.php/nativa/article/view/392

Kang, D.-W., Adams, J. B., Vargason, T., Santiago, M., Hahn, J., & Krajmalnik-Brown, R. (2020). Distinct Fecal and Plasma Metabolites in Children with Autism Spectrum Disorders and Their Modulation after Microbiota Transfer Therapy. *MSphere*, *5*(5). https://doi.org/10.1128/msphere.00314-20

LabTest (2021). *Epilepsy* | Lab Tests Online. Disponível em https://labtestsonline.org/conditions/epilepsy.

Lakhan, S. E., Vieira, K., & Hamlat, E. (2010). Biomarkers in psychiatry: drawbacks and potential for misuse. *International archives of medicine*, *3*, 1. https://doi.org/10.1186/1755-7682-3-1

Li, N., Yolton, K., Lanphear, B. P., Chen, A., Kalkwarf, H. J., & Braun, J. M. (2018). Impact of Early-Life Weight Status on Cognitive Abilities in Children. *Obesity (Silver Spring, Md.)*, *26*(6), 1088–1095. https://doi.org/10.1002/oby.22192

Martinhago, F. (2018). TDAH e Ritalina: neuronarrativas em uma comunidade virtual da Rede Social Facebook. *Ciência & Saúde Coletiva*, *23*(10), 3327–3336. https://doi.org/10.1590/ 1413-812320182310.15902018

Monteiro, M. A., Santos, A. A. A. dos, Gomes, L. M. M., & Rito, R. V. V. F. (2020). AUTISM SPECTRUM DISORDER: A SYSTEMATIC REVIEW ABOUT NUTRITIONAL INTERVENTIONS. *Revista Paulista de Pediatria*, *38*. https://doi.org/10.1590/1984-0462/2020/38/2018262

Nass, R. D., Sassen, R., Elger, C. E., & Surges, R. (2017). The role of postictal laboratory blood analyses in the diagnosis and prognosis of seizures. *Seizure*, *47*, 51–65. https://doi.org/10.1016/j.seizure.2017.02.013

Needham, B. D., Adame, M. D., Serena, G., Rose, D. R., Preston, G. M., Conrad, M. C., Campbell, A. S., Donabedian, D. H., Fasano, A., Ashwood, P., & Mazmanian, S. K. (2021). Plasma and Fecal Metabolite Profiles in Autism Spectrum Disorder. *Biological psychiatry*, *89*(5), 451–462. https://doi.org/10.1016/j.biopsych.2020.09.025

Nobis, A., Zalewski, D., & Waszkiewicz, N. (2020). Peripheral Markers of Depression. *Journal of clinical medicine*, *9*(12), 3793. https://doi.org/10.3390/jcm9123793

Oh, D., & Cheon, K. A. (2020). Alteration of Gut Microbiota in Autism Spectrum Disorder: An Overview. *Soa--ch'ongsonyon chongsin uihak = Journal of child & adolescent psychiatry*, *31*(3), 131–145. https://doi.org/10.5765/jkacap.190039

Paterlini, L. S. M., Zuanetti, P. A., Pontes-Fernandes, A. C., Fukuda, M. T. H., & Hamad, A. P. A. (2019). Screening and diagnosis of learning disabilities/disorders - outcomes of interdisciplinary assessments. *Revista CEFAC*, *21*(5). https://doi.org/10.1590/1982-0216/201921513319

Persani, L., & Campi, I. (2019). Syndromes of Resistance to Thyroid Hormone Action. *Experientia supplementum (2012)*, *111*, 55–84. https://doi.org/10.1007/978-3-030-25905-1_5

Piantino, C., da Cunha, J., Amâncio, M., Almeida, J., & Pádua, K. (2017). Parâmetros bioquímicos: associação com o estado nutricional e presença de patologia. *RBONE - Revista Brasileira De Obesidade, Nutrição E Emagrecimento*, *11*(62), 86-93. Recuperado de http://www.rbone.com.br/index.php/rbone/article/view/491

Qureshi, F., Adams, J., Hanagan, K., Kang, D. W., Krajmalnik-Brown, R., & Hahn, J. (2020). Multivariate Analysis of Fecal Metabolites from Children with Autism Spectrum Disorder and Gastrointestinal Symptoms before and after Microbiota Transfer Therapy. *Journal of personalized medicine*, *10*(4), 152. https://doi.org/10.3390/jpm10040152

Savall, A. C. R. & Dias, M. (2018). *Transtorno do espectro autista: do conceito ao processo terapêutico*. Disponível em https://www.fcee.sc.gov.br/informacoes/biblioteca-virtual/educacao-especial/cevi.

Secretaria da Saúde do Estado da Bahia (2020). *Protocolo Hipotireoidismo*. Disponível em http://telessaude.ba.gov.br/wp-content/uploads/2020/05/20200518-TeleCedeba-Hipotireoidismo-Final-1.pdf.

Secretaria de Estado da Saúde do Espírito Santo (2018). Diretrizes Clínicas em Saúde Mental Secretaria de Estado da Saúde do Espírito Santo. Disponível em https://saude.es.gov.br/Media/sesa/Protocolo/Diretrizes%20Clinicas%20em%20saude%20mental.pdf

Sociedade Brasileira de Genética Médica (SBGM (2011). Projeto Diretrizes. Alterações Genéticas Submicroscópicas: Parte I. Disponível em http://www.projetodiretrizes.org.br/diretrizes10/ alteracoes_geneticas_submicroscopicas_parte_I.pdf.

Sociedade Brasileira de Pediatria (SBP) (2019). Depressão na infância e adolescência. Disponível em https://www.sbp.com.br/fileadmin/user_upload/_21999c-Doc-Cient_-_Depressao_na_infancia_e_adolescencia.pdf

Taylor, P. N., Albrecht, D., Scholz, A., Gutierrez-Buey, G., Lazarus, J. H., Dayan, C. M., & Okosieme, O. E. (2018). Global epidemiology of hyperthyroidism and hypothyroidism. *Nature reviews. Endocrinology*, *14*(5), 301–316. https://doi.org/10.1038/nrendo.2018.18

Thapar, A., Cooper, M., Rutter, M. Neurodevelopmental disorders. *Lancet Psychiatry*, (2017), 4 (4), 339-346. doi: 10.1016/S2215-0366(16)30376-5.

Universidade Federal de Minas Gerais (UFMG) (2018). *Obesidade infantil*. Disponível em https://www.medicina.ufmg.br/observaped/obesidade-infantil/#:~:text=A%20crian%C3%A7a%2C%20diferentemente%20do%20adulto,%2C%20problemas%20ortop%C3%A9dicos%2C%20dentre%20outras

Universidade Federal do Rio Grande do Sul (UFRGS) (2020). *Tele Condutas: hipotireoidismo*. Disponível em https://www.ufrgs.br/telessauders/teleconsultoria/0800-644-6543/#telecondutas-0800

Waters H. (2011). Autism, authenticated. *Nature medicine*, *17*(11), 1336–1338. https://doi.org/10.1038/nm1111-1336

Yang, C., Li, J., Wu, Q., Yang, X., Huang, A. Y., Zhang, J., Ye, A. Y., Dou, Y., Yan, L., Zhou, W. Z., Kong, L., Wang, M., Ai, C., Yang, D., & Wei, L. (2018). AutismKB 2.0: a knowledgebase for the genetic evidence of autism spectrum disorder. *Database: the* journal of biological databases and curation, 2018, bay106. https://doi.org/10.1093/database/bay106

Revisão Técnica:
Walter Batista Cicarini

O PROCESSO DE AVALIAÇÃO E O DIAGNÓSTICO

Adriana de Souza Medeiros Batista

Daniel Nigro Lopes

Márcia Zakur Ayres

Wânia Cristina da Silva

INTRODUÇÃO

A superação dos desafios associados à aprendizagem passa, em certo momento, pela necessidade de uma avaliação diagnóstica. O diagnóstico é realizado mediante um indicador ou variável diagnóstica e um valor desse indicador (ponto de corte) que classifica os indivíduos em duas categorias mutuamente excludentes: doentes ou não doentes. O diagnóstico pode ser classificado como clínico ou epidemiológico (Bonita, 2010).

Diagnóstico Clínico - A Clínica se debruça sobre as pessoas doentes para, a partir de um conjunto de sinais e sintomas e utilizando equipamentos médicos e laboratoriais, realizar o diagnóstico e o tratamento individualmente.

O conceito de diagnóstico inclui tanto o processo mobilizado quanto a conclusão alcançada no processo e abrange: a) o processo ativo de pensamento e a arte de usar o método científico para elucidar os problemas da pessoa doente; b) a obtenção de todos os dados necessários; c) a avaliação crítica de todos os dados obtidos de diferentes fontes e com o emprego de diferentes métodos; d) o fato de ser uma arte viva baseada na ciência bem fundamentada; e) o fato de se desenvolver sobre conhecimentos de anatomia, fisiologia, patologia, de causalidade, de lesões anatômicas e alterações funcionais que convergem na doença; f) a formulação de hipóteses possíveis; g) a conclusão do processo, chegando propriamente ao diagnóstico (Mansur, 2010, p.74).

Diagnóstico Epidemiológico - A epidemiologia se detém em populações inteiras ou em suas amostras para, a partir dos indicadores de saúde e outros dados epidemiológicos construídos por meio da coleta de dados e de sua análise por métodos estatísticos, realizar o diagnóstico de saúde, subsidiando a implementação de medidas de promoção da saúde e prevenção de doenças coletivamente. A epidemiologia foi definida como "o estudo da distribuição e dos determinantes de estados ou eventos relacionados à saúde em populações específicas, e sua aplicação na prevenção e controle dos problemas de saúde" (Bonita, 2010).

Portanto, decidimos não aprofundar no diagnostico epidemiológico nesta seção e dedicaremos ao diagnóstico clínico, abordando os critérios avaliativos no diagnóstico clínico.

CRITÉRIOS AVALIATIVOS NO DIAGNÓSTICO CLÍNICO

Indivíduos com dificuldades ou Transtornos de Aprendizagem são percebidos pelo seu desempenho acadêmico, muitas vezes, distinto do seu potencial. O diagnóstico tem várias funções, dentre elas, "descrever as características de um determinado transtorno, sua evolução, fornecer informações sobre possíveis causas e direcionar para o tratamento mais indicado. O diagnóstico marca o início do tratamento" (Freilich-Bilyk et al., 2014, p.30).

Como ressalta Freilich-Bilyk (2014), o professor é quem tem uma visão real do processo de ensino e aprendizagem de seus alunos pela sua atuação privilegiada em tarefas e atividades em diversos contextos de aprendizagem pedagógica e de socialização. Um professor bem informado e atento pode promover a motivação para a aprendizagem, atuar na identificação de sinais que demandam encaminhamento para a avaliação especializada e, inclusive, contribuir nos processos interventivos.

Segundo Ayres (2022), "a avaliação se faz importante para verificação do desenvolvimento do indivíduo, para verificar se há algum atraso ou questão interferente na aprendizagem de conceitos escolares e sociais".

Vale lembrar que a avaliação não é restrita a crianças e adolescentes ou a alunos com vínculo escolar. Cada vez mais, tem sido buscada por adultos com processos tardios de compreensão dos fatores interferentes em seu desempenho durante o percurso escolar, com o objetivo de direcionar a uma nova trajetória acadêmica, possibilidade de inserção em concursos, exames de categorias profissionais ou recolocação profissional.

O processo avaliativo das demandas que envolvem a aprendizagem é clínico e, preferencialmente, deve ser abordado por uma equipe multidisciplinar composta basicamente por psicopedagogo, fonoaudiólogo, neuropsicólogo, com o diagnóstico fechado por médico pediatra, neurologista pediatra, médico psiquiatra da infância e adolescência, todos especialistas e com formação complementar no assunto (Almeida, 2016; Back et al, 2020).

Os encaminhamentos, relatórios, exames e consultas médicas auxiliam na exclusão e outros comprometimentos, mas o olhar clínico é fundamental na atuação do profissional durante a avaliação.

A equipe multidisciplinar propõe avaliações com abordagens nas áreas: cognitiva, linguagem, pedagógica, afetiva e comportamental, psicomotora e médica, observando e pesquisando características, sintomas e critérios clínicos até se chegar a um diagnóstico. É importante que a equipe multidisciplinar se comprometa com todo o processo, desde o diagnóstico até a intervenção (Bevilaqua, 2021).

Inicialmente, a avaliação requer um acolhimento, uma entrevista criteriosa e o preenchimento de uma anamnese com riqueza de detalhes. No caso de crianças e adolescentes, os pais são entrevistados, quando é feito o levantamento do histórico da criança no ambiente familiar.

Na entrevista com os professores e coordenadores da escola, são levantados os dados do desempenho, relacionamento, comportamento, potencialidades e queixas do aluno no âmbito escolar. Em casos de atendimento aos adolescentes, este acolhimento inicial é recomendado com a escuta de sua demanda e história separada de seus responsáveis (Ayres, 2022).

Em uma proposta de atuação avaliativa, ressalta-se a importância de pesquisar e analisar os pontos a seguir:

1. As características biopsicossociais do aluno, tais como: a idade gestacional, peso ao nascer, idade cronológica e o sexo, nível socioeconômico, escolaridade da mãe, dimensão da família, tipo

de residência, grau de urbanização, clima, cultura em geral; além da indicação de uma forte ligação entre o desenvolvimento da criança e as oportunidades e as condições de prática de atividades físicas e lúdicas, proporcionadas no contexto familiar, escolar e entre o grupo de amigos (Barreiros, 2008).

2. As condições de aprendizagem às quais foi submetido, como estímulos cognitivos, psicomotores e pedagógicos, o acolhimento afetivo familiar e escolar (Papalia, Olds e Feldman, 2013); as habilidades nas áreas de leitura, escrita, raciocínio matemático e a relação dessas observações com o desenvolvimento apropriado à sua faixa etária (Riesgo, 2016).
3. A relação do indivíduo com a aprendizagem e com os pares educativos (Chamat, 1997; Pichon-rivière, 2007).
4. O método utilizado pela escola frente à condição de aprendizagem do aluno (Maluf, 2013).
5. Os fatores etiológicos que interferem no processo de aprendizagem (Carvalho et al., 2009.

Em se tratando de uma abordagem multi e interdisciplinar, a avaliação rastreia o indivíduo, paramentada em técnicas próprias e recursos específicos de cada especialidade. Uma equipe coesa em seus objetivos tem a condição e a responsabilidade de promover a interdisciplinaridade com reuniões, discussões e supervisões durante e ao final do processo avaliativo. A troca entre profissionais da equipe permite construir a imagem global do sujeito e evita com que o diagnóstico se transforme em uma soma de laudos parciais (Weiss, 2020).

A avaliação deve ser feita de forma abrangente em sua observação com materiais, técnicas, escalas e testes específicos para a abordagem e pesquisa de cada caso, favorecendo a fidelidade no diagnóstico, bem como o planejamento do tratamento e monitorização do progresso nas intervenções.

Entretanto, o sucesso do diagnóstico depende principalmente da competência e sensibilidade do terapeuta em explorar a multiplicidade de aspectos revelados em cada situação (Weiss, 2020).

Além disso, uma avaliação ampla e criteriosa deve abordar o indivíduo integralmente, em seu desenvolvimento e no seu ecossistema, pensando em sua inserção na Educação Integral preconizada na Base Nacional Comum Curricular:

A Educação Integral tem como propósito a formação e o desenvolvimento global dos estudantes, compreendendo "a complexidade e a não linearidade desse desenvolvimento, rompendo com visões reducionistas que privilegiam ou a dimensão intelectual (cognitiva) ou a dimensão afetiva" (BNCC, 2017, p. 14).

O contexto histórico e social em que o indivíduo está inserido, bem como a sua apresentação diante do aprender, impõem um olhar inovador acerca das questões influentes e interferentes no processo de aprendizagem.

Portanto, faz-se necessária a observação, por exemplo, de sua relação ou experiências com: novas tecnologias, *youtubers*, redes sociais, jogos eletrônicos, pais com características distintas (despreparados, ausentes, negligentes, poluentes, doentes, inexistentes...), relacionamento entre irmãos, adolescência, paixões juvenis, experiências de risco (drogas, *cutting, blue wale*...) religião, futebol, situação política/econômica, hábitos alimentares, de sono, de higiene, *bullying*, métodos de alfabetização, tipos de escola, lendas escolares, professores, efeitos de remédios, dentre outros.

Dessa forma, é possível identificar como essa criança está sendo ou não estimulada e qual a participação de seus cuidadores em seu desenvolvimento (Alves, 2010).

A interação com os pares, com uma comunicação assertiva e brincadeiras que as estimulem, contribui para uma boa qualidade de vida e desenvolvimento satisfatório, dentro dos marcos esperados (Chamat, 1997; Pichon-rivière, 2007).

Outro fator que atualmente interfere na interação e desenvolvimento é o uso excessivo de dispositivos eletrônicos. Esse uso deve ser restrito para cada faixa etária, como a Sociedade Brasileira de Pediatria propõe:

> "Crianças menores de 2 anos não devem ter contato com tela, as de 2 a 5 anos sejam limitadas a 1 hora por dia e sempre com supervisão e as crianças de 6 a 10 anos limitadas a usarem entre 1 a 2 horas também com supervisão" (SBP 2019-2021).

A avaliação cognitiva é realizada por especialistas em Neuropsicologia, Psicopedagogia, Fonoaudiologia, e Psicologia Educacional, com o objetivo de mapear o desenvolvimento das funções executivas: atenção, memória, controle inibitório, flexibilidade cognitiva; avaliar as habilidades escolares; avaliar o desenvolvimento socioemocional: autorregulação, postergação, ganhos e motivação; o desenvolvimento da linguagem e comunicação; praxias - Freilich-Bilyk et al. (2014, p.67, adaptado). É possível identificar deficiência intelectual, que traz prejuízos maiores do que apenas aqueles relacionados ao aprendizado. Cabe ressaltar a importância da avaliação visual e auditiva para identificar se a causa da dificuldade do aprendizado não está relacionada a alterações auditivas e visuais, as quais podem ser adquiridas ou congênitas.

A capacidade de escuta e atuação do psicopedagogo, com amplo conhecimento em educação e saúde, instrumentaliza-o a atuar na avaliação e intervenção nas dificuldades e transtornos de aprendizagem, "através de uma atuação que favoreça o atendimento em uma visão integrada biopsicossocial em saúde" (Nascimento, 2004, p. 54).

Na avaliação psicopedagógica, é possível abordar as vias de aprendizagem utilizadas pelo indivíduo e como ele processa as informações, por meio da escrita, leitura e habilidades matemáticas. As habilidades devem ser mapeadas em interpretação em diversos portadores de textos, compreensão em contextos abstratos e implícitos, inferência nas informações e capacidade de resolução de problemas.

O psicopedagogo, especialista em avaliação dos transtornos de aprendizagem, conforme as demandas e hipóteses clínicas, deve ser capaz de avaliar as habilidades motoras e grafomotoras necessárias ao desempenho acadêmico, percepção, orientação temporal e orientação espacial (Bossa, 2000).

A formação complementar em Psicomotricidade facilita e capacita a essa observação com maior precisão e qualidade.

A avaliação neuropsicológica mapeia as áreas cerebrais que podem estar associadas a déficits, a lesões ou, até mesmo, a doenças do Sistema Nervoso Central (SNC). Auxilia na formulação do diagnóstico ao considerar as funções executivas, subsidiando o delineamento de estratégias de intervenção (Neumann et al., 2016, p. 4).

A avaliação da área de linguagem, da fala e do processamento fonológico é complementar e de essencial importância como rastreio do desenvolvimento e de sua relação com a aprendizagem.

A avaliação psicológica identifica os aspectos emocionais e comportamentais associados ou comórbidos às questões de aprendizagem. Sintomas de ansiedade, depressão, desvio de conduta, baixa autoestima e desmotivação são frequentemente apurados nesses casos. O comportamento do aprendiz, suas atitudes e seu relacionamento em família, na escola e na sociedade devem ser observados. Há testes restritos ao uso pelo psicólogo, por exemplo, os testes de inteligência (Bonfá-Araujo, 2020).

No que se refere à avaliação médica, inicialmente conduzida pelo pediatra, são realizados o levantamento da saúde do indivíduo, o exame físico, a avaliação dos aspectos neurológicos e comportamentais, com a observação do histórico familiar que possam indicar causas médicas para justificar um distúrbio a ser tratado. Essa avaliação é primordial e pode ser ampliada a outras especialidades médicas, conforme o caso (Siqueira, C. M.; Gurgel-Giannetti, J. 2011).

Em se tratando de crianças, são analisados os níveis de desenvolvimento de acordo com critérios padronizados. A avaliação das características motoras, cognitivas, socioafetivas, de comunicação e linguagem é realizada a partir dos marcos do desenvolvimento infantil, disponibilizada na "Caderneta de Saúde da Criança". Essa caderneta é importante para o acompanhamento da saúde integral da criança e também traz anotações para o acompanhamento de sua vida escolar (Ministério da Saúde, 2021).

A Caderneta da Criança também contempla a vida escolar e aborda a importância do direito à educação. Os primeiros dias da criança na creche, na pré-escola ou na escola podem ser motivo de preocupação para as famílias. Em geral, os cuidadores não sabem como seu filho vai reagir ao novo ambiente. Cada criança tem um jeito próprio de vivenciar a transição da casa para a escola. Por isso, é necessário que os pais e os profissionais da saúde e da educação conversem entre si sobre como cuidar e fortalecer a criança e a família nessa passagem (Ministério da Saúde, 2021).

No caso de o aprendiz com hipótese diagnóstica baseada em questões de aprendizagem ter passado por uma avaliação inter e multidisciplinar, os encaminhamentos já assinalam as especialidades para as quais são mais indicados à avaliação médica. Com frequência, são indicados às consultas com Neurologista, Psiquiatra, Endocrinologista, Oftalmologista, Otorrinolaringologista e Ortopedista (Richart & Bozzo, 2009).

As consultas com as crianças devem, preferencialmente, ser realizadas com especialistas pediátricos.

Em consulta, o médico analisa os relatórios de avaliações (se os tiver) e pode solicitar outros exames e pareceres. É de responsabilidade do médico o fechamento das conclusões e do diagnóstico, a emissão de prescrição medicamentosa concernente ao caso, a orientação familiar para lidar com o paciente e o encaminhamento a outros atendimentos e terapias.

Tanto o CID – 10 quanto o DSM-IV apresentam basicamente três tipos de transtornos específicos: o transtorno da leitura, da matemática e da expressão da escrita. A caracterização geral desses transtornos de aprendizagem não difere muito entre os dois manuais (Rotta, 2006).

É importante destacar que o diagnóstico se baseia em critérios estipulados no *Diagnostic and Statistical Manual of Mental Disorders, Fifth Edition* (DSM-5) com abordagem clínica. São verificados os prejuízos no desenvolvimento individual da criança de acordo com os marcos do desenvolvimento, que também prejudicam o seu desempenho na escola ou nas atividades diárias.

O DSM-5, segundo síntese do *MSD Manuals*, exige evidências em critérios presentes por pelo menos seis meses nos seguintes tópicos:

- Leitura imprecisa, lenta e/ou que requer esforço;
- Dificuldade para compreender o significado do material escrito;
- Dificuldade de grafia;
- Dificuldade para escrever (p. ex., vários erros gramaticais e de pontuação; ideias não expressas claramente);
- Dificuldade para dominar o sentido numérico (p. ex., compreender a magnitude relativa e relacionamento dos números; em crianças maiores, dificuldade de fazer cálculos simples);
- Dificuldade de raciocinar matematicamente (p. ex., usar conceitos matemáticos para resolver problemas) (American Psychiatry Association, 2013).

A avaliação, portanto, pode apontar para dificuldades em uma ou mais áreas, como leitura, escrita e cálculos, caracterizando os Transtornos Específicos de Aprendizagem.

No processo de avaliação, também devem estar presentes a observação dos diagnósticos diferenciais a serem descartados, tais como deficiência intelectual, prejuízos decorrentes de problemas neurológicos ou sensoriais, Transtornos de neurodesenvolvimento, Transtornos emocionais e Transtornos Psicóticos.

A combinação de métodos educativos, fármacos e terapias associadas deve ser criteriosa para não agravar os problemas já instaurados pelos transtornos de aprendizagem. Os fármacos, por exemplo, os psicoestimulantes - metilfenidato e outras formulações com componentes anfetamínicos - podem contribuir para a melhoria da atenção e da concentração, quando está presente o diagnóstico de TDAH e é avaliado que seu uso é indicado, possibilitando uma resposta mais eficiente às informações e às instruções dadas aos alunos. Ressalta-se que, periodicamente, é reavaliada a necessidade de aumento, ou redução e, até mesmo, a retirada da prescrição. Alinhar o melhor tratamento com a participação e orientação a família, escola e equipe terapêutica potencializa e traz benefícios na condução do processo de aprendizagem do aluno (Limberger, 2013).

CONTRIBUIÇÕES DA NEUROIMAGEM NA AVALIAÇÃO DAS DIFICULDADES DE APRENDIZAGEM

Considerando os diferentes Transtornos de aprendizagem temos aqueles que podem ser estudados também por características anatômicas, além de alterações neurofuncionais. Para isso, temos uma contribuição importante das pesquisas que se utilizam da Ressonância Magnética (RM) para definir marcadores anatômicos associados e respostas características a estímulos cognitivos.

Kuhl e colaboradores (2020) apontaram dados de RM de crianças pré-alfabetizadas com história familiar prévia de casos de dislexia que mostram volume reduzido de substância cinzenta e dobramento cortical atípico nas regiões occipitotemporal e temporoparietal esquerda associadas à leitura. Observou-se que os resultados estruturais são complementados por achados de atividade reduzida nestas áreas durante o processamento fonológico.

Efeitos semelhantes foram relatados para crianças diagnosticadas com dislexia após instrução formal de alfabetização. Além das anomalias corticais, diferenças de substância branca dentro do fascículo arqueado esquerdo, conectando regiões temporoparietais com áreas pré-motoras e frontais inferiores, foram detectadas em crianças com risco familiar de desenvolver dislexia. Os autores chamaram a atenção para o fato de que, tomados em conjunto, esses resultados sugerissem que alterações funcionais e estruturais relacionadas ao surgimento da dislexia podem se desenvolver na primeira infância e, portanto, já são detectáveis antes do início da alfabetização (Kuhl et al., 2020, p. 211).

Em outro estudo realizado com o auxílio da RM, foram investigadas 62 crianças de 9 a 12 anos, 39 das quais tinham sido diagnosticadas clinicamente com um distúrbio de aprendizagem específico (discalculia e/ou dislexia). Todas as crianças foram submetidas ao exame de RM funcional, no qual as imagens são obtidas durante a realização de uma tarefa aritmética em diferentes formatos (matrizes de pontos, dígitos e palavras numéricas). Os pesquisadores observaram que, no nível comportamental, crianças com discalculia mostraram menor precisão ao subtrair matrizes de pontos, e todas as crianças com Transtornos de Aprendizagem foram mais lentas em responder em comparação com crianças com desenvolvimento típico (especialmente em formatos simbólicos), mostrando diferentes níveis de respostas ao estímulo cognitivo (Peters et al., 2018, p. 663).

Zahia et al. (2020) utilizaram como critério o estudo de áreas de ativação do cérebro de 55 crianças durante o exame de RM e a execução de três tarefas de leitura diferentes para demonstrar que o reconhecimento de crianças disléxicas é viável por meio da RM funcional na execução de tarefas de leitura fonológica e ortográfica. Demonstraram que a abordagem atingiu uma média geral de precisão de classificação de 72,73%, sensibilidade de 75%, especificidade de 71,43%, precisão de 60% na detecção de dislexia.

Apesar dos avanços da neuroimagem, é preciso sinalizar que tem uso exclusivamente auxiliar para um diagnóstico, que deve ser construído com a utilização de diversos instrumentos, muitas vezes mais acessíveis e conclusivos que exames de imagem, principalmente por meio da abordagem clínica.

Em resumo, a avaliação de transtornos de aprendizagem deve partir de uma investigação realizada de maneira ampla, pormenorizada e levando em consideração todos os fatores sejam eles ambientais e do próprio indivíduo, assim como qual sistema de escrita utiliza, as habilidades de linguagem oral, reconhecimento de palavras, ortografia, compreensão da leitura, avaliação cognitiva, avaliação de habilidades motoras e visuoespaciais, descartar alterações congênitas e outros diagnósticos que podem estar levando a essa dificuldade (IACAPAP, 2012).

REFERÊNCIAS

Almeida, J. F. S. (2016). Dificuldades de Aprendizagem de Leitura e Escrita. In: III CONEDU Congresso Nacional de Educação.

Alves, M. T. G. (2010). Dimensões do efeito das escolas: explorando as interações entre famílias e estabelecimentos de ensino. *Estudos sobre Avaliação em Educação, 21*, 271-296.

American Psychiatry Association (2013). *Diagnostic and Statistical Manual of Mental disorders - DSM-5.* 5th.ed. Washington: American Psychiatric Association.

Ayres, M.Z.(2022) A esperiência de uma psicopedagoga no Janela da Escuta.In: Grillo, C.F.C., Rocha, B.F., Mourão, M. (Orgs.). *Janela da Escuta: o adolescente especialista de si e a tessitura de uma rede sob medida.* (pp567-576). Belo Horizonte: Editora UFMG.

Barreiros JMP, Saraiva L. *Determinantes biossociais do desenvolvimento motor infantil numa perspectiva ecológica.* Estudos Desenvolvimento Motor Criança. Rio Maior, Portugal: 2008.

Back, Nadja Cristina Furtado, Telaska, Tatiele dos Santos, Damari, Juliana Lautenschlaeger, Dettmer, Cláudia Cabral, Silva, Sandra Vieira, Riechi, Tatiana Izabele Jaworski de Sá, & Crippa, Ana Chrystina de Souza. (2020). Modelo de avaliação de transtornos de aprendizagem por equipe interdisciplinar. *Revista Psicopedagogia*, *37*(112), 37-51. https://dx.doi.org/10.5935/0103-8486.20200003.

Bevilaqua Costa, F., & Fernandes Passos Carmo, S. (2021). O papel da equipe multidisciplinar no Diagnóstico e Intervenção precoce de crianças disléxicas. *SAPIENS - Revista De divulgação Científica*, *3*(1), 65–80. Recuperado de https://revista.uemg.br/index.php/sps/article/view/5774

Bilyk, F.B., Azevedo, G.R.C., Estanislau G.M., Rosário M.C. (2014). *Saúde e transtornos mentais.* In: Gustavo M. Estanislau; Rodrigo Affonseca Bressan. (Org.). *Saúde Mental na Escola.* 1ed.Porto Alegre: Artmed, v. 1, p. 25-36.

Bonfá-Araujo, Bruno e Farias, Eliana Santos de. Avaliação psicológica: a monitoria como estratégia de ensino-aprendizagem. *Psicologia Escolar e Educacional* [online]. 2020, Disponível em: <https://doi.org/10.1590/2175-35392020208998>. ISSN 2175-3539. https://doi.org/10.1590/2175-35392020208998.

Bonita, R., Beaglehole, R., Kjellstrom, T. (2010). *Epidemiologia básica.* 2.ed. atual. São Paulo: Santos, p.213.

Borges, A. P. A. e Coimbra, A. M. C. (Org.). (2008). *Envelhecimento e Saúde da Pessoa Idosa.* Fundação Oswaldo Cruz. Escola Nacional de Saúde Pública Sergio Arouca. Rio de Janeiro: EAD/ ENSP.

Bossa, Nádia Aparecida. *A psicopedagogia no Brasil: contribuições a partir da prática.* 2. ed. Porto Alegre: Artes Médicas Sul, 2000.

Brasil (2018). Ministério da Educação. *Base Nacional Comum Curricular.* Brasília.

Carvalho, M. R. S., dos Santos, L. L., Peixoto, M. G. C. D. & Haase, V. G. (2009). Para melhor compreensão da base genética das doenças. In: V. G. Haase, F. O. Ferreira & F. J. Penna (Orgs.) *Aspectos biopsicossociais da saúde na infância e adolescência* (pp. 441-474). Belo Horizonte: Coopmed.

Caderneta da Criança é ferramenta importante para acompanhamento integral da saúde infantil: *Nova versão traz histórico da criança desde o nascimento até os 10 anos de idade e deve ser distribuída a mais de 6 milhões de crianças em 2021 Ministério da Saúde.* Disponível em: <: https://www.gov.br/saude/pt-br/assuntos/noticias/caderneta-da-crianca-e-ferramenta-importante-para-acompanhamento-integral-da-saude-infantil>.

Chamat, L. S. J. *Relações Vinculares e aprendizagem: um enfoque psicopedagógico*. São Paulo: Vetor, 1997.

Correia, M. V. G. (2016). *Diálogo intersetorial educação-saúde no atendimento público municipal à demanda de queixa escolar: um estudo de caso no município de São Paulo*. Orientadora: Profa. Dra. Ronilda Yiakemi Ribeiro. 2016. 229 f. Tese (Doutorado em Psicologia), Instituto de Psicologia, Universidade de São Paulo, São Paulo, 2016. Disponível em: <https://www.teses.usp.br/teses/disponiveis/47/47131/tde-26082016-153517/publico/correia_ corrigida.pdf>.

Kuhl, U., Neef, N. E., Kraft, I., Schaadt, G., Dörr, L., Brauer, J., ... & Skeide, M. A. (2020). *The emergence of dyslexia in the developing brain*. Neuroimage, 211, 116633.

Lei Lei nº 9.394 (1996, 20 de dezembro). Estabelece as diretrizes e bases da educação nacional. Brasília, Brasil: Diário Oficial da União. Recuperado de http://www.planalto.gov.br/ccivil_03/leis/L9394.htm

Limberger, Jane Beatriz. Metodologias ativas de ensino-aprendizagem para educação farmacêutica: um relato de experiência. Interface - Comunicação, Saúde, Educação [online]. 2013, v. 17, n. 47 Disponível em: <https://doi.org/10.1590/1807-57622013.3683

Maluf, M. R. e Cardoso-Martins, C. *Alfabetização no século XXI: como se aprende a ler e a escrever*. [Recurso eletrônico]. Porto Alegre: Penso, 2013.

Mansur, A. J. *Diagnóstico*. Disponível em: http://files.bvs.br/upload/S/1413-9979/2010/v15n2/a74-76.pdf.

Manual de Orientação Grupo de Trabalho Saúde na Era Digital (2019-2021) *#menos telas #mais saúde*. Sociedade brasileira de pediatria. Disponível em: <: https://www.sbp.com.br/fileadmin/user_upload/_22246c-ManOrient_-__MenosTelas__MaisSaude.pdf>.

Nag S., Snowling M.J. (2012). *School underachievement and specific learning difficulties*. In Rey JM (ed), IACAPAP e-Textbook of Child and Adolescent Mental Health. Geneva: International Association for Child and Adolescent Psychiatry and Allied Professions.

Neumann, D. M. C., Tariga, A. R., Perez, D. F., Gomes, P. M., Silveira, J. S., & Azambuja, L. S. (2017). *Avaliação neuropsicológica do transtorno do espectro autista*. Psicologia. Pt.

Papalia, Diane E.; Olds, Sally Wendkos; Feldman, Ruth Duskin. *Desenvolvimento humano*. 10.ed. Porto Alegre: Artmed, 2013 (Ebook 2013).

Peters, L., Bulthé, J., Daniels, N., de Beeck, H. O., & De Smedt, B. (2018). *Dyscalculia and dyslexia: Different behavioral, yet similar brain activity profiles during arithmetic*. NeuroImage: Clinical, 18, 663-674.

Pichon-riviére, E. *Teoria do Vínculo*. 7. Ed. – São Paulo: Martins Fontes, 2007.

Richart, M. B.; Bozzo, F. E. F. *Detecção dos sintomas da dislexia e contribuições pedagógicas no aspecto ensino aprendizagem para alunos do ciclo I do ensino funda-*

mental. Lins, São Paulo, 2009. Disponível em: http://www.unisalesiano.edu.br/encontro2009/trabalho/aceitos/CC36785086850.pdf.

Rotta, Newra Tellechea, Ohlweiler, Lygia e Riesgo, Rudimar dos Santos. Transtornos de aprendizagem–abordagem neurobiológica e multidisciplinar Editora: Artmed. Porto Alegre, 2006.

Riesgo, R. dos S. e Ohlweiler, L. e Rotta, N. T. *Transtornos da Aprendizagem - Abordagem Neurobiológica e Multidisciplinar.* Porto Alegre: Artmed, 2016.

Siqueira, C. M.; Gurgel-Giannetti, J. (2011). Mau desempenho escolar: uma visão atual. *Revista da Associação Médica Brasileira*, v. 57, p.78-87.

Sulkes, S. B. (2008). *Visão geral dos transtornos de aprendizagem.* Manual Msd – Versão para profissionais de saúde. Nova York. Disponível em: <https://www.msdmanuals.com/pt/profissional/pediatria/dist%C3%BArbios-de-aprendizagem-e-desenvolvimento/vis%C3%A3o-geral-dos-transtornos-de-aprendizagem>.

Weiss, Maria Lucia Leme. *Psicopedagogia clínica: uma visão diagnóstica dos problemas de aprendizagem escolar*. 14ª.ed.rev. e amp.Rio de Janeiro: Lamparina. 2020.

Zahia, S., Garcia-Zapirain, B., Saralegui, I., & Fernandez-Ruanova, B. (2020). *Dyslexia detection using 3D convolutional neural networks and functional magnetic resonance imaging*. Computer Methods and Programs in Biomedicine, 197, 105726.

Revisão Técnica:

Dirce Inês da Silva

Francielda Queiroz Oliveira

APRIMORAMENTO COGNITIVO

Ingrid Caroline Silva Dias

Salvina Maria de Campos Carli

INTRODUÇÃO

Em meados de 1950, a psiquiatria expandiu seus horizontes com a chamada "revolução psicofarmacológica". Nesse cenário, os fármacos psicoativos tiveram papel preponderante no tratamento de doenças mentais. Além disso, o Manual de Diagnóstico e Estatística dos Transtornos Mentais (DSM) da Associação Americana de Psiquiatria reformulou o conceito de doenças, como sendo um conjunto de sinais e sintomas que impactam a saúde do indivíduo. A partir desses acontecimentos, foi possível observar um aumento exponencial do uso de psicotrópicos / psicoativos no mundo (Rodrigues et al.,2021; Galucio et al.,2021).

O uso de medicamentos ou a medicalização é um acontecimento característico da sociedade moderna, que é caracterizada pelo aumento da influência médica em várias e diferentes áreas do cotidiano. Comportamentos cada vez mais característicos da sociedade moderna, como o desprazer, o cansaço, o mal-estar, a ansiedade e a depressão, eliminam o bem-estar da vida cotidiana, e os medicamentos são apontados como "salvadores" e "solucionadores" dos desprazeres e problemas (Monteiro et al., 2017).

O uso de psicoativos geralmente é indicado para pessoas com algum déficit cognitivo como: narcolepsia, mal de Alzheimer ou Transtorno de Déficit de Atenção e Hiperatividade (TDAH). São exemplos desses fármacos psicoativos: Metilfenidato (Ritalina® e Conserta®), Modafinil (Stavigile®), dentre outros. A indicação terapêutica desses medicamentos está na correção de alterações de cunho cognitivo, tais como falta de atenção, falhas de memórias, falta de concentração, entre outros (Santos, 2019).

As importações totais de metilfenidato, um dos principais psicotrópicos utilizados no mundo, registraram um novo aumento em 2019, chegando a 53 toneladas, o recorde mais alto dos últimos seis anos. Semelhantemente, os estoques globais de metilfenidato também registraram aumento exponencial, registrando 132 toneladas também em 2019, contra 79,5 toneladas em 2018. Os países com as maiores taxas de consumo relatado de metilfenidato em 2019 foram: Islândia, Israel, Canadá, Holanda, Estados Unidos, Espanha, Dinamarca e Suécia (ONU, 2021).

No gráfico fornecido pela Organização das Nações Unidas (ONU), é possível fazer uma análise detalhada dos padrões e tendências de fabricação, comercialização, estoque e consumo de metilfenidato. Nesse contexto, o que chama a atenção é o aumento exponencial do estoque entre 2010 e 2019, conforme é observado no gráfico 1.

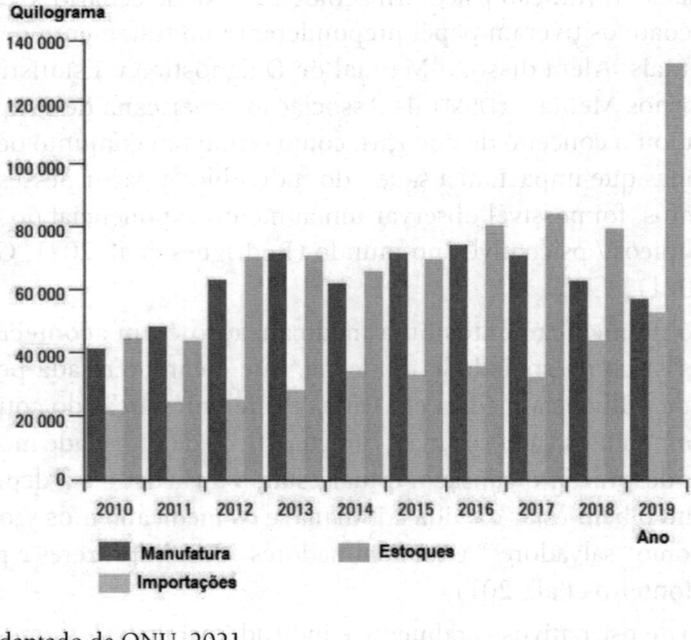

Adaptado de ONU, 2021.

Gráfico 1 – Metilfenidato global: manufatura, importações e estoques, 2010-2019.

No Brasil, entre os anos de 2002 e 2006, a produção de metilfenidato cresceu cerca de cinco vezes, passando de 40 kg para 226 kg aproximadamente (Monteiro et al., 2017). Outro dado aponta que o consumo de metilfenidato no Brasil cresceu em torno de 775% entre os anos de 2003 e 2012 (Coli et.al, 2016). Já entre os anos de 2009 e 2011, o uso de medicamento a base de metilfenidato em indivíduos de 6 a 59 anos aumentou 116.7% (Donassolo, 2016). Esse aumento do uso de metilfenidato no Brasil pode estar associado à expansão e ao aumento do diagnóstico de Transtorno do Déficit de Atenção com Hiperatividade (TDHA) em crianças, adolescentes e adultos, bem como à comprovação da sua eficácia no tratamento do TDHA (Coli et.al, 2016).

APRIMORAMENTO COGNITIVO

O aprimoramento ou melhoramento cognitivo é um termo proveniente da tradução do inglês da palavra *neuroenhancement,* que caracteriza intervenções que melhorem o desempenho cognitivo de pessoas saudáveis (Monteiro et al., 2017). O aprimoramento cognitivo engloba um leque de habilidades cognitivas nas quais os principais objetivos são aumentar o nível de concentração e memória, favorecendo atividades de estudos (Fagundes, 2019). Nesse sentido, o aprimoramento cognitivo pode ser pensado como o desfecho de diversas intervenções, sejam elas farmacológicas ou não, sem indicação terapêutica, que tem como objetivo final aumentar o desempenho de funções, habilidades e a capacidade cognitiva do indivíduo a um nível acima do que seria considerado normal (Pompermayer et al., 2021).

O aprimoramento cognitivo tem ganhado cada vez mais protagonismo e atenção social e tem sido abordado pela mídia e pela ciência. Muitos termos, sejam eles populares ou científicos, têm surgido para se referir ao aprimoramento cognitivo, a saber: neuromelhoramento, *neuropusher*, impulsionador do cérebro, *doping* mental, drogas inteligentes, Viagra para o cérebro, *Botox* para o cérebro, aprimoramento cognitivo, *doping* cerebral, corrida armamentista na cabeça, nootrópicos, neurologia cosmética, farmacologia cosmética e a psicofarmacêutica da sociedade (Daubner et al., 2021).

Fármacos que primariamente são empregados no tratamento de distúrbios e doenças, como o TDAH e o Mal de Alzheimer, agora começam a ser popularizados como melhoradores de algumas capacidades cerebrais e cognitivas (Fagundes, 2019). Esses fármacos psicoativos também são denominados nootrópicos ou *Smart drugs* e, até mesmo, drogas da inteligência. O termo nootrópicos é uma nova roupagem para se referir a alternativas mais acessíveis à possibilidade de aprimoramento cognitivo com o uso de substâncias, para além daquelas que já são comumente conhecidas e prescritas (Castro, 2020).

Segundo o Portal da Biblioteca Virtual em Saúde (BVS), o descritor para o termo nootrópico é definido como: "Fármacos usados para facilitar especificamente o aprendizado ou a memória, particularmente para impedir os déficits cognitivos associados às demências. Estes fármacos agem através de vários mecanismos" (BVS, 2018).

As pessoas que predominantemente recorrem ao aprimoramento cognitivo são aqueles indivíduos com alta demanda intelectual e/ou emocional e/ou social de desempenho. Os grupos mais suscetíveis são aqueles formados principalmente por estudantes e funcionários com atividade predominantemente cognitiva. Além disso, as profissões com predominância de trabalho noturno ou de turnos prolongados também são afetadas, pois se supõe que o aprimoramento cognitivo atenua os efeitos da privação de sono e o aumento da carga de trabalho (Daubner et al., 2021).

O uso de substâncias para o aprimoramento cognitivo é frequentemente observado em estudantes universitários e o uso por essa parcela da população vem sendo bastante discutido e amplamente divulgado, tendo em vista que envolve interesses econômicos da indústria farmacêutica, bem como questões bioéticas e legais (Monteiro et al., 2017). Um estudo com estudantes brasileiros, que contou com 1.865 participantes, demonstrou que cerca de 7,3% já haviam feito o uso de drogas inteligentes em qualquer momento da vida. Por outro lado, 4,2% já haviam utilizado algum tipo de droga para o aprimoramento cognitivo nos últimos 12 meses. Os motivos relatados pelos estudantes para o uso de drogas inteligentes foram: aumentar a concentração (88,7%), aumentar a capacidade de aprendizado (64,4%), aumento do tempo de vigília (44,6%), melhorar a memória (44,3%) e outros motivos (16,4%). Já entre os estudantes que nunca usaram drogas inteligentes, apenas 18,2% demonstraram vontade de usar. Os motivos que os impediam de usar qualquer tipo de medicamento foram: medo dos efeitos colaterais, falta de acesso, questões éticas envolvidas, falta de dinheiro, falta de iniciativa para conseguir o medicamento e o tratamento para depressão. A droga inteligente mais comumente usada era o metilfenidato (Cata Preta et al., 2019).

Outro estudo com a participação de 378 estudantes brasileiros provenientes da Universidade Federal de Minas Gerais (UFMG) demonstrou que o consumo de metilfenidato em algum momento da vida foi relatado por 37 estudantes (9,8%). Destes, 37, 22 estudantes (59%) declararam seu uso para aprimoramento. Já a prevalência do uso recente de metilfenidato para aprimoramento cognitivo foi estimada em 2,4% dos estudantes do estudo. A situação de moradia dos estudantes foi a variável mais frequentemente associada ao uso de metilfenidato para aprimoramento cognitivo, tendo em vista que a tendência de maior consumo foi observada entre os alunos que moram com os pais, com companheiros, com amigos ou sozinhos, em comparação aos que moram em moradia estudantil ou com outros membros da família (Cândido et al., 2019). Além disso, o estudo também demonstrou que o sedentarismo, tabagismo e o uso de outros medicamentos, incluindo opioides, apareceram como variáveis associadas à prática de aprimoramento cognitivo. Por fim, dentre as áreas de conhecimento, os alunos de Ciências Exatas e Ciências Humanas formaram um grupo com maior probabilidade de usar o metilfenidato para aprimoramento cognitivo em qualquer momento da vida (Cândido et al., 2019).

Curiosamente, questões bioéticas influenciam o uso de psicoestimulantes para o aprimoramento cognitivo. Um estudo com alunos do ensino superior da Nova Zelândia demonstrou que os alunos que perceberam que o uso de psicoestimulantes para o aprimoramento cognitivo é social e eticamente aceitável eram mais propensos a usá-los. Por outro lado, os alunos que estavam preocupados com o impacto do uso desses psicoestimulantes na saúde eram menos propensos a usá-los. Esse estudo reforça a ideia de que o uso de psicoestimulantes não é apenas uma escolha autônoma que ocorre de forma isolada. A decisão sobre o uso de psicoestimulantes também é influenciada pela aceitabilidade ética e social (Ram et al., 2017).

O aprimoramento cognitivo não se restringe apenas a estudantes universitários. Em um estudo alemão, observou-se a ocorrência de aprimoramento cognitivo também em profissionais inseridos no mercado de trabalho. Foi possível notar que especialistas em publicidade e mulheres desenvolvedoras de *software* mostraram taxas de prevalência elevadas para aprimoramento cognitivo. Já nos homens, alguns fatores ambientais, como condições psicossociais de trabalho, apoio dos colegas, clareza de papéis, demandas emocionais e insegurança no trabalho, estiveram associados ao aprimoramento cognitivo. Contudo, o fato mais interessante dessa pesquisa foi que a Síndrome de Burnout e sintomas depressivos foram relacionados a um aumento no aprimoramento cognitivo. Com isso, demonstrando que as condições de saúde mental estão associadas à prática do aprimoramento cognitivo e que essas condições podem operar como potenciais fatores de risco ou como consequências do aprimoramento cognitivo (Müller et. al, 2019).

Contudo, o aprimoramento cognitivo em alguns casos não se restringe apenas ao uso de fármacos psicoativos, psicotrópicos/psicoestimulantes, há outras intervenções biotecnológicas como a estimulação magnética transcraniana (EMT), estimulação transcraniana por corrente contínua (ETCC) e neuropróteses (Pompermayer et.al, 2021). Um estudo recente demonstrou que intervenções com estimulação transcraniana por corrente contínua (ETCC) estão surgindo como uma nova técnica de aprimoramento cognitivo para melhorar o desempenho de cirurgiões, o que pode melhorar o desempenho técnico cirúrgico e compensar os erros na prática cirúrgica. Contudo, os autores reforçam que serão necessários protocolos e regulamentos para equilibrar os benefícios com os dilemas bioéticos associados a essa prática (Patel et al., 2020).

EFEITOS ADVERSOS

Não existem dados científicos suficientes que comprovem e que permitam afirmar que o uso de fármacos psicoativos possa melhorar significativamente as habilidades cognitivas de indivíduos saudáveis, mas, mesmo assim, seu uso não prescrito tem sido uma prática em ascensão. Uma possível explicação para a o aumento exponencial do uso seria o fato de desconhecer os efeitos adversos oriundos do uso sem prescrição e sem acompanhamento médico (Monteiro et al., 2017).

Há indicativo de que o uso de metilfenidato provoca efeitos semelhantes aos provocados por psicoestimulantes ilícitos como a cocaína (Monteiro et al., 2017). O uso sem prescrição médica de psicoativos/psicotrópicos pode levar a resultados adversos a curto e a longo prazo. Os efeitos colaterais observados são: diminuição do apetite, insônia, irritabilidade, dores de cabeça e dores de estômago. Além disso, podem provocar um aumento na frequência cardíaca e na pressão arterial, que pode levar a efeitos cardiovasculares adversos, especialmente naqueles com condições subjacentes, como hipertensão, que não são rastreados como parte da administração terapêutica (Compton et al., 2018; Wilens & Kaminski, 2019).

A ausência de acompanhamento médico durante o uso não terapêutico e sem prescrição pode levar a casos mais graves e comportamentos de risco tais como: ingestão de altas doses ou com outras substâncias e uso por indivíduos que possuem contraindicações para psicoativos/psicotrópicos (Wilens & Kaminski, 2019).

Notavelmente, o uso indevido de drogas psicoativas/psicotrópicas também pode aumentar a suscetibilidade ao uso de álcool e substâncias ilícitas (Daubner et al., 2021). Um estudo demonstrou que o uso sem prescrição foi associado a médias de notas mais baixas e ao consumo de outras drogas, incluindo álcool, nicotina, substâncias ilícitas e consumo de refrigerantes com cafeína. Adicionalmente, esse uso indevido também foi significativamente associado à impulsividade e a práticas sexuais mais arriscadas (Grant et al., 2018).

USO NÃO PRESCRITIVO

O uso não prescritivo, ou seja, não terapêutico e sem indicação e/ou prescrição médica de fármacos psicoativos pode ser considerado multifatorial. No caso do metilfenidato, em especial, são apontadas três razões pelas quais o uso não prescritivo é feito: uso recreativo, uso estético e o uso para aprimoramento cognitivo. O uso recreativo, em sua maioria, é feito com o intuito de se ter mais disposição durante os momentos de lazer. O uso estético está ligado ao emagrecimento (Monteiro et al., 2017).

O uso para aprimoramento cognitivo está relacionado ao aumento da capacidade de concentração, atenção, memória e das funções executivas como planejamento e resolução de problemas (Monteiro et al., 2017).

O uso não prescritivo de metilfenidato é, em sua maioria, feito por estudantes universitários, empresários e profissionais da área de saúde. Esses grupos geralmente têm maior conhecimento farmacológico sobre fármacos psicoativos em comparação à população leiga. O uso de metilfenidato, em especial, pode ser considerado *sui generis (singular)*, por ser um psicoestimulante com características incomuns quando comparado a outros psicoativos (Brant; Carvalho, 2012).

O uso não prescritivo de metilfenidato parece estar associado ao aumento da produtividade, seja ela no âmbito escolar ou profissional, melhora das relações sociais e de desempenho, além de uma resposta imperativa a um mundo extremamente competitivo e globalizado (Brant & Carvalho, 2012; Weiergräber et. al, 2017).

Estudos têm mostrado que o uso *off-label* de metilfenidato, tem sido utilizada de maneira abusiva, sem prescrição e sem acompanhamento médico por estudantes e profissionais em busca de melhor desempenho cognitivo devido a suas características psicoestimulantes (Rodrigues et al.,2021; Galucio et al.,2021).

O estudo de Moreira, Silva e Neto (2021) demonstrou que o consumo sem indicação terapêutica de metilfenidato por universitários está presente nos principais estados do Brasil, tais como Minas Gerais, Bahia, Paraná, Rio de Janeiro e no Distrito Federal. Esse uso indiscriminado e sem prescrição vem sendo motivo de preocupação, tendo em vista que o uso de fármacos psicoativos, tais como o metilfenidato, sem prescrição ou supervisão de profissional habilitado é ilegal e uma ameaça à saúde pública (Rodrigues et al.,2021; Galucio et al.,2021).

Brant e Carvalho (2012) ressaltam que o uso de metilfenidato nos tempos atuais está além da tríade doença, saúde e cuidado. Esse uso está atrelado à busca do homem em ultrapassar seus limites e em viver bem na sociedade cada vez mais hedonista e competitiva, o que torna o uso de medicamentos um *gadget (dispositivo)* para alcançar suas metas e objetivos. Contudo, os autores deixam um alerta:

> "O consumo abusivo de medicamentos em geral, e de psicotrópicos, particularmente, representa um grave problema de saúde pública, e parece se agravar ainda mais quando não se leva em consideração a produção de subjetividades adictas no seio da Modernidade do Meio" (Brant; Carvalho, 2012, p.632).

ESTRATÉGIAS DE OBTENÇÃO DO PSICOESTIMULANTE

Muitos dos fármacos psicoativos/psicotrópicos, segundo a legislação brasileira, são medicamentos submetidos ao controle especial e necessitam de receitas específicas que devem ser retidas no ato de dispensação ou fornecimento (Castro, 2020). A compra sem receita é contra a lei e é passível de penalidades legais que variam de multa até prisão, dependendo do país. No Reino Unido, por exemplo, a revenda de medicamentos sem prescrição médica pode levar a 14 anos de prisão (Monteiro et al., 2017).

Um estudo com estudantes brasileiros demonstrou que o meio mais utilizado para obter os psicoativos/psicotrópicos foi de 21% por meio de médico, 51% por meio de um amigo, 18% por meio de parentes, 7% por outros meios e 3% pela internet (Cata Preta et al., 2019). De forma semelhante, outro estudo com estudantes universitários brasileiros demonstrou que alunos que relataram uso recente de metilfenidato por automedicação haviam adquirido o medicamento sem receita médica. A compra do medicamento sem receita foi incentivada por amigos em todos os casos (Cândido et al., 2019). Um estudo com base na Pesquisas Nacionais sobre Uso de Drogas e Saúde de 2015 e 2016 nos EUA, realizada com a população domiciliar nacionalmente representativa de adultos com 18 anos, que contou com a participação de 102.000 adultos, relatou que a fonte mais provável de obtenção de estimulantes sem prescrição é por meio de amigos ou de parentes (Compton et al., 2018).

Afirma-se que as drogas psicoativas/psicotrópicas aumentam a cognição e melhoram as funções cognitivas, como aprendizagem e atenção. No entanto, pouco se sabe atualmente sobre as características dos usuários de drogas de aprimoramento cognitivo sem prescrição e sobre como eles obtêm essas drogas. Para tanto, Teodorini, Rycroft e Smith-Spark (2020) realizaram uma pesquisa on-line, direcionada a usuários e a estudantes de drogas que aumentam a cognição, como o modafenil. Os respondentes foram solicitados a indicar como obtiveram o modafinil, selecionando mais de uma opção, se aplicável. O meio de acesso mais comumente relatado foi por meio de fontes on-line (78%,), seguido pelo acesso por meio de um amigo (8%,), um revendedor (7%,) e utilizando a prescrição de outra pessoa (2%) (Teodorini et. al, 2020).

Por fim, com base nos dados dessas pesquisas, pode-se perceber que o uso de drogas psicoativas/psicotrópicas vai muito além de pesquisas epidemiológicas, atingindo questões médicas, sociais, éticas, legais e de saúde pública. Sendo assim, ações regulatórias de medicamentos, discussões nas esferas acadêmica, pública e política são necessárias para enfrentar os desafios éticos e legais a respeito do aprimoramento cognitivo (Weiergräber et. al, 2017).

REFERÊNCIAS

Brant, L. C., Carvalho, T. R. F. Metilfenidato: medicamento gadget da contemporaneidade. *Interface - Comunicação, Saúde, Educação,* v. 16, n. 42, p. 623–636, set. 2012. Disponível em: <https://www.scielo.br/j/icse/a/rHMChQ97YKsSs8JD3X8rVDt/?lang=pt>.

BVS. Biblioteca Virtual em Saúde. *DeCS*. (2018) Disponível em:< https://decs.bvsalud.org/ths/resource/?id=32110&filter=ths_exact_term&q=Nootropicos>

Cata-preta, B.O; M, V. I. A., Bertoldi, A. D. Psychostimulant use for neuroenhancement (Smart Drugs) among College Students in Brazil. ***Substance Use & Misuse***, p. 1–9, 2 dez. 2019. Acesso em: 13 dez. 2019. Disponível em: <https://www.tandfonline.com/doi/full/10.1080/10826084.2019.1691597>.

Cândido, Fonseca, R. C., *et al*. Prevalence of and factors associated with the use of methylphenidate for cognitive enhancement among university students. ***Einstein (São Paulo)***, v. 18, 17 out. 2019. Disponível em: < https://doi.org/10.31744/einstein_journal/2020ao4745>.

Castro, B. Aprimoramento cognitivo e a produção de modos de subjetividade: um estudo sobre o uso de substâncias "nootrópicas" a partir de um blog brasileiro. ***Saúde e Sociedade***, v. 29, n. 1, 2020. Disponível em: <https://www.scielo.br/j/sausoc/a/pwjzXWWy65xsFLcBStTKD6f/?lang=pt>.

Coli, A. C. M., Souza e Silva, M. P., Nakasu, M. V. P. Uso não Prescrito de Metilfenidato entre Estudantes de uma Faculdade de Medicina do Sul de Minas Gerais / Non-Medical use of Methylphenidate among Students of a Medical School in the Southern of Minas Gerais State. ***Revista Ciências Em Saúde***, v. 6, n. 3, p. 121–132, 30 set. 2016. Disponível em: <http://186.225.220.186:7474/ojs/index.php/rcsfmit_zero/article/view/582>.

Compton, W. M., et al., Prevalence and Correlates of Prescription Stimulant Use, Misuse, Use Disorders, and Motivations for Misuse Among Adults in the United States. ***American Journal of Psychiatry***, v. 175, n. 8, p. 741–755, ago. 2018. Disponível em:< https://doi.org/10.1176/appi.ajp.2018.17091048>.

Correia, C., et al. Questões bioéticas do uso do metilfenidato na busca do aprimoramento humano e sua situação no Brasil. [S.l.]:[s.d.]. Disponível em: *<https://oswaldocruz.br/revista_academica/content/pdf/Edicao_22_CAROLINA_A_CORREIA.pdf>*.

Daubner, J., et al. Pharmacological Neuroenhancement: Current Aspects of Categorization, Epidemiology, Pharmacology, Drug Development, Ethics, and Future Perspectives. ***Neural Plasticity***, v. 2021, p. 1–27, 13 jan. 2021. Disponível em: <https://www.hindawi.com/journals/np/2021/8823383/>.

Donassolo. T.,. Uso de metilfenidato entre estudantes de cursos preparatórios para concursos públicos e sua associação com o indicativo de transtorno do déficit de atenção e hiperatividade. (Dissertação, Universidade Católica de Pelotas, Programa de Pós-Graduação em Saúde e Comportamento). Disponível em: <https://pos.ucpel.edu.br/ppgsc/wp-content/uploads/sites/3/2018/03/uso-de-metilfenidato-entre-estudantes-de-cursos-preparat%c3%93rios-para-concursos-p%c3%9ablicos-thiago-donassolo.pdf>.

Fagundes, I. As implicações éticas do trans-humanismo: uma análise a partir do melhoramento humano. (Dissertação, Programa de Pós-Graduação em Filosofia da Universidade de Caxias do Sul). Disponível em: *<https://repositorio.ucs.br/xmlui/bitstream/handle/11338/4369/Disserta%C3%A7%C3%A3o%20-%20Ismail%20Fagundes.pdf?sequence=1&isAllowed=y)>*.

Galucio, NC da R.,Correa, RM dos S., Ferreira, VB ., Fonteles, E. do S. da S., Barbosa, DB ., Moysés, D. de A. ., Quemel, GKC, & Vale, VV. (2021). O uso indiscriminado e off label da Ritalina. *Pesquisa, Sociedade e Desenvolvimento* , *10* (10), e443101019108. https://doi.org/10.33448/rsd-v10i10.19108

Grant, J. E. et al. Nonmedical Use of Stimulants Is Associated With Riskier Sexual Practices and Other Forms of Impulsivity. *Journal of Addiction Medicine*, v. 12, n. 6, p. 474–480, nov. 2018. Disponível em: <https://journals.lww.com/journaladdictionmedicine/Fulltext/2018/12000/Nonmedical_Use_of_Stimulants_Is_Associated_With.11.aspx>.

Monteiro, B. M. M. et al. Metilfenidato e melhoramento cognitivo em universitários. *SMAD Revista Eletrônica Saúde Mental Álcool e Drogas (Edição em Português)*, v. 13, n. 4, p. 232–242, 28 ago. 2018. Disponível em: <https://www.revistas.usp.br/smad/article/view/149469>.

Moreira, A.P., Silva, J. M., Neto, J.G.P. Fatores associados ao crescimento e uso indiscriminado de metilfenidato no Brasil. *Fármacos, Medicamentos, Cosméticos e Produtos Biotecnológicos*, p. 174–186, 2 fev. 2021. Disponível em: <https://www.atenaeditora.com.br/post-artigo/45654>. Acesso em: 12 set. 2021.

Müller, G., Freude, G., Kersten, N. Neuroenhancement in Deutschland am Beispiel von vier Berufsgruppen. *Das Gesundheitswesen*, v. 82, n. 12, p. 971–976, 26 nov. 2019. Disponível em: <https://www.thieme-connect.de/products/ejournals/abstract/10.1055/a-1026-6157>.

ONU, Organização das Nações Unidas. *International Narcotics Control Board. Report of the International Narcotics Control Board for 2020*. Vienna, 2021. Disponível em: < https://www.incb.org/documents/Publications/AnnualReports/AR2020/Annual_Report/E_INCB_2020_1_eng.pdf>

Patel, R et al. Neuroenhancement in surgeons: benefits, risks and ethical dilemmas. *British Journal of Surgery*, v. 107, n. 8, p. 946–950, 26 abr. 2020. Disponível em: <https://academic.oup.com/bjs/article/107/8/946/6094437>.

Pompermayer, F.V.L., Vilaça, M. M. e Dias, M.C. *Aprimoramento cognitivo: técnicas e controvérsias*. ethic@ - An international Journal for Moral Philosophy, v. 20, n. 1, p. 57–87, 30 Abr 2021. Disponível em: <https://periodicos.ufsc.br/index.php/ethic/article/view/79915>.

Ram, Sanyogita (Sanya) et al. Attitudes Toward Cognitive Enhancer Use Among New Zealand Tertiary Students. *Substance Use & Misuse, v.* 52, n. 11, p. 1387–1392, 21 abr. 2017. Disponível em: <https://doi.org/10.1080/10826084.2017.1281313>.

Rodrigues LA, Viana NAO, Belo VS, Gama CAP, Guimarães DA. Uso não prescrito de metilfenidato por estudantes de uma universidade brasileira: fatores associados, conhecimentos, motivações e percepções. Cad Saúde Colet, 2021;29(4):463-473. https://doi.org/10.1590/1414-462X202129040437

Santos, Bruno Aislã Gonçalves dos. Aprimoramento Cognitivo Por Meio De Nootrópicos Eficazes: Uma Abordagem Consequencialista. *Guairacá - Revista de Filosofia*, v. 35, n. 2, p. 19–35, 2019. Disponível em: <https://revistas.unicentro.br/index.php/guaiaraca/article/view/6180/4240>.

Teodorini, R. D., Rycroft, Nicola., Smith-Spark, J. H. The off-prescription use of modafinil: An online survey of perceived risks and benefits. *PLOS ONE*, v. 15, n. 2,

p. e0227818, 5 fev. 2020. Disponível em: <https://journals.plos.org/plosone/article?id=10.1371/journal.pone.0227818>.

Weiergräber M., Ehninger D., Broich K. Neuroenhancement and mood enhancement – Physiological and pharmacodynamical background. *Medizinische Monatsschrift fur Pharmazeuten*, v. 40, n. 4, 2017. Disponível em: <https://pubmed.ncbi.nlm.nih.gov/29952165/>.

Wilens, T. E., Kaminski, T. A. Prescription Stimulants. *Pediatric Clinics of North America*, v. 66, n. 6, p. 1109–1120, dez. 2019. Disponível em: <https://www.sciencedirect.com/science/article/abs/pii/S0031395519301142?via%3Dihub>.

Revisão Técnica:

Dirce Inês da Silva

Francielda Queiroz Oliveira

A FAMÍLIA, A ESCOLA E O ACOMPANHAMENTO CLÍNICO

Adriana de Souza Medeiros Batista

Camila Gosenheimer Righi

Márcia Zakur Ayres

INTRODUÇÃO

Os aspectos abordados até este capítulo demonstram a importância do envolvimento de diferentes profissionais, instituições, responsáveis, cuidadores, familiares e amigos de crianças e adolescentes com dificuldades de aprendizagem. Todos os envolvidos devem ser ativos, tanto no acompanhamento de indivíduos com dificuldades de aprendizagem, quanto na troca de informações para compreenderem de forma global o aluno, mantendo o foco na meta do aluno alcançar uma condição funcional, condizente com sua idade e desenvolvimento cognitivo (Soares, 2019).

As dificuldades de aprendizagem podem ser influenciadas por aspectos institucionais, além de questões individuais. Aspectos individuais incluem as condições psíquicas e físicas do aluno e os aspectos institucionais incluem os conteúdos pedagógicos, estímulos sociais, suporte do educador e de familiares, condições socioeconômicas, métodos de ensino, ambiente escolar, temperatura da sala de aula, superlotação de salas, salas mal equipadas, desmotivação de professores, entre outras causas (Fonseca, 1995); (Bee, 2011).

Segundo Brites (2021), "os problemas educacionais não tem apenas uma causa, mas inúmeras, já que a educação engloba diversas variáveis: escola, alunos, professores, família e conhecimento". Muitas vezes, os fatores interrelacionam-se, sem existir uma base, origem ou dimensão explicável.

Adicionalmente, aspectos institucionais, como a mediação do ensino por diversos atores da aprendizagem, são cruciais para tornar o aluno peça central no enfrentamento de suas dificuldades diárias. A abordagem focada nesse papel ativo do aluno contribui para o desenvolvimento de sua autonomia, levando-o a criar recursos próprios de superação das barreiras de aprendizagem, à medida que estabelece sua autoestima e autoconfiança em uma atmosfera positiva de ensino.

O estímulo ao desenvolvimento da autonomia, da autoestima, da autoconfiança e da atmosfera positiva de ensino de alunos são objetivos ressaltados por renomados especialistas no assunto como Carmem Camargo (Camargo, 2019), Henrique Simplício (Simplicio, 2020), John Hattie (Hattie, 2017), Marcia Ayres (Ayres, 2022) e Vítor Haase (Haase, 2016). O alcance desses objetivos é compartilhado entre familiares, responsáveis legais, instituições de saúde, instituições educadoras, entre outros atores, os quais assumem papéis de extrema relevância e responsabilidade social pelo processo de aprendizagem de crianças e adolescentes em idade escolar.

O monitoramento das diferentes condutas terapêuticas e a identificação das evidências dos impactos de tais condutas são essenciais para maximizar o impacto, não apenas nos indicadores clínicos específicos, mas também nos aspectos sociais e familiares (Hattie, 2017).

Nesse contexto, é essencial o envolvimento da equipe multidisciplinar, responsável pelo diagnóstico e intervenção, incluindo psicopedagogo, psicólogo, fonoaudiólogo, psiquiatra, neurologista, enfermeiros, professores, bem como de familiares, amigos e outros profissionais envolvidos, com conhecimento baseado em evidências, orientação psicoeducacional e constante troca de informações, devido ao impacto do processo de aprendizagem na vida dos alunos.

A fase inicial escolar propicia, frequentemente, detectar as dificuldades e diagnosticar os transtornos de aprendizagem (Barbosa, 1994). As manifestações sintomáticas dos transtornos, no entanto, não interferem, exclusivamente, nas demandas escolares. Os transtornos de aprendizagem afetam a forma de adaptação do indivíduo ao ecossistema humano (Machlis et al., 1994) e causam prejuízos em seu desenvolvimento intra e interpessoal (Grigorenko, 2020), (Semkiw RW; Ansai, 2014).

A estrutura geral do ecossistema humano descreve uma ampla teoria que contempla outras estruturas e hierarquias de modelos mais específicos (Piketty et al., 1994). Por exemplo, o *ecossistema humano* engloba dois subsistemas funcionalmente ligados por meio de seus componentes e elementos (Machlis et al., 1994). Todos os elementos e componentes dos subsistemas estão funcionalmente ligados, interagindo de formas diversas e complexas.

Os subsistemas do *ecossistema humano* incluem: 1) o sistema social humano e 2) os recursos críticos. O subsistema social humano tem três componentes: 1) instituições sociais como saúde, educação, justiça, governo, sustento, entre outros elementos; 2) ciclos sociais desde fisiológicos, individuais, institucionais como ambientais; e 3) ordem social, abrangendo normas, hierarquias e referenciais de identidade (Machlis et al., 1997).

Igualmente, o subsistema recursos críticos inclui três recursos, ainda segundo Machlis et al.(1997): 1) socioeconômicos como trabalho, população, renda e informação; 2) culturais, englobando crenças, mitos e organizações; 3) naturais, incluindo fauna, flora, energia, terra, água, materiais e nutrientes.

O modelo apresenta uma abordagem interdisciplinar, porém abordagens mais integradas e transdisciplinares contemplam de forma mais assertiva perspectivas contemporâneas. Esta assertividade na abordagem possibilita uma avaliação mais abrangente dos diversos e complexos elementos que interagem e afetam os sistemas contemplados nos modelos Machlis et al., (1997); Pickett et al., (1994); Rademacher et al., (2019); Zhou et al., (2021).

Adicionalmente, o conceito de *ecossistema humano*, proposto por Machlis et al., (1997), facilita a compreensão dos diversos fatores que podem contribuir e interagir entre si, influenciando de forma negativa ou positiva os indivíduos no seu processo de aprendizagem. Nesse contexto, é possível identificar elementos importantes em um ecossistema humano específico de aprendizagem, incluindo elementos como escola, familiares, profissionais de saúde, entre outros.

Os elementos do ecossistema humano atuam no direcionamento de ações de suporte às crianças e aos adolescentes considerados grupos de risco em função das suas dificuldades e transtornos de aprendizagem. As intervenções, em todas as instâncias, devem viabilizar a elaboração e implementação de procedimentos significativos, que respeitem as características de cada indivíduo, por meio de estratégias válidas, motivadoras e relevantes ao processo de aprendizagem (Konkiewitz, 2013).

A integralidade da assistência às crianças com dificuldades e transtornos de aprendizagem já consta, inclusive, como política de acompanhamento integral e está prevista na Lei nº 14.254, de 30 de novembro de 2021.

A organização dos encaminhamentos entre todos os envolvidos no acompanhamento é necessária e de extrema importância ao desenvolvimento do aluno.

No texto, a seguir, serão detalhados aspectos de seguimento das crianças e adolescentes com dificuldades de aprendizagem pelos familiares, escolas, professores e especialistas.

A família: deve ser acompanhada e orientada para que tenha o suporte suficiente para desenvolver recursos de enfrentamento e para conduzir de forma adequada a criança ou o adolescente com dificuldades de aprendizagem (Braga, 2007).

As devolutivas do acompanhamento às crianças e a seus responsáveis cuidadores devem ter ênfase em áreas com maior potencial de prejuízo. Os responsáveis podem não compreender ou negar o diagnóstico de algum transtorno de aprendizagem, exigindo do profissional um acolhimento adequado das preocupações desses familiares e que entenda as etapas da aceitação de um diagnóstico para conduzi-lo assertivamente (Weiss, 2012).

Boas práticas de acolhimento incluem ouvir, explicar e fornecer orientações necessárias para o aumento da consciência dos pais sobre o diagnóstico, encaminhamentos, intervenções terapêuticas, impactos na vida do seu filho e, principalmente, sobre a importância da presença e suporte deles ao filho com o transtorno de aprendizagem (Braga, 2007).

Na perspectiva de elaboração subjetiva das questões de aprendizagem e da relação entre aprendizagem, sintoma e família, a autora Alicia Fernández propõe diferentes reflexões. Ele comenta que não haveria necessidade de recorrer à família se for atribuído o problema da aprendizagem a fatores do organismo ou da inteligência isoladamente. O autor sugere o sintoma como um resultante da articulação entre organismo, inteligência, estrutura e desejo, incluído no meio familiar (Fernández, 1991, p.25)

A família tem papel fundamental na construção emocional e social do indivíduo desde o seu nascimento, desenvolvimento e seus diferentes ciclos vitais. O valor e o grau de envolvimento que uma família dispensa à educação de uma criança é proporcional à maior probabilidade de sucesso acadêmico futuro dessa criança (Pratta, 2007).

Muitas vezes, a busca por avaliações ou diagnósticos é da própria família "as voltas com a questão escolar dos filhos e com a demanda da escola", Ayres (2022).

A atuação da figura de autoridade é importante no envolvimento e na participação familiar de maneira assertiva, também favorece na construção de uma relação de qualidade e no fornecimento de suporte adequado ao crescimento, amadurecimento, desenvolvimento da personalidade e do caráter da criança e do adolescente (Estanislau, 2014, p.71).

A educação não é responsabilidade única da escola. Por exemplo, a formação de hábitos e conceitos básicos que servem de pré-requisitos à educação infantil, como a aquisição de vocabulário, o acesso a brinquedos, o diálogo entre os familiares, o entendimento de incentivos e de limites, os hábitos alimentares e de sono, são exemplos do compartilhamento de responsabilidades com os pais. Nessa relação de aprendizagem no seio familiar e escolar, Ruth Drouet é assertiva quando menciona:

> Dizemos que a criança está pronta para aprender, quando ela apresenta um conjunto de condições, capacidades, habilidades e aptidões consideradas como pré-requisitos para o início de qualquer aprendizagem (Drouet, 2001).

Outros exemplos do acompanhamento pelos pais da vida escolar de seus filhos incluem o incentivo ao hábito de estudar, a realização de tarefas escolares, a organização dos materiais, a avaliação do desempenho e das atitudes na escola, o comportamento com professores, entre outros, ou seja, é necessário estruturar um processo e uma organização para atentar ao processo de aprendizagem das crianças (Soares, 2019, p.31).

Adicionalmente, a responsabilidade dos pais é essencial para cumprir deveres, como atentar aos horários da escola, acompanhar os filhos nos atendimentos de especialistas, aplicar as recomendações de cuidados como horários de medicações e outras terapêuticas necessárias. Os deveres dos pais e da sociedade estão dispostos no Estatuto da Criança e do Adolescente (ECA), sancionado em 13 de julho de 1990, com a Lei nº 8.069.

Os responsáveis familiares devem ser orientados a não abordar o diagnóstico nos momentos de conflito com a criança ou adolescente para evitar críticas e prejuízos à sua autoestima, frequentemente desgastada na relação escolar. O manejo a partir do incentivo familiar para criação de vínculos próximos com reforço positivo é fundamental e serve como fator de proteção na presença de quadros de transtornos emocionais ou condutas de risco (Estanislaw, 2014).

A criança ou o adolescente também busca a sua aceitação em seu grupo familiar, levando o especialista a direcionar esforços na orientação de pais e familiares.

A escola: é um local estratégico e privilegiado devido ao espaço que possibilita para manejar demandas de aprendizagem, permitindo o acompanhamento do desenvolvimento pedagógico dos alunos. A criança passa a maior parte de seu tempo no ambiente escolar, e o acompanhamento de suas diversas necessidades de ensino e de aprendizagem, nesse ambiente, depende da habilidade dos educadores (Brites, 2021). "Embora os transtornos de aprendizado e de comportamento na infância sejam compreendidos como um problema da criança, não se pode desconsiderar a importância do ambiente escolar em sua manifestação", afirma Konkiewitz (2013).

Existem fatores dificultadores do diagnóstico de transtornos de aprendizagem em crianças e adolescentes. Pott (2018) sugere o diagnóstico em três níveis: 1) comportamental, 2) neurocomportamental e 3) neurobiologia dos transtornos de aprendizagem. A escola juntamente com os professores e pais são considerados os principais atores no primeiro nível, o comportamental. Além de ser ressaltada a oportunidade de ser iniciada uma intervenção apropriada e um acompanhamento.

O segundo nível é o neurocomportamental, no qual os problemas de aprendizagem são avaliados por meio de testes neurocognitivos (Al-Mahrezi et al., 2016). Alguns destes testes podem ser úteis no ambiente escolar, sendo aplicados por profissional treinado, como psicopedagogos, permitindo o encaminhamento oportuno para centros especializados na área de processos de aprendizagem. Tais testes neurocognitivos estão detalhados no capítulo 5.

A proposta da escola deve envolver o corpo docente e toda a equipe escolar, contemplar um plano de capacitação permanente e continuado, além de promover reuniões de preparo e de adaptação pedagógica e curricular para seus alunos. A adaptação de alunos com dificuldades de aprendizagem ou com diagnóstico de algum transtorno de aprendizagem pode englobar estratégias de simplificação das instruções, conferência de cada passo da tarefa, liberação de prazo maior para realizar avaliações, seleção de diferentes critérios avaliativos, entre outros (Soares, 2019).

O futuro das avaliações dos alunos tem recebido influências da *Era Big Data* por meio da inteligência artificial (IA) e aprendizado de máquina (ML, do inglês *machine learning*). Ambos os recursos disponíveis no campo da ciência de dados podem, a partir de técnicas de aprendizado de máquina ou inteligência artificial, predizer o desempenho acadêmico futuro dos alunos. Tal contexto não desconsidera que essa área ainda está em fase inicial de avaliação, no entanto, é promissora. O aprendizado de máquina tem demonstrado benefícios em diversas áreas do conhecimento, incluindo a área de aprendizagem. Resultados mostram que a tecnologia de aprendizado de máquina é eficiente e relevante para prever o desempenho dos alunos (Hussain et al., 2021).

A possibilidade de IA e ML no ambiente de ensino representa um impacto substancial na vida acadêmica dos alunos, visto que é possível a análise de seus comportamentos, notas satisfatórias, insatisfatórias ou predileção por determinados conteúdos, envolvimento em atividades e o número de cliques nas atividades do ambiente virtual de aprendizagem, como *e-learning*, desempenho prévio em outras disciplinas, condutas em diferentes grupos ou colegas de sala de aula, entre outras potencialidades a serem consideradas nos modelos de IA ou ML (Hussain et al., 2018).

Fatores como fornecimento de bons materiais de estudo, melhores práticas em sessões de laboratório, entre outros, também podem levar ao melhor desempenho acadêmico. Estudos sobre fatores adicionais relacionados ao social e ao demográfico, considerando mídia social e acesso à internet e seus impactos no desempenho dos alunos, permanecem sendo investigados (Prasa et al., 2016; Petty, 2009) .

Por exemplo, atividades de *e-learning*, do inglês *electronic learning*, ou aprendizagem eletrônica têm sido aplicadas nos ambientes escolares. *E-learning* corresponde a um modelo de ensino/aprendizagem no ambiente on-line, aproveitando as capacidades da Internet para comunicação e distribuição de conteúdo. Esse modelo de ensino/aprendizagem tem permitido, a partir de análises estatísticas e ciência de dados, fazer de forma prática previsões do nível de envolvimento no desempenho do aluno, utilizando suas características durante as atividades propostas (Hussain et al., 2018).

Esses modelos podem ser facilmente incorporados em sistemas de ambiente de aprendizagem virtual para ajudar os instrutores a avaliarem o envolvimento do aluno durante os cursos de ambiente de aprendizagem virtual em relação a diferentes atividades e materiais e para fornecer intervenções adicionais em tempo oportuno aos alunos (Hussain et al., 2018).

O cenário da ciência de dados no ambiente escolar pode ser ferramenta importante para identificar fatores evitáveis relacionados ao não atingimento do sucesso escolar. Identificar, precocemente, fatores que contribuem para o aprendizado satisfatório de cada aluno com dificuldades e transtornos de aprendizagem é crucial para oportunizar futuros melhores a essa população dentro de suas especificidades de aprendizagem e diferentes necessidades de recursos avaliativos.

O uso de diversos processos de avaliação, que contemplem as particularidades dos alunos com dificuldades avaliadas, é interessante, por exemplo, uso de recursos concretos e visuais nos trabalhos, provas orais, calculadoras, melhor posicionamento na sala de aula, pequenos intervalos durante as aulas, entre outras medidas com a criatividade embasada na evidência dos impactos positivos no aluno (Fonseca, 1995), (Hattier, 2017).

Outro exemplo de estratégia criativa com impacto positivo percebido pode ser demonstrado por intermédio de práticas psicopedagógicas. Uma experiência de Ayres (2022), válida de ser compartilhada, pode ser contada por meio de um cliente com Transtorno Específico de Aprendizagem. Adolescente, 13 anos, cursando o 6o. ano do Ensino Fundamental, atendido no ano de 2019. Este adolescente demonstrava genuíno interesse pelo estilo musical chamado *rap*, um ritmo caracterizado por discurso com rimas e poesias.

O trabalho conduzido, exclusivamente para atender suas necessidades de forma individualizada após a avaliação, envolveu estratégias como utilização do recurso de aulas gravadas, apresentação de trabalhos ou algumas avaliações e a utilização do recurso do *rap*. O impacto desse trabalho foi evidenciado pelo sucesso no desempenho do aluno nas atividades como Língua Portuguesa e Literatura, além de melhora no comportamento, autopercepção, diminuição da sensação de menos-valia e inserção no grupo de seus pares educativos (Ayres,2022).

Exemplos similares a essa estratégia e muitas outras podem ser levados ao conhecimento de professores e outros educadores por intermédio de ambientes promotores do compartilhamento de boas práticas com evidências de impactos positivos entre os profissionais envolvidos no acompanhamento dos alunos.

Promover espaço para capacitações de educadores, visando ao desenvolvimento de diferentes habilidades e ao aumento no uso de recursos de aprendizagem, afetivos e efetivos no ambiente escolar, é importante igualmente (Pott, 2018).

O professor: é um elemento essencial na identificação inicial dos fatores de riscos comportamentais e sociais ou das dificuldades de aprendizagem. Além de ser a pessoa que fundamentalmente propõe o manejo adequado das situações impostas pela avaliação e na mediação e acompanhamento das intervenções recomendadas no ambiente escolar.

O professor é um referencial no ambiente escolar para acolher o aluno e seus responsáveis cuidadores, sendo um membro que integra e fornece informações diferenciais e necessárias à equipe de especialistas. O professor tem a oportunidade de observar os alunos em diversos contextos por períodos maiores e com mais variedade de situações. O professor pode observar por meio de atividades individuais dirigidas, atividades de trabalho grupal, atividades de lazer, durante a interação com adultos e com outras crianças de diversas idades. (Freilich-Bilyk et al., 2014)

O cenário escolar possibilita, ao professor, identificar manifestações de dificuldades de aprendizagem, agressividade, isolamento, queda no rendimento escolar, dentre outros (Freilich-Bilyk et al., 2014, p.25). A observação da possibilidade de diagnóstico de primeiro nível, citado pelo autor Al-Mahrezi, é o nível comportamental (Al-Mahrezi et al., 2016). Nesse contexto, o professor tem o papel crucial no fornecimento de dados comportamentais das crianças sob seus cuidados.

O treino diário, imposto pela prática docente, potencializa as habilidades do professor distinguir comportamentos esperados dos atípicos para uma determinada faixa etária (Freilich-Bilyk et al., 2014, p.25). O professor, informado e atento às oportunidades de observação de seus alunos no ambiente escolar, consegue encaminhar o aluno para a avaliação de equipes especialistas em aprendizagem, contribuindo para uma intervenção em tempo oportuno (Freilich-Bilyk et al., 2014, p.25).

Adicionalmente, o professor proporciona resultados positivos e evita consequências negativas ao aluno de forma precoce, maximizando chances de uma trajetória escolar de sucesso (Al-Mahrezi et al., 2016). O professor deve buscar o aperfeiçoamento permanente e contínuo para melhor atender às demandas individuais de seus alunos, reconhecendo a sua responsabilidade social na formação de cidadãos.

Os Especialistas: na área de processos de aprendizagem de crianças e adolescentes, são fundamentais para avaliação, diagnóstico, intervenções e acompanhamentos assertivos no curso do desenvolvimento de indivíduos com dificuldades ou transtornos de aprendizagem.

Durante o período avaliativo, ocorrem reuniões clínicas para a discussão de casos entre os profissionais envolvidos, segundo Ayres (2022). A avaliação das dificuldades ou transtornos de aprendizagem requer robusta capacidade técnica-científica, aperfeiçoamento contínuo, estudo aprofundado por parte dos profissionais atuantes na área, preferencialmente, contemplando capacitação para trabalho em equipe inter, trans e multidisciplinar (Pott, 2018) (mais detalhes no capítulo 5).

A partir da definição do diagnóstico, durante o processo educativo, o aluno pode necessitar de atenção individualizada, de abordagens que contemplem intervenções psicoeducacionais, incluindo sua família e sua escola, além de reabilitação neuropsicológica ou motora, intervenções psicoterapêuticas, psicopedagógicas e psicofarmacológicas (Freilich-Bilyk et al., 2014).

O sucesso da participação conjunta entre os pais, a escola e equipes de especialistas, na solução de situações problemas, depende de uma comunicação efetiva entre todos. Diferentes desafios se apresentam à medida que os processos terapêuticos são conduzidos, fazendo que todos os envolvidos avaliem as evidências do impacto de suas condutas no processo de aprendizado do aluno (Hussain, Zhu, Zhang & Abidi, 2018).

Adicionalmente, novos e atuais desafios são impostos ao ambiente escolar e aos professores para que busquem suporte na ciência e recursos tecnológicos validados cientificamente para garantir melhores desfechos escolares aos alunos com dificuldades e transtornos de aprendizagem (Petty, 2009).

O objetivo comum compartilhado entre família, especialistas e equipe escolar deve atender às demandas de aprendizagem do aluno de forma integral, individualizada e organizada, englobando os melhores recursos disponíveis de ensino/aprendizagem validados cientificamente, direcionando crianças e adolescentes ao fortalecimento de sua autoconfiança, autoestima, autonomia e favorecendo a sua adaptação e flexibilidade frente aos desafios de aprendizagem de forma que eles alcancem aos propósitos de sua vida.

REFERÊNCIAS

Al-Mahrezi, A., Al-Futaisi, A., & Al-Mamari, W. (2016). Learning Disabilities: Opportunities and challenges in Oman. *Sultan Qaboos University medical journal*, 16(2), e129–e131. https://doi.org/10.18295/squmj.2016.16.02.001

Ayres, M.Z.(2022) A esperiência de uma psicopedagoga no Janela da Escuta.In: Grillo, C.F.C., Rocha, B.F., Mourão, M. (Orgs.). *Janela da Escuta: o adolescente especialista de si e a tessitura de uma rede sob medida*. (pp567-576).Belo Horizonte: Editora UFMG.

Barbosa JL, Silvares EFM. *Uma caracterização preliminar das clínicas-escola de Fortaleza*. Estud Psicol. 1994;11(3):50-6.

Bee H. A criança em desenvolvimento. 12a ed. Porto Alegre: Artes Médicas; 2011.

Braga SS, Scoz BJL, Munhoz MLP. Problemas de aprendizagem e suas relações com a família. *Revista Psicopedagogia* 2007;24(74):149-159

BRASIL. *Lei 8.069, de 13 de julho de 1990*. Dispõe sobre o Estatuto da Criança e do Adolescente e dá outras providências. *Diário Oficial da União*, Brasília, 16 jul. 1990.

Brasil, *Lei nº 14.254, de 30 de novembro de 2021*. Diário Oficial da União, publicado em: 01/12/2021, Edição: 225, Seção: 1,

Página: 5, Dezembro, 2021. https://www.in.gov.br/en/web/dou/-/lei-n-14.254-de--30-de-novembro-de-2021-363377461>. Brites, Luciana, Almeida, Roselaine Pontes de. *Educação baseada em evidências:o que todo professor precisa saber*. Londrina: Neurosaber, 2021.

Camargo, C. A. C. M., Ferreira Camargo, M. A., & Oliveira Souza, V. de. (2019). *A importância da motivação no processo ensino-aprendizagem. Revista Thema, 16*(3), 598–606. https://doi.org/10.15536/thema.V16.2019.598-606.1284

Drouet, Ruth Caribé da Rocha. *Distúrbios da aprendizagem*, São Paulo, SP: Ática, 2001.

Estanislau, Gustavo M; Bressan, Rodrigo Affonseca. (Org.). *Saúde Mental na Escola*. 1ed.Porto Alegre: Artmed, 2014.

Fernández A. *A inteligência aprisionada: abordagem psicopedagógica clínica da criança e da família*. Porto Alegre: Artes Médicas, 1991.

Fernandes, A.M. Alfabetização e letramento: definição de conceitos, apresentação de alguns dados sobre fracasso escolar e discussão do papel social da escola. UFSCar: *Revista. São Carlos*: Linguagem; 2010.

Fonseca, Rochele Paz, Miranda, Mônica C., Seabra. Alessandra G. (Orgs) *Neuropsicologia Escolar* .Coleção Neuropsicologia na prática clínica. 1ª.ed. São Paulo.Pearson; 2020.

Freilich-Bilyk, Bacy; Graccielle Rodrigues da Cunha Azevedo; Gustavo M. Estanislau; Maria Conceição do Rosário. *Saúde e transtornos mentais*. In: Gustavo M. Estanislau; Rodrigo Affonseca Bressan. (Org.). *Saúde Mental na Escola*. 1ed.Porto Alegre: Artmed, 2014, v. 1, p. 25-36.

Grigorenko, E. L., Compton, D. L., Fuchs, L. S., Wagner, R. K., Willcutt, E. G., & Fletcher, J. M. (2020). Understanding, educating, and supporting children with specific learning disabilities: 50 years of science and practice. *American Psychologist, 75*(1), 37–51. https://doi.org/10.1037/amp0000452

Haase, V. G.; Paiva, G. M. (Eds.) *Apontamentos sobre neuropsicologia escolar*. Belo Horizonte: Autor, 2016.

Hattie J. *Aprendizagem visível para professores*: Como maximizar o impacto da aprendizagem. Porto Alegre: Artmed; 2017.

Hussain, M., Zhu, W., Zhang, W., & Abidi, S. (2018). *Student Engagement Predictions in an e-Learning System and Their Impact on Student Course Assessment Scores*. Computational intelligence and neuroscience, 2018, 6347186. https://doi.org/10.1155/2018/6347186

Hussain, S., & Khan, M. Q. (2021). *Student-Performulator: Predicting Students' Academic Performance at Secondary and Intermediate Level Using Machine Learning*. Annals of Data Science, 1–19. Advance online publication. https://doi.org/10.1007/s40745-021-00341-0

Konkiewitz, Elisabete Castelon (Org.). *Aprendizagem, comportamento e emoções na infância e adolescência: uma visão transdisciplinar*. Dourados, MS: Ed. Universidade Federal da Grande Dourados, 2013. 312 p.

Machlis, G.E.; Force, J.E.; Burch, W.R. *The human ecosystem Part I*: The human ecosystem as an organising concept in ecosystem management. Society and Natural Resources; 1997. Disponível em: Gary E. Machlis, Jo Ellen Force & William R. Burch JR. (1997) *The human ecosystem Part I: The human ecosystem as an organizing concept in ecosystem management, Society & Natural Resources*, 10:4, 347-367, DOI: 10.1080/08941929709381034

Mrech LM. *Psicanálise e educação: novos operadores de leitura.* São Paulo: Pioneira; 1999.

Petty, Geoff. *Evidence-based teaching*. London: Nelson Thornes, 2009.

Pickett S.T.A, Kolasa J e Jones C G. (1994) *Compreensão ecológica: a natureza da teoria e a teoria da natureza*. Academic Press, San Diego, CA.

Piketty, S.T.A., Burch, W.R., Dalton, S.E. et al. A conceptual framework for the study of human ecosystems in urban areas. *Urban Ecosystems* 1, 185–199 (1997). https://doi.org/10.1023/A:1018531712889

POTT, Eveline Tonelotto Barbosa. O "problema" dos problemas de aprendizagem. *Revista Psicopedagogia.*, São Paulo, v. 35, n. 108, p. 357-361, dez. 2018. Disponível em <http://pepsic.bvsalud.org/scielo.php?script=sci_arttext&pid=S0103-84862018000300011&lng=pt&nrm=iso>.

Prasada K Rao, Chandra Sekhara M V P Rao and B Ramesh. Article: Predicting Learning Behavior of Students using Classification Techniques. *International Journal of Computer Applications* 139(7):15-19, April 2016. Published by Foundation of Computer Science (FCS), NY, USA.

Pratta, Elisângela Maria Machado; Santos, Manoel Antonio dos. .*Família e adolescência: a influência do contexto familiar no desenvolvimento psicológico de seus membros*. In: Dossiê Psicologia e Adolescência Psicologia em Estudo. 12 (2) https://www.scielo.br/j/pe/a/3sGdvzqtVmGB3nMgCQDVBgL/?lang=pt.

Rademacher, A., Cadenasso, M.L. & Pickett, S.T.A. From feedbacks to coproduction: toward an integrated conceptual framework for urban ecosystems. Urban Ecosyst 22, 65–76 (2019). https://doi.org/10.1007/s11252-018-0751-0

Sampaio, Simaia. *Dificuldades de aprendizagem: a psicopedagogia na relação sujeito, família e escola.* Rio de Janeiro:Wak Editora, 2009.

Semkiw, R. W.; Ansai, R. B. *Dificuldades de aprendizagem no ensino fundamental: ações e práticas pedagógicas para melhorar o desempenho docente.* Os desafios da escola pública paranaense na perspectiva do professor pde. 2014. Disponível <www.diaadiaeducacao.pr.gov.br/portals/cadernospde/pdebusca/producoes_pde/2014/2014_unespar-uniaodavitoria_ped_artigo_rosicler_wenglarck.pdf>.

Simplício, H.A.T & Haase, V.G. *Pedagogia do Fracasso: o que as ciências cognitivas têm a dizer sobre a aprendizagem.* Belo Horizonte: Ampla, 2020.

Soares, Angela Mathylde, *Por que vou ao Psicopedagogo*? Belo Horizonte: Ed Artesã, 2019.

Weiss MLL. *Psicopedagogia clínica: uma visão diagnóstica dos problemas de aprendizagem escolar.* Rio de Janeiro: Lamparina; 2012.

Zhou, W., Pickett, S.T.A. & McPhearson, T. Conceptual frameworks facilitate integration for transdisciplinary urban science. Npj. *Urban Sustain* 1, 1 (2021). https://doi.org/10.1038/s42949-020-00011-9

Revisão Técnica:

Dirce Inês da Silva

Francielda Queiroz Oliveira

Parte II

OPÇÕES TERAPÊUTICAS E TOXICOLOGIA DOS PSICOFÁRMACOS

FARMACOTERAPIA NOS TRANSTORNOS DE APRENDIZAGEM

Jussara Amaral Mateus Grossi

Nívea Cristina Vieira Neves

INTRODUÇÃO

Atualmente, os termos "distúrbios", "transtornos", "dificuldades" ou "problemas de aprendizagem" são muito comentados nos ambientes educacionais e de saúde para denominar alunos que não apresentam desenvolvimento esperado para a faixa etária ou comparado a outros alunos (Santos & Tuleski, 2020).

O tratamento proposto para as crianças e adolescentes acometidos com doenças que interferem no neurodesenvolvimento, principalmente, Transtorno de Déficit de Atenção/Hiperatividade (TDAH), Transtorno do Espectro Autista (TEA) é disposto, na literatura, em três tipos: farmacológico, terapia comportamental e a combinação de terapias farmacológicas e comportamentais (Marín Andrés et al., 2020).

Os psicofármacos estão entre os fármacos mais consumidos pela população mundial, assim como os antimicrobianos e analgésicos. Estudos epidemiológicos mostram que 1/3 das crianças e adolescentes britânicos são diagnosticados com algum tipo de desordem psiquiátrica. 58% dos pediatras admitem ter indicado, no mínimo, uma vez ao ano, algum Inibidor Seletivo da Recaptação de Serotonina (ISRS) para o tratamento da depressão (González & Sotomayor, 2004; Marín Andrés et al., 2020).

No Brasil, em estudos sobre a medicalização no sistema de progressão continuada, foi identificado que o medicamento mais prescrito era o Metilfenidato, substância ativa do medicamento mais conhecido no meio popular como Ritalina®, seu nome comercial. Este medicamento pertence à classe dos psicoestimulantes. Outras classes também utilizadas são os antidepressivos, principalmente Imipramina e Fluoxetina; seguidos dos antipsicóticos (Risperidona) e anticonvulsivantes como o Valproato de Sódio, sendo este último, na maioria das vezes, associado a outros medicamentos (Marín Andrés et al., 2020; Santos & Tuleski, 2020). Além dessas, os hipnóticos e sedativos também desempenham importante papel em uma terapia adjuvante às terapias não farmacológicas aos distúrbios do sono que frequentemente estão presentes em crianças e adolescentes e que podem levar às dificuldades de aprendizagem (Hobson et al., 2019). Ainda, tendo em vista a coexistência de ansiedade com TDAH e TEA, o uso de ansiolíticos nessa população também precisa ser considerado quando se há falha nas terapias comportamentais.

Neste capítulo, serão abordados os medicamentos que são utilizados no tratamento dos transtornos e comorbidades relacionadas aos distúrbios da aprendizagem: os psicoestimulantes, antidepressivos, hipnóticos / sedativos e ansiolíticos.

PSICOESTIMULANTES

O TDAH é definido como um transtorno de autocontrole caracterizado clinicamente por dificuldades de atenção, hiperatividade motora e deficiências no controle dos impulsos, frequentemente, associado a comorbidades como ansiedade, depressão, agressividade, dificuldade social e alterações do comportamento (Calleja & Uribarri, 2012).

O tratamento recomendado para o TDAH é multimodal, incluindo intervenções farmacológicas e não farmacológicas. O tratamento farmacológico é necessário para a maioria das crianças e adolescentes com esse diagnóstico. Os medicamentos para o TDAH incluem psicoestimulantes (derivados de metilfenidato e anfetaminas) e drogas não psicoestimulantes (atomoxetina e guanfacina). Os fármacos psicoestimulantes estão definidos como primeira escolha nos protocolos de tratamento de TDAH em adultos, adolescentes e crianças, assim como os antidepressivos que, muitas vezes, também, são indicados como adjuvantes no tratamento (Calleja, & Uribarri, 2012; Barragán, 2018).

A Organização Mundial de Saúde (OMS) define os estimulantes como substâncias psicotrópicas capazes de acelerar as atividades do Sistema Nervoso Central (SNC), provocando euforia, desinibição, irritabilidade, agressividade, diminuição do cansaço, insônia, excitação motora, dentre outros. Assim, aumentam o estado de ânimo e vigília (Cuellar et al., 2020). Eles atuam melhorando a função catecolaminérgica, principalmente, dopamina e noradrenalina. Entretanto, nem todos os pacientes toleram bem esse tratamento, devido aos efeitos adversos desses medicamentos. Como alternativa, pode ser indicado de forma isolada ou associada, o uso de antidepressivos e ansiolíticos no tratamento (Ticas & Ochoa, 2010).

O Brasil é o segundo maior consumidor de psicotrópicos do mundo, sendo que a substância mais prescrita é o metilfenidato, principal representante dessa classe de medicamentos. É um estimulante leve do SNC e, do ponto de vista estrutural, está relacionado às anfetaminas. Possui rápida absorção após administração oral e atinge concentrações máximas no plasma em duas horas. Apresenta efeitos mais evidentes sobre a atividade mental do que a motora. Suas propriedades farmacológicas são semelhantes às das anfetaminas, inclusive, o potencial abusivo delas. Como pode ser observado na Tabela 1, seus efeitos terapêuticos constituem redução da hiperatividade, da impulsividade e da desatenção, bem como aumento de comportamentos como a manutenção do foco em uma tarefa, o desempenho acadêmico e escolar e as relações sociais (Beltrame et al., 2019; Santos & Tuleski, 2020).

No Brasil, o metilfenidato é uma substância pertencente à Lista A3 (Lista de substâncias psicotrópicas) da Portaria 344, de 12 de maio de 1998, que aprova o regulamento técnico sobre substâncias e medicamentos sujeitos ao controle especial. Isto significa que, para a aquisição do produto, é necessário a apresentação da prescrição médica e da Notificação de Receita Amarela, para que esta fique retida no estabelecimento, para informações e controle dos órgãos reguladores. Contudo, sua venda tem crescido de forma exponencial e estudos mostram que a produção desse medicamento aumentou 298% no período de 1996 a 2006 (Santos & Tuleski, 2020).

Estudos analisados por Ticas e Ochoa (2010) apontam que o metilfenidato se mostrou mais eficaz e seguro no tratamento de TDAH, com uma taxa de resposta terapêutica entre 38 a 51%. Para İsmi (2018), os efeitos adversos mais comuns relacionados ao uso desse medicamento são náuseas, dor abdominal, perda do apetite, insônia e cefaleia. Tiques motores transitórios, tiques crônicos, disforia, instabilidade do humor e alucinações são vistos com menos frequência (TABELA 1).

Apesar de ser o fármaco de escolha, como demonstrado acima, para TDAH, é importante salientar que o metilfenidato deve ser indicado e prescrito com cautela, após avaliar seus benefícios e riscos, uma vez que também pode apresentar efeitos nocivos/riscos aos indivíduos. Vendruscolo e Takahashi (2011) expõem que estudos sugerem que pacientes, em muito tempo de uso, de psicoestimulantes são mais propensos a usar outras drogas do que aqueles que nunca fizeram uso desses medicamentos. Brant e Carvalho (2012) também indicam que o metilfenidato pode revelar-se altamente propenso à dependência (TABELA 1). Ainda, Brant e Carvalho (2012) apontam para o uso sem fins medicinais do metilfenidato, afirmando que este vem sendo utilizado como um medicamento *gadget*, empregado na busca de reconhecimento social, no uso recreativo e voltado para a produção.

Atualmente, outro estimulante vem ganhando destaque no tratamento do TDAH, o Dimesilato de lisdexanfetamina (LDX), que possui o nome comercial de Venvanse®. Os estudos demonstram uma alternativa de tratamento, com baixo potencial de abuso e perfil de segurança e tolerabilidade semelhantes ao de outras drogas estimulantes. A duração da ação do LDX estende-se por no mínimo 13 e 14 horas após a dose em crianças e adultos respectivamente e apresenta-se eficaz na redução dos principais sintomas da doença (Barragán et al., 2018) (TABELA 1).

No que se refere aos efeitos adversos do medicamento LDX, a perda de apetite foi o mais comum, afetando 25% dos pacientes independentemente da idade, 9% das crianças e adolescentes. Outras reações adversas foram anorexia em 10,8% e a insônia comum a todas as faixas etárias com um percentual de 11 a 19% de pacientes. As cefaleias ocorrem em pouco mais de 10% e a boca seca em 7% das crianças e adolescentes (Barragán et al., 2018) (TABELA 1).

A adesão ao tratamento é relativamente expressiva independente do medicamento prescrito (metilfenidato ou LDX), provavelmente, devido à percepção de melhora dos sintomas pelos pais (Barragán et al., 2018; Marín Andrés et al., 2020).

Medicamento	Mecanismo de ação	Ação	Reações adversas
Metilfenidato (Ritalina® Concerta®)	É um potente inibidor da recaptação de noradrenalina e dopamina, com aumentos muito mais rápidos e maiores destes neurotransmissores do que os inibidores convencionais de recaptação de dopamina.	Redução da hiperatividade, da impulsividade e desatenção; Aumento na manutenção do foco em uma tarefa, no desempenho acadêmico e escolar; Melhora nas relações sociais.	Mais comuns - náuseas, dor estomacal, perda do apetite, insônia e cefaleia; Menor frequência - Tiques motores transitórios, tiques crônicos, disforia, instabilidade do humor e alucinações; Podem provocar dependência.
Lisdexanfetamina (Venvanse®)	É um pró-fármaco, em que seu metabólito, d-anfetamina, tem como principal ação a liberação de norepinefrina e dopamina no cérebro.	Rápida ação, que se estende por, no mínimo, 13 e 14 horas, após a dose, em crianças e adultos, respectivamente. Apresenta-se eficaz na redução dos principais sintomas do TDAH.	Mais comuns - perda de apetite; Outras reações adversas – anorexia, insônia, cefaleias, boca seca.

Beltrame et al, 2019; İsmi et al., 2018; Santos & Tuleski, 2020.

Tabela 1 – Psicoestimulantes usados no tratamento do Transtorno de Déficit de Atenção/Hiperatividade (TDAH), Transtorno do Espectro Autista (TEA) e reações adversas mais frequentes.

É importante ressaltar que a indicação dos fármacos não estimulantes como atomoxetina, clonidina e guanfacina ocorre, geralmente, aos pacientes que apresentam resposta parcial ou são intolerantes aos estimulantes (Marín et al., 2020).

Uma discussão realizada por Brzozowski e Diehl (2013) sobre o diagnóstico de TDAH vale a pena ser mencionada, porque apresenta uma exculpação para a família e para a própria criança. Isso ocorre porque o diagnóstico justifica os comportamentos considerados inadequados como algo que está para além da vontade da criança ou do meio em que ela se encontra. Com isso, as discussões, principalmente, sobre o metilfenidato são marcadas pela polarização de pontos de vista, ora indicado como o medicamento mais eficaz no tratamento do TDAH, ora descrito criticamente como a "droga da obediência" (Santos & Tuleski, 2020).

ANTIDEPRESSIVOS

Os antidepressivos são medicamentos efetivos no tratamento da depressão, doenças associadas à dificuldade psicomotora e fisiológica, como perda de apetite e transtorno do sono, e se apresentam como opções de tratamento de pacientes com dificuldades na aprendizagem, como TDAH, podendo ser prescritos de forma isolada ou associada, de acordo com a resposta apresentada pelos indivíduos (Rodriguez & Fajardo, 2018).

Para Lyra et al. (2017), os Transtornos do Espectro Autista (TEA) afetam, aproximadamente, 1% das crianças em todo o mundo. Os cuidados de saúde e assistência social para pessoas com TEA são frequentemente complexos, pois são indivíduos mais propensos a ter comorbidades de saúde mental e ideação suicida. As avaliações precisam ser multidisciplinares e as intervenções terapêuticas personalizadas, com foco nas características clínicas específicas apresentadas por cada paciente. Entre as opções terapêuticas, os antidepressivos tricíclicos (clomipramina) e os Inibidores Seletivos da Recaptação de Serotonina (ISRS), estes últimos apenas para adultos, parecem ter alguns benefícios para sintomas específicos, porém os eventos adversos relatados precisam ser considerados antes de tomar as decisões.

As principais classes de antidepressivos incluem os tricíclicos, ISRS e inibidores da monoaminooxidase (IMAO). Todos se mostram com eficácia semelhante no tratamento da depressão e a escolha dependerá das particularidades do paciente e dos diagnósticos (Rodriguez & Fajardo, 2018).

A maioria dos antidepressivos possui boa absorção após a administração oral e, de forma geral, a ação antidepressiva está relacionada ao bloqueio da recaptação de determinados neurotransmissores (serotonina, noradrenalina e dopamina). Como consequência, ocorre o aumento da concentração e do tempo de ação destes no espaço sináptico, restabelecendo o equilíbrio deles no indivíduo. É importante citar que, independente da classe, o início da resposta terapêutica pode variar de duas a quatro semanas. Os antidepressivos tricíclicos apresentam eficácia semelhante aos ISRS, porém se caracterizam por possuir mais efeitos adversos. Já os IMAO são os que possuem maior interação com outros fármacos e alimentos. Assim, destaca-se que, dentre as classes mencionadas de antidepressivos, as mais prescritas são os antidepressivos tricíclicos e os ISRS para as doenças relacionadas à dificuldade de aprendizagem por serem considerados os mais seguros (Guajardo et al., 2011; Rodriguez & Fajardo, 2018).

ANTIDEPRESSIVOS TRICÍCLICOS

Os antidepressivos tricíclicos estão representados, principalmente, pelos medicamentos como Amitriptilina, Imipramina, Clomipramina, Nortriptilina, dentre outros. As ações dos antidepressivos tricíclicos ocorrem por meio da inibição do transporte neuronal (recaptação) de noradrenalina e bloqueio variável do transporte da serotonina, entretanto não bloqueiam o transporte da dopamina. Dessa forma, diferem dos estimulantes do Sistema Nervoso Central como o Metilfenidato e anfetaminas (Calleja & Uribarri, 2012).

No que se refere ao TDAH, a maioria dos estudos propõe o tratamento inicial dessa doença com o uso de psicoestimulantes, entretanto, em análises realizadas por Topczewski (2014), os antidepressivos tricíclicos representaram uma alternativa interessante e eficaz, levando muitos benefícios aos pacientes, especialmente àqueles que não se adaptam ao uso de psicoestimulantes. Ainda, possuem algum benefício em pacientes diagnosticados com TEA para tratar sintomas específicos, mas é preciso considerar os riscos/benefícios, uma vez que podem apresentar efeitos adversos importantes (Lyra et al., 2017).

Essa classe de medicamentos caracteriza-se por apresentar mais efeitos adversos, quando comparado a outros medicamentos e, provavelmente, ocorrem devido a sua ação anticolinérgica. São estes: boca seca, sedação, visão turva, retenção urinária, cefaleia. Este fato também faz com que esses fármacos não sejam a primeira escolha definida em protocolos clínicos de tratamento (Calleja & Uribarri, 2012; Rodriguez & Fajardo, 2018) (TABELA 2).

INIBIDORES SELETIVOS DA RECAPTAÇÃO DE SEROTONINA (ISRS)

Os ISRS estão representados, principalmente, pelos medicamentos como Fluoxetina, Paroxetina, Sertralina, Escitalopram, Citalopram, dentre outros. Sua ação ocorre ao bloquear o transporte neuronal da serotonina a curto e a longo prazos, acarretando respostas secundárias como estimulação dos receptores. Estudos apontam essa classe de medicamentos como opções terapêuticas em alguns distúrbios relacionados à dificuldade de aprendizagem, porém são mais seguros e indicados para adultos (Lyra et al., 2017; Rodriguez & Fajardo, 2018).

Essa potente estimulação também está relacionada às reações adversas típicas dessa classe de medicamentos, como náuseas, vômitos, diarreia, dor abdominal e dispepsia (efeitos gastrointestinais), diminuição da libido, agitação ou inquietação, boca seca, ansiedade, insônia, sonolência, tremor e sudorese, que podem ser observadas em alguns pacientes em uso desses medicamentos (Rodriguez & Fajardo, 2018) (TABELA 2).

Classe Medicamentosa	Substâncias ativas representantes	Ação	Reações adversas comuns
Antidepressivos tricíclicos	Amitriptilina, Imipramina, Clomipramina, Nortriptilina	Inibição da recaptação de noradrenalina e bloqueio variável do transporte da serotonina.	Reações adversas mais frequentes: boca seca, sedação, visão turva, retenção urinária cefaleia.
Inibidores seletivos da recaptação de serotonina	Fluoxetina, Paroxetina, Sertralina, Escitalopram, Citalopram	Bloqueia o transporte neuronal da serotonina, a curto e longo prazos.	Reações adversas frequentes: náuseas, vômitos, diarreia, dor abdominal, diminuição da libido, agitação, boca seca, dispepsia, ansiedade, insônia, tremor e sudorese.

(Calleja & Uribarri, 2012; Rodriguez & Fajardo, 2018).

Tabela 2 – Antidepressivos usados como opções terapêuticas para indivíduos com dificuldades de aprendizagem e reações adversas mais frequentes

HIPNÓTICOS / SEDATIVOS E ANSIOLÍTICOS

A perturbação no sono é comum na população pediátrica e pode levar às dificuldades de aprendizagem, comportamento e interferir na qualidade de vida familiar (Hobson et al., 2019). Crianças com diagnóstico de Transtorno do Déficit de Atenção e Hiperatividade (TDAH) e Transtorno do Espectro Autista (TEA) são mais propensas a apresentarem dificuldades para dormir. Essas dificuldades são reportadas entre 50% e 80% dentre os pacientes diagnosticados com TDAH (Cortese et al., 2013; Sung et al., 2008) e entre 40% e 80% no TEA (Cortesi et al., 2010). Sukhodolsky et al (2020) demonstraram que a dificuldade para dormir está presente entre os sintomas de ansiedade mais comuns em crianças de 3 a 7 anos diagnosticadas com TEA.

O manejo dos problemas do sono em crianças e jovens precisa ser adaptado para condições específicas descritas nas queixas dos pacientes ou pais responsáveis. Dentre esses protocolos, podem ser destacadas as práticas de terapia comportamental (higiene do sono, medidas dietéticas e mudanças de hábito, psicoterapia), a revisão da terapia farmacológica (*i.e.*, revisão das doses, formulações) e o uso de medicação para os sintomas da insônia (Cortese et al., 2013; Richdale & Wiggs, 2005).

Quando as intervenções não farmacológicas não são suficientes ou apenas levam a uma resposta parcial, o tratamento farmacológico deve ser considerado como um adjuvante para uma resposta ao tratamento dos distúrbios do sono. A decisão de se utilizarem fármacos no tratamento da insônia deve ocorrer em casos muito bem selecionados (Cortesi et al., 2010). Considerando as opções farmacológicas, é importante mencionar que estas não devem ser a primeira escolha ou a única modalidade de tratamento para a insônia (Pin Arboledas et al., 2017). Os medicamentos comumente utilizados para o tratamento da insônia em crianças e adolescentes estão sumarizados na Tabela 3.

Medicamento	Classe	Mecanismo de ação	Efeito no sono
Difenidramina Hidroxizine	Anti-histamínico	Agonista H1 (atravessa a barreira hematoencefálica)	Reduz a latência, mas pode diminuir a qualidade do sono.
Melatonina	Melatoninérgico	Hipnótico (receptores MT1 e MT2)	Reduz a latência e apresenta efeito circadiano máximo.
Clonazepam Flurazepam	Benzodiazepínico	Receptores GABA no sistema nervoso central	Suprime o sono de ondas lentas e reduz a excitação.
Zolpidem	Imidazopiridina (Não-benzodiazepínico)	Agonista seletivo do receptor GABA-A	Reduz a latência, mas apresenta efeito fraco na arquitetura do sono
Clonidina	Alfa-agonista adrenérgico	Inibe a liberação de noradrenalina	Reduz o sono REM e o sono de ondas lentas.

Adaptado de Pin Arboledas et al., 2017. Legenda: H1 = receptor para histamina; MT1 e MT2 = receptores para melatonina; GABA = ácido gama-aminobutírico; REM = do inglês, *rapid eye movement*, movimento rápido dos olhos (sono profundo).

Tabela 3 – Medicamentos comumente utilizados para o tratamento da insônia em crianças e adolescentes.

À exceção da melatonina (Anand et al., 2017), os medicamentos aqui apresentados apresentam baixa evidência científica de seu uso em um prazo intermediário ou longo com relação a sua eficácia e a sua segurança (Arboletas et al., 2017). Sendo assim, o tratamento farmacológico deve ser o mais curto possível e administrado em sua dose mínima efetiva, além de ser escolhido baseando-se nas características do quadro de insônia, do paciente e do ambiente em que ele vive (Owens, 2009).

Outra condição que frequentemente está relacionada aos transtornos da aprendizagem é a ansiedade. Cerca de 60% das crianças com TDAH atendem aos critérios diagnósticos de pelo menos um transtorno de ansiedade (Sciberras et al., 2014). Adicionalmente, os transtornos de ansiedade em crianças com TEA atingem aproximadamente 40% das crianças em idade escolar (*i.e.*, 6-18 anos) (Beesdo et al., 2009; Simonoff et al., 2008), além de estarem associados a uma deficiência adicional significativa e a um sofrimento, os quais já são experimentados pelas crianças com TEA (Hunsche & Kerns, 2019).

Em crianças e adolescentes, uma abordagem terapêutica combinada é considerada a mais eficaz. Esta abordagem compreende o uso de terapia cognitivo-comportamental, terapia familiar, educação do paciente e da família em associação com uso de medicamentos. Os inibidores seletivos de recaptação de serotonina (ISRS) são os medicamentos de escolha para o tratamento dos transtornos de ansiedade em crianças e adolescentes, e diversos estudos fornecem evidências de segurança e eficácia dessa classe (Patel et al., 2018). Outro medicamento que, algumas vezes, é utilizado como medicamento inicial é a buspirona, tendo em vista que não são reportados efeitos adversos importantes e seu uso é bem tolerado nessa população (Strawn et al., 2018). Outras classes e representantes, como os benzodiazepínicos, inibidores da recaptação de serotonina e noradrenalina, mirtazapina e nefazodona, anti-histamínicos e propranolol, não são considerados medicamentos de primeira escolha para o tratamento e, nesse caso, podem ser alternativas quando os ISRS não são efetivos. A Tabela 4 sumariza os principais medicamentos utilizados no tratamento da ansiedade em crianças e adolescentes.

Medicamento	Classe	Mecanismo de ação	Efeito na ansiedade / Comentários
Citalopram Escitalopram Fluoxetina Fluvoxamina Paroxetina Sertralina	ISRS	Bloqueia a recaptação de serotonina nos neurônios pré-sinápticos e aumenta a neurotransmissão serotoninérgica	1ª escolha para o tratamento da ansiedade; Melhora dos sintomas da ansiedade em níveis suficientes para permitir uma participação eficaz no tratamento comportamental.
Venlafaxina Duloxetina	IRSN	Bloqueia a recaptação de serotonina e noradrenalina e inibe fracamente a recaptação de dopamina, levando a um aumento desses neurotransmissores	Não são considerados medicamentos de 1ª escolha; Eficazes no tratamento do transtorno de ansiedade generalizado.
Mirtazapina	Antagonista alfa-2 adrenérgico	Bloqueio pré-sináptico de alfa-2 e contribui para aumento da liberação de noradrenalina e serotonina; Bloqueio pós-sináptico de 5-HT2 e 5-HT3	Não são considerados medicamentos de 1ª escolha; Melhora dos sintomas da ansiedade.
Nefazodona	Antagonista de receptor 5-HT2 e bloqueio da recaptação de serotonina e noradrenalina	Bloqueio pós-sináptico de 5-HT2; Bloqueio da recaptação pré-sináptica e contribui para o aumento dos níveis de serotonina e noradrenalina	
Clonazepam Diazepam Oxazepam	Benzodiazepínicos	Ligam-se em receptores GABA no sistema nervoso central e aumentam os efeitos inibitórios do GABA	Redução dos sintomas da ansiedade; Eficazes no tratamento do transtorno de ansiedade generalizado.
Buspirona	Agonista de receptores 5-HT1A e 5-HT2	Ativação de receptores pós-sinápticos	Às vezes, é utilizada como 1ª escolha ou em associação com ISRS; Melhora dos sintomas psíquicos e somáticos da ansiedade.
Hidroxizine	Anti-histamínico	Bloqueio dos receptores H1; Antagonista de receptor 5-HT2; Antagonista muscarínico	Uso limitado a condições especiais, com sintomas da ansiedade associados com doenças orgânicas e procedimentos médicos.
Propranolol	Antagonista beta-adrenérgico	Bloqueio do receptor beta e reduz o tônus autonômico periférico	Melhora dos sintomas somáticos da ansiedade e redução dos sintomas emocionais.

Adaptado de Patel et al., 2018. Legenda: ISRS = inibidores seletivos da recaptação de serotonina; IRSN = inibidores da recaptação de serotonina e noradrenalina; 5-HT = receptor para serotonina; GABA = ácido gama-aminobutírico; H1 = receptor para histamina.

Tabela 4 – Medicamentos comumente utilizados para o tratamento da ansiedade em crianças e adolescentes.

Com base no exposto, foi demonstrado que os transtornos de ansiedade e distúrbios do sono coexistem com TDAH e TEA. As práticas clínicas não farmacológicas são a primeira linha de escolha para o tratamento desses pacientes e a terapia medicamentosa entra como coadjuvante em caso de falha ou resposta parcial das primeiras. É imprescindível que os profissionais de saúde junto à família estejam envolvidos durante todo o seguimento terapêutico do paciente para que, dessa forma, haja adesão à terapia e promova a melhora na qualidade de vida desses pacientes.

REFERÊNCIAS

Anand, S., Tong, H., Besag, F. M. C., Chan, E. W., Cortese, S. & Wong, I. C. K. (2017). Safety, Tolerability and Efficacy of Drugs for Treating Behavioural Insomnia in Children with Attention-Deficit/Hyperactivity Disorder: A Systematic Review with Methodological Quality Assessment. *Paediatric Drugs, 19*(3):235-250. doi: 10.1007/s40272-017-0224-6.

Barragán Pérez, Eduardo, García Beristain, Juan Carlos, & Hidalgo Gutiérrez, Ricardo. (2018). Evaluation of the response of lisdexamfetamine in children and adolescents with ADHD: quasi-experimental study. *Salud mental*, *41*(6), 279-286. https://doi.org/10.17711/sm.0185-3325.2018.040

Beesdo, K., Knappe, S., & Pine, D. S. (2009). Anxiety and anxiety disorders in children and adolescents: Developmental issues and implications for DSM-V. *Psychiatric Clinics of North America,* 32(3), 483–524. doi:10.1016/j.psc.2009.06.002.

Beltrame, Rudinei Luiz, Gesser, Marivete, & Souza, Simone Vieira de. (2019). Diálogos sobre medicalização da infância e educação: uma revisão de literatura. *Psicologia em Estudo*, *24*, e42566. Epub June 10, 2019.https://doi.org/10.4025/psicolestud.v24i0.42566

Brant, Luiz Carlos; Carvalho, Tales Renato Ferreira. (2012). Metilfenidato: medicamento gadget da contemporaneidade. *Interface*, 16(42), p. 623-636. https://doi.org/10.1590/S1414-32832012000300004

Brzozowski, Fabiola Stolf, Diehl, Eliana Elizabeth. (2013). Transtorno de déficit de atenção/hiperatividade: o diagnóstico pode ser terapêutico? *Psicologia em Estudo*, 18(4), p. 657-665. Disponível em: https://doi.org/10.1590/S1413-73722013000400008

Calleja J, Uribarri J. (2012). Effectiveness and safety of antidepressants for ADHD in population between 6 and 19 years: a systematic review. *Medwave* 2012 Sep;12(8):e5474 doi: 10.5867/medwave.2012.08.5474.

Cortese, S., Brown, T. E., Corkum, P., Gruber, R., O'Brien, L. M., Stein, M., Weiss, M. & Owens, J. (2013). Assessment and Management of Sleep Problems in Youths With Attention-Deficit/Hyperactivity Disorder. *Journal of the American*

Academy of Child & Adolescent Psychiatry, 52(8), 784–796. doi:10.1016/j.jaac.2013.06.001.

Cortesi F., Giannotti F., Ivanenko A. & Johnson K. (2010). Sleep in children with autistic spectrum disorder. *Sleep Medicine, 11*(7):659-64. doi: 10.1016/j.sleep.2010.01.010.

Cuellar, B. Soledad Lucia, et al. (2020). Psicoestimulantes menores consumidos por estudiantes de la Universidad San Francisco Xavier de Chuquisaca, 2019. *Rev. Bio Scientia* 3(5), 1-11.

Filipe, Angela Marques. (2020). Situar a hiperatividade e déficit de atenção em Portugal: dimensões sociais, históricas e éticas de um tema emergente na saúde global. *Cadernos de Saúde Pública, 36*(12), e00056420. Epub December 16, 2020.https://dx.doi.org/10.1590/0102-311x00056420

Gómez Mendoza, Coralia, León Martínez, Carlos Alberto, & Troya Gutiérrez, Alejandro Germán. (2020). Consumo de psicofármacos: una problemática de salud actual. *Medicentro Electrónica, 24*(4), 826-832. Epub 01 de octubre de 2020. Recuperado en 05 de marzo de 2021, de http://scielo.sld.cu/scielo.php?script=sci_arttext&pid=S1029-30432020000400826&lng=es&tlng=es.

Guajardo M., Nadia; Villar Z., María José. (2011). Psicofármacos en niños y adolescentes I: antidepresivos y antipsicóticos. *Revista psquiatría clínica*, 49(1):45-58.

Hobson, S., Davie, M., & Farquhar, M. (2019). Fifteen-minute consultation: Managing sleep problems in children and young people with ADHD. *Archives of Disease in Childhood - Education & Practice Edition, edpract–2017–313583* . doi:10.1136/archdischild-2017-313583.

Hunsche, M. C., & Kerns, C. M. (2019). Update on the effectiveness of psychotherapy for anxiety disorders in children and adolescents with ASD. *Bulletin of the Menninger Clinic, 83*(3), 326–352. doi:10.1521/bumc.2019.83.3.326.

İsmi, Onur, Yildirim, Veli, Vayisoglu, Yusuf, Togrul, Anis, Toros, Fevziye, & Unal, Murat. (2018). The Effect of Methylphenidate on the Hearing of Children with Attention Deficit Hyperactivity Disorder. *International Archives of Otorhinolaryngology*, *22*(3), 220-224. https://doi.org/10.1055/s-0037-1605367

Lyra, Larissa, Rizzo, Luiz Eduardo, Sunahara, Camila Sá, Pachito, Daniela Vianna, Latorraca, Carolina de Oliveira Cruz, Martimbianco, Ana Luiza Cabrera, & Riera, Rachel. (2017). What do Cochrane systematic reviews say about interventions for autism spectrum disorders?. *Sao Paulo Medical Journal*, *135*(2), 192-201. https://doi.org/10.1590/1516-3180.2017.0058200317

Marín Andrés M, Gutiérrez Sánchez AM, Martínez de Morentin Navarcorena AL, Bernadó Fonz RA, et al. (2020). Trastorno por déficit de atención con o sin hiperactividad aislado en consulta de Neuropediatría. Serie de casos. *Arch Argent Pediatr* 2020;118(4):e405-e409.

Martínez A, Juan Carlos, González L, Claudia, & Sotomayor F, Cristián. (2004). Bipolaridad tipo III en niños: Una situación no diagnosticada. *Revista chilena de pediatría*, *75*(5), 420-424. https://dx.doi.org/10.4067/S0370-41062004000500002

Owens, J. (2009). Pharmacotherapy of pediatric insomnia. J Am Acad Child Adolesc Psychiatry, 48, 99-107. doi: 10.1097/CHI.0b013e3181930639.

Patel, D. R., Feucht, C., Brown, K., & Ramsay, J. (2018). Pharmacological treatment of anxiety disorders in children and adolescents: a review for practitioners. *Translational pediatrics*, 7(1), 23–35. doi:10.21037/tp.2017.08.05.

Pin Arboledas, G., Soto Insuga, V., Jurado Luque, M. J., Ferrández Gomariz, C., Hidalgo Vicario, I., Lluch Rosello, A., Rodríguez Hernandes, P. J. & Madrid, J. A. (2017). Insomnia in children and adolescents. A consensus document. *Anales de Pediatría (English Edition), 86*(3), 165.e1–165.e11. doi:10.1016/j.anpede.2016.06.002 .

Quintana Rodriguez I, Velazco Fajardo Y. (2018). Reacciones adversas de los antidepresivos: consideraciones actuales. Rev Méd Electrón [Internet]. 2018 EneFeb [citado: fecha de acceso];40(2). Disponible en: http://www.revmedicaelectronica.sld.cu/index.php/rme/article/view/1964/3781

Richdale, A., & Wiggs, L. (2005). Behavioral approaches to the treatment of sleep problems in children with developmental disorders: What is the state of the art? *International Journal of Behavioral Consultation and Therapy, 1*(3), 165-190. doi: 10.1037/h0100743.

Santos, D. F. M., & Tuleski, S. C.. (2020, Maio/Agosto). Medicalização no sistema de progressão continuada: inclusão ou omissão?. *Fractal: Revista de Psicologia*, 32(2), 154-161. doi: https://doi.org/10.22409/1984-0292/v32i2/5704

Sciberras, E., Lycett, K., Efron, D., Mensah, F., Gerner, B. & Hiscock, H. (2014). Anxiety in children with attention-deficit/hyperactivity disorder. *Pediatrics, 133*(5):801-8. doi: 10.1542/peds.2013-3686.

Simonoff, E., Pickles, A., Charman, T., Chandler, S., Loucas, T., & Baird, G. (2008). Psychiatric disorders in children with autism spectrum disorders: Prevalence, comorbidity, and associated factors in a population-derived sample. *Journal of the American Academy of Child and Adolescent Psychiatry, 47*(8), 921–929. doi:10.1097/CHI. 0b013e318179964f.

Strawn, J. R., Mills, J. A., Cornwall, G. J., Mossman, S. A., Varney, S. T., Keeshin, B. R. & Croarkin, P. E. (2018). Buspirone in Children and Adolescents with Anxiety: A Review and Bayesian Analysis of Abandoned Randomized Controlled Trials. *Journal of Child and Adolescent Psychopharmacology, 28*(1):2-9. doi: 10.1089/cap.2017.0060.

Sukhodolsky, D. G., Lecavalier, L., Johnson, C., Smith, T., Swiezy, N., Bearss, K., Kalvin, C. B. & Scahill, L. (2020). Anxiety in 3-to 7-year-old children with autism spectrum disorder seeking treatment for disruptive behavior. *Autism, 24*(2), 400–410. doi:10.1177/1362361319866561

Sung, V., Hiscock, H., Sciberras, E. & Efron, D. (2008). Sleep Problems in Children With Attention-Deficit/Hyperactivity Disorder: Prevalence and the Effect on the Child and Family. *Archives of Pediatrics & Adolescent Medicine, 162*(4):336–342. doi:10.1001/archpedi.162.4.336.

Ticas, Jésus Américo Reyes, Ochoa, Eunice Reyes. (2010). Trastorno por deficit de atención e hiperactividad (TDAH) en adultos. *Rev Med Hoondur, 78*(4), 196-202.

Topczewski, Abram. (2014). Attention deficit and hyperactivity disorder: a therapeutic option. *Einstein (São Paulo)*, *12*(3), 310-313. https://doi.org/10.1590/s1679-45082014ao2925

Vendruscolo, Leandro Franco; Takahashi, Reinaldo Naoto. (2011). Comorbidade entre o transtorno de déficit de atenção/hiperatividade e o abuso e dependência de álcool e outras drogas: evidências por meio de modelos animais. *Revista Brasileira de Psiquiatria* 33(2), p. 203-208. https://doi.org/10.1590/S1516-44462010005000011

Revisão Técnica:
Walter Batista Cicarini

TOXICOLOGIA DOS PSICOFÁRMACOS

Michele Polyana Rocha Mendes

INTRODUÇÃO

Substâncias químicas, de origem natural ou sintética, que exercem sua atividade farmacológica de forma seletiva no Sistema Nervoso Central (SNC), são chamadas de psicofármacos. Estes são capazes de modular a atividade do SNC, promovendo sua estimulação, depressão ou perturbação (Fontana, 2005). Trata-se de um importante grupo de medicamentos, do qual fazem parte neurolépticos, anfetamínicos, antidepressivos, ansiolíticos, sedativos e outros; os quais são indicados no tratamento de vários distúrbios psíquicos, como transtornos do neurodesenvolvimento, transtornos de aprendizagem, transtornos emocionais e comportamentais.

O uso de psicofármacos deve ser feito estritamente sob prescrição médica, uma vez que podem causar efeitos adversos graves, em especial, dependência química e física. Por esse motivo, esses medicamentos estão sujeitos ao controle especial, estabelecido na Portaria n.º 344 de 1998 do Ministério da Saúde (Brasil. Secretaria de Vigilância Sanitária, 1998). Estudos apontam um aumento expressivo do uso desses medicamentos no Brasil e no mundo nas últimas décadas, inclusive, entre crianças e adolescentes (Brasil. Ministério da Saúde (MS), & Secretaria de Ciência, 2017; Molina et al., 2019; Oliveira et al., 2021; Pande, Amarante, & Baptista, 2020; Hales et al., 2018). Esses dados podem ser explicados pelo aumento de diagnósticos de transtornos psiquiátricos na população ou, até mesmo, pelo ingresso de novos fármacos no mercado. Contudo, também incitam a discussão sobre seu uso exacerbado e indiscriminado. No campo da Toxicologia, ciência que se dedica ao estudo dos efeitos provocados pela exposição às substâncias químicas, um dos dogmas fundamentais é que: "Todas as substâncias são venenos [...]. A dose correta diferencia o veneno do remédio" (Oga et al., 2014). Tal frase é corroborada por dados do Sistema Nacional de Informações Toxico-Farmacológicas - SINITOX, os quais mostram medicamentos como as substâncias químicas que mais causam intoxicação humana no Brasil desde 1994 (Sistema Nacional de Informações Tóxico-Farmacológica, 2020); e os psicotrópicos entre as classes de medicamentos mais frequentes nesses eventos (Martins et al., 2019).

Dados nacionais sobre a incidência de eventos tóxicos resultantes do uso de psicofármacos são escassos no Brasil; entretanto, nos últimos anos, tem sido observado aumento do número de investigações sobre esse tema. Esses estudos são realizados com dados disponibilizados pela Associação Brasileira de Centros de Informação e Assistência Toxicológica (ABRACIT), SINITOX, ou dados de origem hospitalar (Bego, Pereira, & Nogueira, 2020). Relatórios anuais de atendimentos realizados nos Centros de Informações Toxicológicas mostram que os psicofármacos que mais causaram intoxicação na região sudeste do Brasil de 2015 a 2019 foram benzodiazepínicos, anticonvulsivantes, antidepressivos e neurolépticos (Associação Brasileira de Centros de Informação e Assistência Toxicológica- ABRACIT, 2019). Estudo documental retrospectivo, desenvolvido a partir de Fichas de Notificação de intoxicação por psicofármacos, registradas pelo Centro de Assistência Toxicológica (CEATOX) de Fortaleza-CE, no período de 2010 a 2014, evidenciou que antidepressivos (48,3%) e ansiolíticos/hipnóticos (29,0%) foram os fármacos responsáveis pela maior porcentagem de intoxicações em idosos (Carvalho et al., 2017). Em crianças, dois estudos realizados a partir da análise de dados do Sistema de Internações Hospitalares do Sistema Único de Saúde (SIH/SUS) de 2003 a 2012 e de 2009 a 2018 respectivamente mostraram que entre as intoxicações com fármacos especificados predominaram medicamentos que atuam no sistema nervoso central como antiepilépticos, sedativo-hipnóticos e antiparkinsonianos (Bego et al., 2020; Maior et al., 2017).

Nesse contexto, a intoxicação por fármacos que atuam no SNC delineia um problema de saúde no Brasil e, ao mesmo tempo, estimula reflexões sobre seu uso indiscriminado e sobre ações de saúde direcionadas à prevenção desses episódios e a sua recorrência. Assim, considerando a relevância do tema, neste capítulo, serão descritos os aspectos toxicológicos associados ao uso de psicofármacos com a finalidade de ampliar o conhecimento dos leitores acerca do tema.

INTOXICAÇÕES POR PSICOFÁRMACOS

A intoxicação por fármacos que atuam no sistema nervoso central decorre de mecanismos complexos que envolvem características de cada indivíduo, propriedades do fármaco e ainda de condições presentes no momento de contato com este (Nóbrega, Costa, Mariz, & Fook, 2015. Dessa forma, para compreender a complexidade da intoxicação, é necessário entender conceitos importantes em Toxicologia.

Por definição, substância tóxica, também chamada de agente químico ou xenobiótico, é aquela que, sob determinadas condições de exposição, é capaz de causar dano ao sistema biológico; alterando seu funcionamento ou, até mesmo, levando-o à morte. Considera-se condições de exposição os fatores que caracterizam o contato e influem na sua toxicidade, tais como dose do agente químico, frequência de uso, via de administração (oral, endovenosa, respiratória e outras) e interação deste com outras substâncias. Já a manifestação dos efeitos tóxicos é denominada intoxicação e representa um desequilíbrio fisiológico que pode ser evidenciado pelo desenvolvimento de sinais e sintomas e/ou exames laboratoriais (Oga et al., 2014).

É importante ressaltar que o tempo necessário para o aparecimento dos sinais e sintomas da intoxicação depende da toxicidade do xenobiótico. Essa característica das substâncias químicas deve ser entendida como sua capacidade inerente de causar intoxicação, ou seja, representa a medida do potencial tóxico de uma dada substância. Dessa forma, a exposição às substâncias com elevada toxicidade em curto período (dose única ou doses fracionadas dentro de 24 horas) pode levar à intoxicação aguda; sendo os sinais e sintomas rapidamente evidenciados. Já substâncias medianamente tóxicas podem ocasionar intoxicação subcrônica mediante exposições repetidas e os sinais e sintomas se manifestarem após alguns meses. Por outro lado, os sinais e sintomas característicos da intoxicação por exposição prolongada a xenobióticos com baixa toxicidade são percebidos após longo período (Oga et al., 2014).

Todos esses conceitos devem ser contextualizados para o uso de psicotrópicos, uma vez que esses medicamentos são substâncias químicas que após administrados irão exercer seus efeitos terapêuticos após se ligarem a alvos endógenos (receptor). Não obstante, tais fármacos também se ligam a outros alvos endógenos e desencadeiam efeitos indesejáveis, deletérios ao organismo, os quais são denominados de efeitos adversos (Oga et al., 2014). Quando o efeito adverso associado ao uso de medicamentos é decorrente da intensificação do efeito terapêutico destes; diz-se que temos um efeito tóxico, como a intoxicação e a morte (Grahame-Smith & Aronson, 2004).

Para facilitar o entendimento e o estudo da intoxicação, esta é dividida em quatro fases: exposição, toxicocinética, toxicodinâmica e clínica. A primeira fase - exposição, consiste no contato com o agente tóxico (psicofármaco), podendo ser acidental (quando a intoxicação ocorre com uso não intencional de causar dano) ou intencional (exposição demasiada com intenção de causar dano próprio). A dose, a forma física (forma farmacêutica de medicamentos: comprimidos, suspensão etc.), bem como a via de administração do xenobiótico são muito importantes nessa etapa. De regra, quanto maior a dose ingerida, maior a concentração plasmática do agente tóxico e maior a extensão da lesão. Agentes tóxicos veiculados na forma líquida são absorvidos mais rapidamente e iniciam seu efeito mais rápido, enquanto formas sólidas, como comprimidos, cápsulas e drágeas, necessitam se desintegrar para em seguida serem absorvidos e, assim, iniciarem o efeito nocivo. As principais vias de administração de psicofármacos são orais e endovenosas, as quais diferem significativamente em relação ao tempo de início da ação do fármaco. Essa diferença se dá pelo fato de que o fármaco administrado via endovenosa é diretamente lançado na corrente sanguínea, estando imediatamente disponível para ser distribuído aos diversos tecidos e, assim, alcançar seu receptor e iniciar sua ação biológica. Por outro lado, a administração de fármacos pela via oral requer que este seja absorvido, processo que consiste na transferência do princípio ativo do local de contato (estômago/intestino) para o sangue; sendo, para isso, necessário atravessar membranas biológicas (Oga et al., 2014). Cabe aqui destacar que, por esse motivo, a via oral é a mais segura para administração de medicamentos.

Logo após a exposição, inicia-se a toxicocinética, a qual compreende toda a movimentação do agente tóxico no organismo, o que inclui sua absorção, distribuição nos líquidos biológicos, biotransformação (transformação química) e excreção. Todos esses processos são dependentes das propriedades físico-químicas do xenobiótico e deles resulta a quantidade do xenobiótico (psicofármacos) que estará disponível para exercer o efeito biológico. Em geral, quanto mais lipossolúvel (solúvel em lipídeos), mais facilmente um xenobiótico será absorvido. Após alcançar o sangue e/ou a linfa, o xenobiótico passa a ser distribuído aos diversos tecidos, sendo esse processo dependente do fluxo sanguíneo e linfático da ligação às proteínas plasmáticas e outros fatores. A biotransformação consiste em qualquer alteração na estrutura química do agente tóxico, é catalisada por enzimas e pode ocorrer em diferentes tecidos, sendo o fígado o principal sítio de biotransformação para a maioria dos princípios ativos. Um dos objetivos da biotransformação é aumentar a polaridade do agente tóxico e, assim, favorecer sua excreção, processo no qual a substância é eliminada do organismo. A excreção pelos rins, por meio da urina, é a via de excreção mais prevalente. Dessa forma, os eventos que ocorrem nessa fase determinam a biodisponibilidade e o tempo de meia vida do xenobiótico, impactando diretamente a intensidade do efeito biológico deste. A biodisponibilidade deve ser entendida como a extensão e a velocidade com a qual a substância química alcança a corrente sanguínea, em outras palavras; consiste na quantidade (%) da substância química que atinge a circulação sistêmica inalterada. Já o tempo de meia-vida, refere-se ao tempo necessário para reduzir à metade a concentração sanguínea de determinada substância; assim, quanto maior a meia-vida, maior a duração do efeito tóxico. Esses conceitos são usados para comparar e prever a ação nociva de fármacos e xenobióticos (Andrade Filho et al., 2013; Oga et al., 2014).

Além das propriedades físico-químicas da substância tóxica, a toxicocinética também pode ser afetada por fatores relacionados à fisiologia individual, tais como a presença de insuficiências renal ou hepática, desidratação, obesidade e ainda fatores idiossincrásicos. Dessa forma, torna-se imperativo que o uso de psicofármacos seja individualizado, para que a posologia do fármaco seja precisamente ajustada e seus efeitos tóxicos evitados. Nesse contexto, a monitorização terapêutica representa uma ferramenta para controlar a concentração plasmática de princípios ativos com a finalidade de ajuste de dose (Moreau & Siqueira, 2016).

Sequencialmente e tão importante quanto os eventos que ocorrem na fase anterior, tem-se a ligação do agente químico ao seu alvo biológico e, consequentemente, o início da ação tóxica. A toxicodinâmica representa, portanto, o estudo do mecanismo de ação tóxica, a qual levará ao aparecimento dos sinais e sintomas característicos, dando início à última fase da intoxicação – fase clínica. Deve ser destacado que esse mecanismo de ação não está completamente elucidado para todos os psicotrópicos e pode se tornar ainda mais obscuro quando se trata de interações toxicodinâmicas, que podem conduzir ao aumento (efeito sinérgico) ou diminuição (antagonismo) do efeito tóxico (Oga et al., 2014). As interações medicamentosas entre psicofármacos podem ter alguma utilidade terapêutica quando os fármacos são prescritos para serem usados concomitantemente como adjuvantes. Todavia, se os efeitos dessas interações não forem previstos, podem resultar em graves consequências, como a intoxicação aguda (Katzung et al., 2014).

Psicofármacos exercem seu efeito terapêutico por meio de diferentes mecanismos de ação, no entanto, na intoxicação aguda por esses agentes, observa-se um conjunto de sinais e sintomas semelhantes, chamado de síndrome tóxica. Quando o agente causador da intoxicação é desconhecido, o reconhecimento dessa síndrome auxilia na identificação dos prováveis agentes envolvidos e, com isso, direciona o grupo de substâncias que devem ser pesquisadas no exame toxicológico (Moreau & Siqueira, 2016; Nóbrega et al., 2015). Há diferentes tipos de síndromes tóxicas, as quais são apresentadas no quadro 1.

Síndrome anticolinérgica	Mecanismo de ação: resulta do bloqueio competitivo e reversível dos receptores muscarínicos da acetilcolina.
	Sintomatologia: rubor facial, hipertermia, mucosas secas, taquicardia, midríase (dilatação das pupilas), retenção urinária, agitação psicomotora, alucinações e delírios.
	Psicofármacos indutores: Antiparkinsonianos, antipsicóticos e antidepressivos tricíclicos.
Síndrome narcótica	Mecanismo de ação: diminuição da excitabilidade neuronal.
	Sintomatologia: depressão respiratória (hipoventilação, apnéia), depressão neurológica (sonolência, torpor), miose (contração das pupilas), bradicardia, hipotermia, hipotensão, hiporreflexia, diminuição da motilidade intestinal e coma.
	Psicofármacos indutores: Opiáceos e opióides, sedativos, benzodiazepínicos.
Síndrome depressiva	Mecanismo de ação: Potencialização da inibição neuronal mediada pelo neurotransmissor GABA.
	Sintomatologia: depressão neurológica (sonolência, torpor, coma), depressão respiratória, cianose, hiporreflexia e hipotensão.
	Psicofármacos indutores: Barbitúricos, benzodiazepínicos e álcool.
Síndrome simpatomimética	Mecanismo de ação: Aumento da ação estimulante de catecolaminas.
	Sintomatologia: agitação psicomotora, paranoia, midríase, hiperrflexia, distúrbios psíquicos, hipertensão, taquicardia (bradicardia reflexa nos casos de agonistas), piloeereção, hipertermia, sudorese, convulsões, arritmias e hipotensão nos casos graves.
	Psicofármacos indutores: anfetamínicos, cafeína, cocaína e seus derivados.

Síndrome serotoninérgica	Mecanismo de ação: estimulação excessiva de receptores serotoninérgicos centrais e periféricos.
	Sintomatologia: alteração no estado mental (agitação, insônia, alucinações e hiperatividade), transtornos autonômicos (diaforese, diarréia, náusea, vômito, febre, taquicardia sinusal, taquipnéia, dilatação das pupilas, rubor, hipersalivação), disfunções neuromusculares (contrações clônicas induzidas, contrações clônicas sustidas, hipertonia muscular).
	Psicofármacos indutores: anfetamínicos, inibidores seletivos da recaptação da serotonina – ISRS, antidepressivos tricíclicos.
Síndrome extrapiramidal	Mecanismo de ação: Bloqueio de receptores dopaminérgicos no corpo estriado e hiperestimulação muscular.
	Sintomatologia: distúrbios do equilíbrio, distúrbios da movimentação, efeito de roda dentada, hipertonia, distonia orofacial, crises oculógiras, mioclonias, trismo, opistótono, parkinsonismo.
	Psicofármacos indutores: antipsicóticos, lítio e haloperidol.

Quadro 1 – Sinais e sintomas das principais síndromes tóxicas decorrentes da intoxicação aguda por psicofármacos

O tratamento da intoxicação deve seguir protocolos específicos de acordo com o agente tóxico, no entanto, há também medidas gerais de socorro às vítimas que devem ser iniciadas imediatamente, como medidas de suporte de vida e descontaminação. Na intoxicação aguda por psicofármacos, a identificação do medicamento administrado e a determinação de sua concentração plasmática são informações valiosas para o tratamento adequado, tendo em vista que, para alguns psicofármacos, há antídotos que podem ser utilizados. Quando a identificação do medicamento causador da intoxicação não estiver disponível, o tratamento deve ser orientado pela síndrome tóxica (Moreau & Siqueira, 2016; Nóbrega et al., 2015).

Em suma, as intoxicações por psicofármacos são eventos complexos, cujas causas podem estar relacionadas a características fisiológicas do indivíduo e a processos toxicocinéticos e/ou toxicodinâmicos do medicamento envolvido. Por isso, casos suspeitos de intoxicação por esses fármacos demandam ampla averiguação de todos esses fatores para que os dados possam contribuir com o diagnóstico, tratamento e acompanhamento do intoxicado.

TRATAMENTO DAS INTOXICAÇÕES AGUDAS POR PSICOFÁRMACOS

A intoxicação aguda por psicotrópicos é uma emergência clínica, e a abordagem inicial é decisiva no prognóstico do paciente. Dessa forma, toda suspeita deve ser imediatamente encaminhada para atendimento médico de emergência.

A avaliação clínica inicial visa identificar a presença de distúrbios que configurem risco iminente de vida e inclui anamnese e avaliação física (condições respiratórias, circulatórias e neurológicas). A partir dessa avaliação, devem ser adotadas medidas para corrigir os distúrbios que comprometem a vida e estabilizar o paciente. Concomitantemente, devem ser solicitados exames laboratoriais para auxiliar o diagnóstico e avaliar o dano causado, sendo o paciente mantido sob observação contínua (Moreau & Siqueira, 2016).

Logo que possível, medidas de descontaminação também devem ser realizadas com objetivo de reduzir a exposição do organismo ao fármaco e reduzir a quantidade absorvida. Essas condutas variam de acordo com a provável via de absorção, entretanto, a via oral é a mais comumente envolvida nas intoxicações. Nessas situações, indução de vômito por emprego de eméticos, uso de carvão ativado e catárticos podem ser usados. A indução de vômito com xarope de ipeca não deve ser uma rotina e está contraindicada em crianças com alteração da consciência. A administração de carvão ativado é o procedimento mais indicado de descontaminação, por ser adsorvente, ele se liga ao fármaco e forma complexos estáveis, que não são absorvidos. Agentes com ação catártica como sorbitol e manitol aumentam o trânsito intestinal e aceleram a excreção do fármaco. Ressalta-se que essas medidas devem ser iniciadas o mais rápido possível, idealmente em 1 hora e no máximo 4 a 6 horas após a ingestão. A remoção de roupas contaminadas e lavagem corporal com água corrente são úteis quando a exposição ocorre por via cutânea (Andrade Filho et al., 2013; Moreau & Siqueira, 2016). Quando o bloqueio da absorção não for mais uma opção, o aumento da velocidade de eliminação é recomendado. Para tanto, pode-se usar substâncias que aumentem a diurese como o sorbitol ou alterações do pH para forçar a excreção ou ainda procedimentos de diálise e hemoperfusão (Moreau & Siqueira, 2016).

Adicionalmente às medidas de descontaminação, tem-se a administração de antídotos. Estes constituem substâncias capazes de bloquear ou minimizar a ação de determinada substância tóxica. O número de antídotos é bastante restrito em comparação ao número de xenobióticos, cada um deles tem indicação específica e seu uso está associado a efeitos adversos, por isso, antes do uso, é necessário avaliar o risco-benefício (Andrade Filho et al., 2013).

EFEITOS NOCIVOS ASSOCIADOS AO USO PROLONGADO DE PSICOFÁRMACOS

O uso prolongado de medicamentos que atuam no sistema nervoso central pode levar a uma miríade de efeitos nocivos sobre os sistemas cardiovascular, respiratório, endócrino, sobre o próprio sistema nervoso e outros (Katzung et al., 2014). Prejuízos persistentes nas funções cognitivas e psicomotoras podem ser desencadeados pelo uso prolongado desses fármacos. Tais efeitos são proporcionais à concentração plasmática do fármaco e, por isso, recomenda-se a monitorização terapêutica como estratégia para promover o uso seguro e racional de psicofármacos. A monitorização terapêutica consiste na determinação quantitativa de fármacos no plasma, o que permite correlacionar os valores de concentração sérica de determinado fármaco com seu efeito clínico. Trata-se de uma ferramenta que visa melhorar a farmacoterapia do paciente, ajustando individualmente a dose dos medicamentos (Moreau & Siqueira, 2016).

O metilfenidato (nomes comerciais: Ritalina®, Ritalina LA® e Concerta®) é o psicofármaco mais consumido no mundo. Atua como simpatomimético, estimulando o sistema nervoso central, sendo, por isso, indicado no tratamento de intervenções psicológicas, educacionais e sociais no tratamento de distúrbios de hiperatividade (Gomes, Gonçalves, & Santos, 2019. É indicado principalmente no tratamento do Transtorno do Déficit de Atenção e Hiperatividade (TDAH) e narcolepsia. O TDAH é caracterizado por níveis inadequados de desatenção, hiperatividade ou impulsividade ou uma combinação deles (Cortese et al., 2018). Nos Estados Unidos, nas últimas décadas, a prevalência de TDAH tem se mantido estável, contrariamente, a prescrição de medicamentos psicoestimulantes tem aumentado constantemente (Torres-Acosta et al., 2020). Esse descompasso evidencia o problema da medicalização dos distúrbios psicológicos, comportamentais e educacionais, que configura atualmente um problema de saúde pública em todo mundo. O aumento da disponibilidade de medicamentos para tratar o TDAH pode explicar parcialmente o aumento dos casos de uso abusivo e overdose em adolescentes (Spiller, Hays, & Aleguas, 2013). No Brasil, as estimativas têm mostrado que a prevalência desse transtorno varia de 0,9% a 26,8% em crianças e adolescentes (ANVISA, 2014; Lima et al., 2015).

Além do metilfenidato, os medicamentos Venvanse® (lisdexanfetamina) e Strattera® (atomoxetina) também são aprovados pela Anvisa para o tratamento do TDAH (ANVISA, 2014). A lisdexanfetamina é um pró-fármaco, que, após absorção, é clivado para liberar o fármaco ativo – a dextroanfetamina. O efeito estimulante promovido pela dextroanfetamina é maior que aquele produzido pelo metilfenidato em virtude do seu maior tempo de meia vida. Já a atomoxetina é um inibidor seletivo do transportador de norepinefrina pré-sináptico (Spiller et al., 2013).

O mecanismo de toxicidade do metilfenidato e das anfetaminas está associado ao aumento excessivo da concentração de dopamina, noradrenalina e serotonina no Sistema Nervoso Central (SNC). Com isso, tem-se a estimulação intensa do SNC que resulta na apresentação clínica típica, denominada síndrome simpatomimética, que inclui sinais e sintomas típicos, mediados pela incitação de receptores α e β adrenérgicos. Em casos de superdosagem, o paciente pode apresentar sintomas neurológicos, além de complicações secundárias nos sistemas renal, musculoesquelético, pulmonar e gastrointestinal. Adicionalmente, pode-se observar midríase, tremor, agitação, hiperreflexia, comportamento combativo, confusão, alucinações, delírio, ansiedade, paranoia, distúrbios do movimento, convulsões e hipertermia secundária (Spiller et al., 2013). Além disso, estudos têm apontado a potencial toxicidade cardiovascular desses medicamentos estimulantes, o que inclui elevações modestas na frequência cardíaca e na pressão arterial, arritmia, cardiomiopatia não isquêmica, cardiomiopatia de Takotsubo e morte súbita (Torres-Acosta et al., 2020). As manifestações clínicas decorrentes da sobredose da atomoxetina têm menor duração e sintomas como sonolência, agitação, hiperatividade, distúrbios gastrointestinais, tremor, hiperreflexia, taquicardia, hipertensão e convulsão (Spiller et al., 2013).

Dentre os efeitos que podem impactar negativamente a qualidade de vida do paciente, destacam-se os fenômenos de tolerância e dependência (Grahame-Smith & Aronson, 2004; Katzung et al., 2014). A tolerância consiste na diminuição do efeito terapêutico a despeito da manutenção da dose ou ainda na necessidade de aumento da dose para obtenção do mesmo efeito do psicofármaco. Existem vários tipos de tolerância (figura 1), as quais podem acarretar graus variáveis de tolerância a diversos efeitos farmacológicos (Oga et al., 2014).

Além da tolerância, com o uso crônico de psicotrópicos, em especial com doses maiores que a terapêutica, pode surgir o estado de dependência (Katzung et al., 2014). Esta é atualmente concebida como uma doença crônica, um transtorno mental e comportamental de natureza multifatorial e complexa. Segundo a *American Psychiatric Association* - APA (2015), essa patologia consiste em um conjunto de sintomas envolvidos principalmente com a incapacidade de reduzir ou controlar o uso da substância química; mesmo com intensos prejuízos individuais e sociais. Faz parte da Classificação Internacional de Doenças e Problemas Relacionados à Saúde sob o código - CID-10 e também do Manual Diagnóstico e Estatístico de Transtornos Mentais, DMS-5 da APA (Schimith et al., 2019).

Tolerância inata ou natural:	Tolerância farmacodinâmica:	Tolerância farmacodinâmica aguda ou taquifilaxia:
Falta de sensibilidade determinada geneticamente, sendo observada na 1º administração.	Alterações adaptativas dos sistemas afetados pelo fármaco/droga.	Desenvolve-se rapidamente após doses repetidas em uma única ocasião.
Tolerância metabólica:	**Sensibilização ou tolerância reversa:**	**Tolerância cruzada:**
Indução de sistemas enzimáticos que levam à redução da concentração do agente nos sítios de ação.	Aumento da resposta ao efeito de uma droga após administração repetida.	Individuo tolerante a uma determinada droga se mostra tolerante a outra. Ex.: Etanol e barbitúricos

Figura 1 - Tipos de tolerância associada ao uso de medicamentos.

O desenvolvimento da dependência associa-se a variáveis relacionadas ao fármaco (sua ação reforçadora positiva, via de administração, tempo de início de ação, grau de pureza); ao usuário (predisposição genética, polimorfismo genético, transtornos psiquiátricos, idade de início de uso, comportamento de risco) e a fatores do ambiente (disponibilidade da substância, condição socioeconômica, pressão de grupo e estresse). A dependência é caracterizada por tolerância, abstinência quando o acesso à substância é negado e abandono ou redução de importantes atividades sociais, ocupacionais ou recreativas em razão do uso da substância (Oga et al., 2014).

A fisiopatologia da dependência química está associada aos efeitos positivos e negativos provocados pelo uso de substâncias químicas. O efeito positivo, também chamado de reforço positivo, consiste na capacidade de uma dada substância em produzir respostas prazerosas quando consumida. Os efeitos gratificantes produzidos durante o reforço positivo atuam motivando uma nova autoadministração, ou seja, levam à impulsão pelo consumo. Por outro lado, o efeito negativo - reforço negativo - refere-se a estados emocionais negativos que decorrem da suspensão de uso da substância, o qual é aliviado por nova utilização desta e substituído pela resposta prazerosa após o uso. Assim, o reforço negativo leva à compulsão pelo consumo da substância, ou seja, uma imposição interna irresistível pelo consumo de tal substância. Com isso, instaura-se um comportamento cíclico, no qual os efeitos reforçadores positivos e negativos se revezam. Além desses efeitos reforçadores, acredita-se que o aumento da disponibilidade e dos efeitos da dopamina nos receptores dopaminérgicos, localizados no Sistema de Recompensa Cerebral – SRC –, também seja responsável pela dependência química (Chaim et al., 2015; Oga et al., 2014).

Recentemente, o conceito de dependência química foi reformulado a fim de englobar tanto o uso abusivo de substâncias quanto a dependência em relação a estas em um único diagnóstico, dotado de espectros de gravidade. Com isso, termos como "dependência física" e "dependência psicológica" se encontram em desuso para designar esse quadro; e "dependência química" vem sendo substituído por "síndrome de dependência", a qual está inserida em transtornos relacionados ao uso de substâncias (Araújo & Laranjeira, 2016). De acordo com essa reformulação, dependência é caracterizada pelo consumo frequente, compulsivo, destinado a prevenir o aparecimento de sintomas de abstinência e acompanhado por problemas físicos, psicológicos e sociais. O quadro 2 descreve os critérios de diagnóstico para Transtornos por uso de substância recomendado pela *American Psychiatric Association* (2015).

A. Um padrão problemático de uso de [uma determinada substância], levando a um comprometimento ou sofrimento clinicamente significativos, manifestado por pelo menos dois dos seguintes critérios, ocorrendo durante um período de 12 meses:
1. A substância é frequentemente consumida em maiores quantidades ou por um período mais longo do que o pretendido.
2. Existe um desejo persistente ou esforços malsucedidos no sentido de reduzir ou controlar o uso de álcool.
3. Muito tempo é gasto em atividades necessárias para obtenção da substância, na utilização da substância ou na recuperação dos seus efeitos.
4. Fissura, ou forte desejo ou necessidade de usar a substância.
5. Uso recorrente da substância, resultando no fracasso de desempenhar papéis importantes no trabalho, na escola ou em casa.
6. Uso continuado da substância, apesar de problemas sociais ou interpessoais persistentes ou recorrentes causados ou exacerbados por seus efeitos.
7. Importantes atividades sociais, profissionais ou recreacionais são abandonadas ou reduzidas em função do uso de substância.
8. Uso recorrente da substância em situação nas quais isso representa um perigo à integridade física.
9. O uso de substância é mantido apesar da consciência de ter um problema físico ou psicológico persistente ou recorrente que tende a ser causado ou exacerbado pela substância.
10. Tolerância, definida por qualquer um dos seguintes aspectos:
a. Necessidade de quantidades progressivamente maiores de álcool para alcançar intoxicação ou o efeito desejado;
b. Efeito acentuadamente menor com o uso continuado da mesma quantidade de substância.
11. Abstinência, manifestada por qualquer dos seguintes aspectos:
a. Síndrome de abstinência característica da substância (consultar os critérios para síndrome de abstinência específicos para cada droga, entre as páginas 490-580, do DSM-5)
b. A substância (ou uma outra substância estritamente relacionada) é consumida para aliviar ou evitar os sintomas de abstinência.

American Psychiatric Association (2015)

Quadro 2 – Critérios do DSM-5 para Transtornos por uso de substância.

A dependência química traz consigo inúmeros prejuízos não só para o indivíduo e para sua família, mas também para toda a sociedade, uma vez que aumenta os gastos diretos nos sistemas de saúde, judiciário e previdenciário, além dos danos a terceiros. O tratamento da dependência química existe, mas é incipiente e há poucas opções terapêuticas com eficácia comprovada (Chaim et al., 2015).

Diante disso, é fundamental prevenir o desenvolvimento da síndrome de dependência, o que pode ser alcançado pela promoção do uso racional desses fármacos. O uso racional deve ser entendido como a situação em que o paciente recebe o medicamento que é adequado à sua necessidade clínica, na dose e posologia necessárias, por um período apropriado. Para isso, sugere-se que a prescrição de psicofármacos seja controlada, que seja orientada por protocolos clínicos e terapêuticos bem definidos, e ainda que profissionais prescritores sejam capacitados para tal (Rocha & Werlang, 2013). Soma-se a isso, intervenções educativas tanto para a qualificação da equipe multidisciplinar quanto do próprio paciente e/ou de seu cuidador. É necessário ampliar o conhecimento de todos sobre os fatores de risco e agravos associados ao consumo de psicofármacos, estabelecendo o compartilhamento sobre a responsabilidade pelo sucesso do tratamento medicamentoso.

REFERÊNCIAS

American Psychiatric Association. (2015). *Manual diagnóstico e estatístico de transtornos mentais: DSM- 5* (5ª; Artmed, Ed.). Porto Alegre, RS:

Andrade Filho, A. de, Campolima, D., & Dias, M. B. (2013). *Toxicologia na prática clínica* (2nd ed.; Folium, Ed.). Belo Horizonte.

ANVISA. (2014). *Boletim Brasileiro de Avaliação de Tecnologias em Saúde. Metilfenidato no tratamento de crianças com transtorno de déficit de atenção e hiperatividade*. Retrieved from http://antigo.anvisa.gov.br/resultado-de-busca?p_p_id=101&p_p_lifecycle=0&p_p_state=maximized&p_p_mode=view&p_p_col_id=column-1&p_p_col_count=1&_101_struts_action=%2Fasset_publisher%2Fview_content&_101_assetEntryId=412292&_101_type=document

Araújo, M. R., & Laranjeira, R. (2016). *Evolução do conceito de dependência [atualizada, com comentários sobre o DSM-5]*. (January), 18. Retrieved from https://febract.org.br/portal/wp-content/uploads/2020/04/Ribeiro-Laranjeira.-Evolução-do-conceito-de-dependência-química.-2015.pdf

Associação Brasileira de Centros de Informação e Assistência Toxicológica-ABRACIT. (2019). Estatísticas dos Centros. Retrieved from http://abracit.org.br/wp/estatisticas-dos-centos/

Bego, B. S., Pereira, M. L., & Nogueira, L. S. N. (2020). Internações por intoxicações medicamentosas em crianças menores de cinco anos no estado de Minas Gerais/Brasil, 2009 – 2018. *Epidemiologia e Servicos de Saude : Revista Do Sistema Unico de Saude Do Brasil*, *53*(4), 370–378. https://doi.org/10.5123/S1679-49742017000400009

Brasil. Ministério da Saúde (MS), & Secretaria de Ciência, T. e I. E. (2017). *Componente avaliação dos serviços de assistência farmacêutica básica: resultados*. Retrieved from http://bvsms.saude.gov.br/bvs/publicacoes/componente_avaliacao_assistencia_pnaum_caderno4.pdf

Brasil. Secretaria de Vigilância Sanitária. *Aprova o Regulamento Técnico sobre Substâncias e MedicamentosSujeitos a Controle Especial. Portaria n. 344, de 12 de maiode 1998.*, (1998).

Carvalho, I. L. do N., Lôba, A. P. A., Aguiar, C. A. de A., & Campos, A. R. (2017). A intoxicação por psicofármacos com motivação suicida: uma caracterização em idosos. *Revista Brasileira de Geriatria e Gerontologia*, *20*(1), 134–142.

Chaim, C. H., Bandeira, K. B. P., & Andrade, A. G. de. (2015). Fisiopatologia da dependência química. *Revista de Medicina*, *94*(4), 256–262. https://doi.org/10.11606/issn.1679-9836.v94i4p256-262

Cortese S, Adamo N, Del Giovane C, Mohr-Jensen C, Hayes AJ, Carucci S, Atkinson LZ, Tessari L, Banaschewski T, Coghill D, Hollis C, Simonoff E, Zuddas A, Barbui C, Purgato M, Steinhausen HC, Shokraneh F, Xia J, C. A. (2018). Comparative efficacy and tolerability of medications for attention-deficit hyperactivity disorder in children, adolescents, and adults: a systematic review and network meta-analysis. *Lancet Psychiatry*, *5*(9), 727–738. Retrieved from https://www.ncbi.nlm.nih.gov/pmc/articles/PMC6109107/

Fontana, A. M. (2005). Manual de clínica em psiquiatria. In *Manual de clínica em psiquiatria* (pp. 511–511).

Gomes, R. S., Gonçalves, L. R., & Santos, V. R. L. (2019). Vendas de metilfenidato : uma análise empírica no Brasil no período de 2007 a 2014. *Sigmae*, *8*(2), 663–681. Retrieved from http://publicacoes.unifal-mg.edu.br/revistas/index.php/sigmae/article/view/1039/684

Grahame-Smith, D. G., & Aronson, J. K. (2004). *Tratado de Farmacologia Clínica e Farmacoterapia* (3ª; Guanabara Koogan, Ed.).

Hales, C. M., Kit, B. K., Gu, Q., & Ogden, C. L. (2018). Trends in prescription medication use among children and adolescents—United States, 1999-2014. *JAMA*, *15*(319), 2009–2020. Retrieved from https://pubmed.ncbi.nlm.nih.gov/29800213/

Katzung, B. G., Masters, S. B., & Trevor, A. J. (2014). *Farmacologia básica e Clínica* (12th ed.; AMGH, Ed.). Porto Alegre.

Lima Teles da Hora, A., Silva, S. S. da C., Ramos, M. F. H., Pontes, F. A. R., & Nobre, J. P. dos S. (2015). A prevalência do transtorno do déficit de atenção e hiperatividade (tdah): Uma revisão de literatura. *Psicologia*, *29*(2), 47–62. https://doi.org/10.17575/rpsicol.v29i2.1031

Maior, M. da C. L. S., Osorio-de-Castro, C. G. S., & Andrade, C. L. T. de. (2017). Internações por intoxicações medicamentosas em crianças menores de cinco anos no Brasil, 2003-2012. *Epidemiologia e Servicos de Saude : Revista Do Sistema Unico de Saude Do Brasil*, *26*(4), 771–782. https://doi.org/10.5123/S1679-49742017000400009

Martins, D. O., Oliveira, D. H. De, Farmácia, C. De, Morgana, F., Famp, P., Go, M., Go, M. (2019). PERFIL DE INTOXICAÇÃO E ÓBITO POR MEDICAMENTO NO BRASIL : UMA REVISÃO SISTEMÁTICA. *International Journal of Development Research*, *09*(11), 31883–31887. Retrieved from http://www.journalijdr.com/sites/default/files/issue-pdf/17661.pdf

Molina, A. C., Fressatti, W. L., Lima, M. A. F., Neto, C. A. P., Caldas Jr., A. L., Silva, D. C., … Lima, S. A. M. (2019). CONSUMO DE PSICOFÁRMACOS EM USUÁRIOS DA REDE BÁSICA DE SAÚDE EM UM MUNICÍPIO DO ESTADO DE SÃO PAULO. *Cadernos Brasileiros de Saúde Mental*, *11*(29), 13–32. Retrieved from https://periodicos.ufsc.br/index.php/cbsm/article/view/69221/42011

Moreau, R. L. de M., & Siqueira, M. E. P. B. de. (2016). *Toxicologia Analítica* (2nd ed.; Guanabara Koogan, Ed.). Rio de Janeiro.

Nóbrega, H. O. da S., Costa, A. M. P. da, Mariz, S. R., & Fook, S. M. L. (2015). Intoxicações Por Medicamentos: Uma Revisão Sistemática Com Abordagem Nas Síndromes Tóxicas. *REVISTA SAÚDE E CIÊNCIA On Line*, *4*(2), 109–119. Retrieved from https://rsc.revistas.ufcg.edu.br/index.php/rsc/article/view/256/253

Oga, S., Camargo, M. M. de A., & Batistuzzo, J. A. de O. (2014). *Fundamentos de Toxicologia* (4ª). São Paulo: Atheneu.

Oliveira, J. R. F. de, Varallo, F. R., Jirón, M., Ferreira, I. M. de L., Siani-Morello, M. R., Lopes, V. D., & Pereira, L. R. L. (2021). Descrição do consumo de psicofármacos na atenção primária à saúde de Ribeirão Preto, São Paulo, Brasil. *Cadernos de Saude Publica*, *37*(1), e00060520. https://doi.org/10.1590/0102-311X00060520

Pande, M. N. R., Amarante, P. D. de C., & Baptista, T. W. de F. (2020). Este ilustre desconhecido: considerações sobre a prescrição de psicofármacos na primeira infância. *Ciencia e Saude Coletiva*, *25*(6), 2305–2314. https://doi.org/10.1590/1413-81232020256.12862018

Rocha, B. S., & Werlang, M. C. (2013). Psicofármacos na Estratégia Saúde da Família: Perfil de utilização, acesso e estratégias para a promoção do uso racional. *Ciencia e Saude Coletiva*, *18*(11), 3291–3300. https://doi.org/10.1590/S1413-81232013001100019

Schimith, P. B., Murta, G. A. V., & Queiroz, S. S. de. (2019). A abordagem dos termos dependência química, toxicomania e drogadição no campo da Psicologia brasileira. *Psicologia USP*, *30*, 1–9. https://doi.org/10.1590/0103-6564e180085

Sistema Nacional de Informações Tóxico-Farmacológica. (2020). Dados de intoxicação: 2019. Retrieved March 2, 2021, from https://sinitox.icict.fiocruz.br/dados-nacionais

Spiller, H. A., Hays, H. L., & Aleguas, A. (2013). Overdose of drugs for attention--deficit hyperactivity disorder: Clinical presentation, mechanisms of toxicity, and management. *CNS Drugs*, *27*(7), 531–543. https://doi.org/10.1007/s40263-013-0084-8

Torres-Acosta, N., O'Keefe, J. H., O'Keefe, C. L., & Lavie, C. J. (2020). Cardiovascular Effects of ADHD Therapies: JACC Review Topic of the Week. *Journal of the American College of Cardiology*, *76*(7), 858–866. https://doi.org/10.1016/j.jacc.2020.05.081

Revisão Técnica:

Walter Batista Cicarini

Parte III

ASSISTÊNCIA FARMACOLÓGICA

PROTOCOLOS CLÍNICOS E DIRETRIZES TERAPÊUTICAS (PCDT) E CONSENSOS INTERNACIONAIS

Jussara Amaral Mateus Grossi

Orozimbo Henriques Campos Neto

INTRODUÇÃO

O ensino escolar destaca-se entre as relações sociais responsáveis por promover o desenvolvimento humano e tem como função principal elevá-lo a um nível, qualitativamente, superior em termos de desenvolvimento psíquico. Estudos mais aprofundados sobre as atividades escolares cotidianas mostram que as concepções que predominam, nesse contexto, são individualizantes, pois apontam o aluno e, no limite, sua família como cerne de todas as dificuldades e superação destas. Essas características geram sofrimento, uma vez que o indivíduo é apontado como o único responsável por seu sucesso e, consequentemente, por seu fracasso (Santos &Tuleski, 2020).

As heranças do movimento higienista no Brasil, marcado pela intervenção de setores da saúde sobre os processos de escolarização, elevaram, atualmente, o número de diagnósticos de crianças e adolescentes em período escolar. Isto é, quem não consegue acompanhar as aulas ou apresenta um comportamento fora do esperado pode ser caracterizado como portador de supostos transtornos. Problemas escolares, que poderiam ser resolvidos com intervenções pedagógicas, passam a ser caracterizados como transtornos neurológicos, que precisam de intervenção médica, terapêutica e medicamentosa. Com frequência, a dislexia, o Transtorno do Déficit de Atenção e Hiperatividade (TDAH), a disartria, a discalculia, a dislalia, a ecolalia e a agrafia são utilizados como justificativas para o fracasso escolar no processo de escolarização.

A transformação das dificuldades no processo de ensinar e aprender em transtornos tenta localizar, no indivíduo, a causa da não aprendizagem, reproduzindo formas de exclusão e silenciamentos, negligenciando a complexidade intrínseca aos processos de escolarização (Lima &Caponi, 2011; Decotelli et al., 2013; Figueira &Caliman, 2014; Beltrame et al., 2019).

Com a mudança nesse cenário, torna-se prudente a elaboração de documentos que visam à padronização, baseada em evidências e comprovações científicas, de diagnósticos, intervenções terapêuticas não medicamentosas e farmacológicas, de forma a destacar as que melhores apresentaram resultados positivos para a doença diagnosticada. Assim, os Protocolos Clínicos e Diretrizes Terapêuticas (PCDT) são estes guias que, também, consideram os critérios de eficácia, segurança, efetividade e custo-efetividade das tecnologias recomendadas (Portaria n. 7, 2022).

Neste capítulo, serão abordados alguns dos transtornos que são mencionados acima, com destaque para os protocolos e diretrizes clínicas nacionais e/ou internacionais existentes para o cuidado.

TRANSTORNOS DO NEURODESENVOLVIMENTO

TRANSTORNO DO ESPECTRO AUTISTA (TEA)

O Transtorno do Espectro do Autismo (TEA) é marcado por desordens de origem neurobiológica, que geram prejuízos referentes aos comportamentos restritivos, repetitivos, estereotipados e déficits na área sociocomunicativa em graus variados de acometimento. Trata-se de um transtorno do neurodesenvolvimento que costuma ser reconhecido durante os três primeiros anos de vida, cujos sinais podem incluir atrasos precoces no desenvolvimento ou perda de habilidades adquiridas anteriormente. Sua origem é multifatorial, afeta cerca de 1% da população brasileira, além de ser quatro vezes mais comum no sexo masculino. A descrição do indivíduo com TEA é de suma importância para o delineamento do prognóstico, bem como planejamento de intervenções e estimulações, devendo ser considerados fatores como atrasos na linguagem, déficits intelectual, na coordenação motora fina e sensorial (Corrêa et al., 2020; Silva & Elias, 2020).

Estudos recentes sugerem que, aproximadamente, 70% desses indivíduos preencham critério diagnóstico para pelo menos um outro transtorno mental ou de comportamento (frequentemente não reconhecido) e 40% preencham critério diagnóstico de no mínimo outros dois transtornos mentais, principalmente ansiedade, TDAH e transtorno desafiador de oposição (Portaria n. 7, 2022).

Após o diagnóstico, um dos objetivos fundamentais do atendimento aos indivíduos com TEA é o de habilitá-lo a participar de modo ativo e independente nas atividades que lhes são apresentadas. Para isso, ganham destaque as ações de habilitação e reabilitação, coordenadas por equipe multiprofissional, incluindo intervenções educativas e comportamentais, direcionadas aos sintomas nucleares do TEA (ex: dificuldades sociais, de comunicação e de interesses). Em síntese, os objetivos terapêuticos do indivíduo com TEA visam ampliar os ganhos funcionais, auxiliar a busca pela independência e melhorar a qualidade de vida. Para tanto, uma equipe multidisciplinar dever arcar com múltiplas estratégias, sobretudo baseadas em intervenções não farmacológicas. Uma das terapias indicadas é a fonoaudiológica, pois enfatiza o comportamento comunicativo dos sujeitos incluídos no Espectro do Autismo e possibilita melhor inclusão da criança autista em seu meio social (Barbosa & Fernandes, 2014; Portaria n. 32, 2014).

O PCDT para o Comportamento Agressivo no Transtorno do Espectro do Autismo, por meio da Portaria n. 7, de 12 de abril de 2022, menciona que é preciso enfatizar as intervenções comportamentais que envolvem familiares ou responsáveis, como o treinamento de pais (*Parent Training*). Essa capacitação tem por base considerar o contexto familiar na educação dos pais sobre os comportamentos e estratégias que permitam a melhor interação com seus filhos. Assim, a escolha do método a ser utilizado no tratamento da pessoa com TEA deve ser feita, em conjunto, entre a equipe multidisciplinar e a família do paciente, para garantir informações adequadas quanto ao alcance e aos benefícios do tratamento, além de favorecer a implicação e a corresponsabilidade pelo cuidado. Esse modelo também é adotado em outros países como o Chile, em que essa modalidade fundamenta seus princípios no desenvolvimento, nos relacionamentos e destaca a importância de aproximar a criança de um mundo emocional compartilhado, o que favorece o desenvolvimento e os interesses emocionais (Portaria n. 7, 2022; Rojas, Rivera & Nilo, 2019; Weissheimer et al., 2020).

O delineamento da intervenção para o controle da agressão ou autoagressão, adequada às necessidades da pessoa com TEA, pode ser fundamentado na análise funcional da agressividade e situações que a desencadeiam, como também no treinamento de relaxamento e desenvolvimento de habilidades para enfrentar e resolver problemas. Apesar do tratamento não farmacológico ser a indicação preferencial, as intervenções psicofarmacológicas apresentam benefícios no tratamento de sintomas, que acabam interferindo na aprendizagem, socialização, saúde e qualidade de vida. Nessa situação, os antipsicóticos demonstram um benefício para tratar condutas agressivas ou autolesivas de pessoas com TEA, quando há baixa resposta ou não adesão às intervenções não medicamentosas. No comportamento agressivo (autoagressão ou agressão a outras pessoas), os antipsicóticos demonstram benefício quando houver baixa resposta ou não adesão às intervenções não medicamentosas (muitas vezes, devido à própria gravidade do comportamento). Para outras opções, como o uso de anticonvulsivante, homeopatia, terapia de quelação, suplementos dietéticos e vitaminas, não há evidências que suportem sua recomendação para tratamento do comportamento agressivo no TEA. É importante destacar que o uso de psicofármaco combinado com o tratamento não medicamentoso apresenta-se como uma estratégia superior ao tratamento medicamentoso de forma isolada. Assim, o uso de antipsicótico deve ser considerado um complemento às intervenções não farmacológicas e não a única ou principal estratégia de cuidado (Portaria n. 32, 2014; Portaria n. 7, 2022).

Entre os tratamentos propostos, o haloperidol, um antipsicótico típico, mostrava-se como primeira escolha, entretanto, a incidência de efeitos extrapiramidais passou a dificultar seu uso, principalmente, quando se tratava de crianças e adolescentes. Nessa população, o limiar de toxicidade é mais facilmente alcançado, o que evidenciou esse medicamento como o principal responsável pelo aparecimento de intoxicações agudas. Atualmente, a risperidona, um antipsicótico atípico, é a melhor opção terapêutica, por possuir maior volume de evidências e experiência de uso no tratamento da agressividade e irritabilidade associadas ao TEA, sendo aprovado para este fim, pelo *Food and Drug Administration* (FDA), em jovens de 05 a 16 anos. Um estudo realizado por Stepanova et al. (2017) mostrou que jovens, diagnosticados com TEA, obtiveram uma redução superior a 50% no escore de irritabilidade do *Aberrant Behavior Checklist* (ABC-I) e respostas mais significativas para os que possuíam irritabilidade moderada a grave e letargia associada ao TEA. Ainda, possui benefícios no tratamento dos sintomas de agressão a outrem, autoagressão deliberada, crises de raiva, angústia e mudança rápida de humor. O objetivo geral do tratamento é elevar, ao máximo, a capacidade funcional do indivíduo ao proporcionar sua independência e melhora na qualidade de vida. É importante mencionar que esses dois medicamentos se encontram disponíveis gratuitamente no Brasil pelo Sistema Único de Saúde (SUS). O haloperidol é disponibilizado pelo Componente Básico enquanto a risperidona pelo Componente Especializado da Assistência Farmacêutica, conforme a Relação Nacional de Medicamentos Essenciais – RENAME 2022 (Toren et al., 1998; Elbe&Lalani, 2012; Stepanova et al., 2017; Ministério da Saúde, 2022; Portaria n. 7, 2022).

TRANSTORNO DO DÉFICIT DE ATENÇÃO E HIPERATIVIDADE (TDAH)

O transtorno do déficit de atenção e hiperatividade (TDAH) é um quadro clínico bastante prevalente na infância e na adolescência. Estima-se que a média mundial na criança seja de 5,3% com predominância no sexo masculino. Caracteriza-se por déficit de atenção, hiperatividade e impulsividade. As manifestações clínicas podem se apresentar na forma combinada dos sintomas; na forma em que predomina o déficit de atenção; ou na qual predomina a hiperatividade-impulsividade. Trata-se de uma disfunção neurobiológica, que se manifesta em consequência de fatores genéticos, mas com importantes influências ambientais (Topczewski, 2014; Filipe, 2020).

O TDAH, de forma isolada, gera um grande impacto no tocante ao rendimento escolar, ao relacionamento familiar e à vida social do indivíduo e se estiver associado a alguma comorbidade como transtorno desafiador opositor, transtorno de conduta, transtorno de ansiedade, depressão, transtorno obsessivo-compulsivo (TOC), tiques, dislexia ou epilepsia torna-se ainda mais preocupante. O desempenho escolar aquém da capacidade intelectual da criança é uma questão muito importante, pois promove grande sofrimento emocional e compromete a autoestima e autoimagem (Topczewski, 2014).

Para Santos & Tuleski (2020), uma discussão que precisa ser mencionada é o processo de aligeiramento no sistema escolar, transformando-o em um mercado educacional altamente competitivo, aos moldes do mercado de trabalho. Assim, aqueles que não se encaixam nessa proposta são considerados disfuncionais, e a tentativa de adequá-los a esse mecanismo e recolocá-los na “corrida para o sucesso” vem por meio de “soluções” individuais, com frequência em forma de tratamento medicamentoso. É preciso entender todo o processo e reverter esse fenômeno de medicalização observado atualmente nas escolas brasileiras. Para isso, é preciso atuar em todos os níveis, desde as práticas singulares, entre professor e aluno, até o questionamento e revisão das políticas educacionais vigentes.

De acordo com a literatura médica, os tratamentos farmacológicos e as intervenções psicoeducativas devem ser combinados na gestão da TDAH. Com o objetivo de responder às necessidades específicas de cada criança e da sua família, essa abordagem multimodal poderá incluir estratégias comportamentais, de intervenção com pais e famílias, bem como adaptações em sala de aula e outras formas de terapia (Filipe, 2020).

No Brasil, foi aprovado e publicado o PCDT do TDAH, em 29 de julho de 2022, por meio da Portaria n. 14. No que se refere ao tratamento não medicamentoso, preconiza-se a intervenção multimodal, que inclui intervenções como as psicossociais, comportamentais e de habilidades sociais, para crianças e adultos com TDAH, com destaque para a Terapia Cognitivo Comportamental (TCC). Além dessas intervenções, o PCDT menciona que as diretrizes propostas pelo *National Institute for Health and Care Execellence* (NICE) preconizam que os profissionais devem enfatizar a importância de uma dieta equilibrada e exercícios físicos regulares para crianças, jovens e adultos com TDAH. Em relação ao tratamento medicamentoso, o PCDT não preconizou o uso dos medicamentos mais utilizados no Brasil e no mundo para tratamento dessa doença, que são o metilfenidato (Ritalina® e Concerta®) e o Dimesilato de lisdexanfetamina (Venvanse®), por considerarem que as evidências que apresentam a eficácia e segurança desses medicamentos são frágeis e de baixa qualidade, bem como geraria um grande impacto orçamentário, devido ao elevado aporte de recursos financeiros para tais incorporações (Portaria n. 14, 2022).

Apesar do PCDT do TDAH não recomendar a inclusão de tratamento farmacológico, consensos internacionais, como o NICE, o *Canadian Attention Deficit Hyperactivity Disorder Resource Alliance* (CADDRA), o *International Association for Child and Adolescent Psichiatry and Allied Professions* (IACAPAP), recomendam-no, com diferenças sutis entre as recomendações. O NICE e o IACAPAP sugerem o uso do metilfenidato como primeira escolha do tratamento farmacológico em crianças, a partir de cinco (NICE) e quatro anos (IACAPAP), e jovens, enquanto a recomendação de uso da lisdexanfetamina para estes pacientes, apenas quando o metilfenidato estiver sido usado, em doses adequadas, sem oferecer benefícios na redução dos sintomas do TDAH. O CADDRA considera como tratamento de primeira linha os agentes psicoestimulantes de ação prolongada em crianças, a partir de 6 anos de idade, uma vez que possuem melhor base de evidências, melhor perfil riscos/benefícios, além de aumentar a adesão ao tratamento. É importante mencionar que o metilfenidato e a lisdexanfetamina apresentam perfis de eficácia e tolerabilidade semelhantes em nível populacional, porém, em nível individual, os pacientes podem responder ou tolerar uma classe melhor que a outra. Assim, no Brasil, os médicos prescritores seguem as recomendações dos consensos internacionais e mantém como primeira escolha farmacológica para esse transtorno a prescrição de psicoestimulantes como o metilfenidato. O Dimesilato de lisdexanfetamina demonstra uma alternativa de tratamento com baixo potencial de abuso e perfil de segurança e tolerabilidade semelhantes ao de outros fármacos da mesma classe terapêutica. Entretanto, nem todos os pacientes se adaptam bem ao uso desses medicamentos devido aos efeitos adversos. Nesses casos, os antidepressivos podem ser indicados como adjuvantes no tratamento (Calleja, &Uribarri, 2012; Barragán, 2018; National Institute for Helth and Care Excellence, 2019; Canadian Attention Deficit Hyperactivity Disorder Resource Alliance, 2020; International Association for Child and Adolescent Psichiatry and Allied Professions, 2020).

Vale a pena discutir sobre o uso abusivo do metilfenidato, pois apesar de ser o medicamento mais prescrito, ora indicado como o medicamento mais eficaz no tratamento do TDAH, ora descrito, criticamente, como a "droga da obediência", nem sempre é a forma ideal de tratamento, tampouco deveria ser a única, uma vez que muitos estudos apontam para o uso indiscriminado desse medicamento e suas consequências. Ainda, sugerem que indivíduos que tomam ou tomaram, por muito tempo, estimulantes prescritos são mais propensos a usar outras drogas do que aqueles que nunca fizeram uso desses medicamentos, além de ser, altamente, propensos à dependência (Vendruscolo& Takahashi, 2011; Santos &Tuleski, 2020).

TRANSTORNOS DE APRENDIZAGEM

A definição de maior consenso acerca dos transtornos de aprendizagem é do *National Joint Committeeon Learning Disabilities* de 1988, que conceitua dificuldade de aprendizagem como um grupo heterogêneo de transtornos que se manifestam por dificuldades significativas na aquisição e uso da escuta, fala, leitura, escrita, raciocínio ou habilidades matemáticas. Esses transtornos são próprios do indivíduo, sugestivas de disfunção do sistema nervoso central, e podem ocorrer ao longo da vida. Concomitantemente às dificuldades de aprendizagem, podem existir problemas nas condutas de autorregulação, percepção e interação social, mas que não constituem, por si próprias, uma dificuldade de aprendizagem. Na Associação Americana de Psiquiatria até o Manual Diagnóstico e Estatístico de Transtornos Mentais (DSM-III-R) (American Psychiatric Association, 1989), os transtornos da aprendizagem eram denominados como Transtornos das Habilidades Escolares e estavam relacionados ao diagnóstico do Eixo II de transtornos específicos do desenvolvimento. No DSM-IV (American Psychiatric Association, 1995) passam a ser classificados como Transtornos Geralmente Diagnosticados pela Primeira Vez na Infância ou Adolescência. Atualmente, tanto no CID-10, elaborado pela Organização Mundial de Saúde, como no DSM-V de 2013, existe uma falta de exatidão do termo "transtorno", justificando o uso da palavra para evitar o uso das expressões "doença" ou "enfermidade". A origem do transtorno de aprendizagem está no aspecto biológico por se tratar de um transtorno do neurodesenvolvimento. Contudo, é importante reiterar que a origem inclui também uma interação de fatores genéticos, ambientais e epigenéticos, o que influencia a capacidade do cérebro para processar ou perceber as informações, tanto verbais quanto não verbais. (World Health Organization, 1992; American Psychiatric Association, 2013).

Esses transtornos se acompanham frequentemente de um déficit cognitivo e de um retardo específico do desenvolvimento da motricidade e da linguagem. As complicações secundárias incluem um comportamento antissocial e uma perda de autoestima. Grupo de transtornos caracterizados por início precoce (habitualmente, durante os cinco primeiros anos de vida), falta de perseverança nas atividades que exigem um envolvimento cognitivo e uma tendência a passar de uma atividade a outra sem acabar nenhuma, associadas a uma atividade global desorganizada, sem coordenação e excessiva (Moura et al, 2010; Organização Panamericana da Saúde, 2005; Sadock & Ruiz, 2017; World Health Organization, 2004). A abordagem nos transtornos de aprendizagem, comuns no desenvolvimento na infância, necessita ser multidisciplinar por médico, psicopedagogo, psicólogo, fonoaudiólogo, terapeuta ocupacional, entre outros para aplicação de testes e escalas clínicas de avaliação e corretos diagnósticos e condutas (Hamilton, 2018; Hipólito & Rodolfo, 2008).

O Sistema Único de Saúde (SUS) ainda não definiu Protocolos Clínicos e Diretrizes Terapêuticas para o tratamento dos transtornos de aprendizagem relacionados às seguintes situações clínicas: Transtorno específico de leitura (F81.0), Transtorno específico da soletração (F81.1); Transtorno específico da habilidade em aritmética (F81.2) e Dislexia e outras disfunções simbólicas, não classificadas em outra parte (R48) (Conitec, 2021).

TRANSTORNOS DE LEITURA, SOLETRAÇÃO OU ESCRITA E EM HABILIDADE ARITMÉTICA.

A edição mais recente do DSM-5 lista três Transtornos Específicos de Aprendizagem (TEA), que causam prejuízos: à leitura, à soletração, à expressão escrita (dislexia) e a habilidades matemáticas (discalculia) (American Psychiatric Association, 2013).

A característica essencial é uma alteração específica e significativa do desenvolvimento da habilidade para soletrar, na ausência de antecedentes de um transtorno específico de leitura, e não relacionada à baixa idade mental, a transtornos de acuidade visual ou à escolarização inadequada. A capacidade de soletrar oralmente e a capacidade de escrever corretamente as palavras estão ambas afetadas. A dificuldade de soletração pode acontecer também na ausência do transtorno específico de leitura. Ainda se sabe relativamente pouco sobre os antecedentes, evolução e resultados em longo prazo das dificuldades específicas de soletração. A deficiência na soletração pode estar incluída no padrão de dificuldades que definem a dislexia. No entanto, as dificuldades de soletração, expressas por uma escrita com erros de adição, omissão ou substituições de vogal ou de consoante, podem por si só caracterizar um TEA. Também, o padrão de dificuldades com a escrita, evidenciado por erros gramaticais ou de pontuação dentro da sentença, combinados com uma má organização de parágrafos e com falta de clareza na expressão de ideias, é, por si só, outro tipo de TEA. É importante lembrar que a categoria de TEA exige ainda o critério de persistência por pelo menos seis meses, após a reeducação voltada para a aprendizagem da soletração e escrita (Schirmeret al, 2004; Tannock, 2014).

A associação dos problemas na soletração, erros gramaticais e de pontuação, além da deficiência na clareza ou organização na expressão escrita recebem a denominação de Transtorno Específico de Aprendizagem com prejuízo na escrita, da mesma forma que se pode ter um Transtorno Específico de Aprendizagem com prejuízo na leitura (dislexia) ou Transtorno Específico de Aprendizagem com prejuízo em matemática (discalculia). Os sinais precoces podem ser observados desde muito cedo como alterações nas habilidades relacionadas à linguagem, como dificuldade de articulação dos sons da fala, vocabulário restrito, dificuldade de nomeação e de recontar histórias, dificuldade de fazer rimas após os quatro anos. Podem também apresentar dificuldades na identificação de símbolos (letras, números) e noção corporal. No início da alfabetização, por volta dos seis anos, é quando as maiores dificuldades se iniciam e a leitura se torna um desafio. O diagnóstico é clínico, fundamentado por avaliações e informações de todos os envolvidos (criança, família, educadores e profissionais envolvidos). Os protocolos nacionais e internacionais recomendam que o tratamento dos transtornos descritos envolva as seguintes ações: intervenção psicopedagógica, intervenção fonoaudiológica, programas educativos especiais e farmacoterapia em casos mais graves. Assim, existe necessidade de uma equipe multidisciplinar com experiência e conhecimento em transtornos de aprendizagem (National Institute of Child Health and Human Development, 2000; Shaywitz, 2003).

A avaliação cuidadosa possibilita que a criança, o adolescente e sua família tenham um entendimento mais preciso sobre a natureza das dificuldades e habilidades apresentadas, podendo, assim, buscar soluções apropriadas nos acompanhamentos e suportes necessários. No Brasil, a avaliação geralmente é feita por uma equipe multiprofissional. A vantagem da equipe com múltiplas formações é garantir uma avaliação integral, princípio doutrinário do SUS, em que cada profissional contribui com entendimentos e olhares específicos de sua área de conhecimento. O processo de avaliação deve incluir a produção de um relatório com informações relevantes e orientações para a pessoa com dislexia e sua família. É importante que a escola também receba um relatório contemplando estratégias de ensino e outras recomendações para atender às necessidades do aluno (Schirmer, 2004; Shaywitz, 2003).

As dificuldades podem perdurar por toda vida se não adequadamente abordadas. O primeiro passo é o diagnóstico correto e escolha da melhor estratégia terapêutica. Ambientes educacionais motivadores que incentivem o esforço e se adaptem às necessidades dessas crianças são fundamentais. Em relação à alfabetização, é consenso que a abordagem fônica, baseado na relação letra-som, é o melhor método de ensino. Deve-se associar à prática de leitura (construção de fluência e vocabulário), o ensino de estratégias explícitas de compreensão de leitura. A equipe multidisciplinar conjuntamente com a escola e os responsáveis/familiares poderão realizar uma avaliação mais completa e um tratamento adequado. É fundamental que a equipe esteja integrada entre si, com a família e escola. As dificuldades na leitura e sua compreensão impactam negativamente o indivíduo em todas as esferas, seja acadêmica, social e emocional. O fracasso e evasão escolar são frequentes entre os indivíduos não tratados. Deve-se ter uma compreensão das evidências científicas relacionadas aos transtornos, no diagnóstico e tratamento. Nenhum problema emocional leva à dislexia, mas dificuldades na aprendizagem levam a problemas emocionais. Tratamentos experimentais sem fundamento científico devem ser evitados. Tais atitudes precipitadas aumentam a ansiedade e frustração das famílias (Schirmer, 2004; Shaywitz, 2003).

TRANSTORNOS EMOCIONAIS E COMPORTAMENTAIS, INTERFERENTES NA APRENDIZAGEM

Os dados epidemiológicos mostram que os transtornos mentais na infância e adolescência mais prevalentes são: transtorno de ansiedade, transtorno de conduta, transtorno de déficit de atenção e hiperatividade (TDAH) e depressão (Paula et al, 2007). Neste tópico do capítulo 10, serão destacados os transtornos de natureza emocional e comportamental, que atingem diretamente o processo de ensino-aprendizagem, entre os quais: Transtorno depressivo recorrente sem especificação (F33.9), outros episódios depressivos (F32.8), Transtornos da ansiedade orgânicos (F06.4), Ansiedade generalizada (F41.1) e Distúrbio de ansiedade social da infância (F93.2) (World Health Organization, 2004).

TRANSTORNO DEPRESSIVO RECORRENTE SEM ESPECIFICAÇÃO E OUTROS EPISÓDIOS DEPRESSIVOS

A depressão é um transtorno do humor que se apresenta pela tristeza e perda da capacidade de sentir prazer. Tais características, que são mais evidentes em adultos, também podem acontecer com qualquer criança e adolescente no decorrer de sua vida. A depressão é diagnosticada quando tais sintomas se agravam e criam barreiras na execução de atividades cotidianas, que resulta normalmente em prejuízo nas atividades escolares ou convívio social. Ressalta-se que os sintomas devem existir por pelo menos mais de duas semanas e gerar um peso na rotina da criança ou adolescente e na família como um todo (Brumariu; Kerns, 2010). Alguns fatores de risco precisam ser observados, tais como os estressores psicossociais. Na infância e adolescência, condições familiares de pobreza e exclusão social e situações cotidianas que envolvem: separação dos pais, doença, conflitos familiares constantes, discussões com autoridade, disputas com amigos, relações com o sexo oposto, exigências escolares, podem ser eventos que desencadeiam a depressão. Referente à depressão na infância, é importante observar a história familiar e a existência de casos. Diferente da infância, na adolescência, as meninas têm maior risco de desenvolverem depressão do que os meninos, contudo, por razões culturais, de uma sociedade machista, que oprime as queixas dos indivíduos do sexo masculino, pode existir um subdiagnóstico (LFu I et al. I, 2000).

Em relação ao tratamento dos transtornos depressivos, inicialmente, salienta-se que os protocolos e diretrizes terapêuticas do transtorno depressivo devem englobar uma abordagem psicoterapêutica associada ou não a terapia medicamentosa. As evidências sugerem uma eficácia semelhante para antidepressivos, psicoterapia cognitiva comportamental e interpessoal ou tratamentos combinados em depressões leves a moderadas; uma maior eficácia de tratamentos combinados (antidepressivos e psicoterapia) em depressões moderadas a graves e uma ausência de evidência para depressões muito graves. A psicoterapia como tratamento primário é usada para tratar a depressão, melhorando a autoestima, o funcionamento psicológico e as habilidades adaptativas. É utilizada e adjuvante com farmacoterapia no tratamento da depressão (Cordioli*et al*, 2015; Stahl, 2017).

TRANSTORNOS DA ANSIEDADE ORGÂNICOS, ANSIEDADE GENERALIZADA E DSTÚRBIO DE ANSIEDADE SOCIAL DA INFÂNCIA

Os transtornos de ansiedade (TAs) são comorbidade comuns na depressão, e, em metade dos casos, os dois diagnósticos são identificados. (Fu I. et al, 2000). Os TAs são reconhecidos como aqueles mais prevalentes em crianças e adolescentes (Asbahr, 2004). O TA generalizada é um estado persistente com forte inquietação, caracterizado por excessiva preocupação (apesar do período da vida não demandar), medo e temor. Os sintomas incluem tremores, sudorese, queixas múltiplas e exaustão. A manifestação mais comum de um transtorno de ansiedade pode ser a evasão escolar, a maioria das crianças sente desconforto e com o sofrimento aparecem sintomas específicos, como: inquietação, agitação, nervosismo ou tensão. Os protocolos nacionais e internacionais trabalham com o tratamento pela terapia de relaxamento, cognitiva comportamental e, em situações mais graves, associa-se à terapia medicamentosa (Reyes &Fermann, 2017; Elia, 2019).

O SUS tem como opções farmacológicas para os quadros ansiosos, os medicamentos antidepressivos com propriedades ansiolíticas: fluoxetina, nortriptilina, amitriptilina e clomipramina. Os antidepressivos Inibidores seletivos da recaptação de serotonina (ISRS), classe da fluoxetina, são considerados eficazes para transtornos de ansiedade pediátricos. O uso de medicamentos em solução oral (líquida) é uma forma possível para garantir a adesão de crianças a farmacoterapia. A escolha pela formulação (comprimido, solução oral) e posologia (em dose única ou dividida em mais de uma tomada diária) depende de questões individuais da criança (Ministério da Saúde, 2022; Elia, 2019).

REFERÊNCIAS

American Psychiatric Association (1989). Manual Diagnóstico e Estatístico de Transtornos Mentais – III Revisado. Editora Artes Médicas Porto Alegre.

American Psychiatric Association (1995). Manual Diagnóstico e Estatístico de Transtornos Mentais – IV. Editora Artes Médicas, Porto Alegre.

American Psychiatric Association. (2013). Diagnostic and statistical manual of mental disorders: DSM-5 (5th ed.). Washington, D.C.: American Psychiatric Association.

Asbahr, F. (2004). Transtornos ansiosos na infância e adolescência: aspectos clínicos e neurobiológicos. *Jornal de Pediatria*, 80 (2), S28-S34.

Barbosa, M. R. P; Fernandes, F. D. M. (2014). Comparing the results of DAADD and ABC of children included in Autism Spectrum Disorders. *CoDAS*, *26*(3), 208-212. https://doi.org/10.1590/2317-1782/201420130018

BarragánP.E., García B.J.C. & Hidalgo G.R. (2018). Evaluation of the response of lisdexamfetamine in children and adolescents with ADHD: quasi-experimental study. *Salud mental*, *41*(6), 279-286. https://doi.org/10.17711/sm.0185-3325.2018.040

Beltrame, R. L., Gesser, M., & Souza, S. V. (2019). Diálogos sobre medicalização da infância e educação: uma revisão de literatura. *Psicologia em Estudo*, *24*, e42566. EpubJune 10, 2019. https://doi.org/10.4025/psicolestud.v24i0.42566

Calleja J. &Uribarri J. (2012). Effectiveness and safety of antidepressants for ADHD in population between 6 and 19 years: a systematic review. *Medwave* 2012 Sep;12(8):e5474 doi: 10.5867/medwave.2012.08.5474.

Canadian Attention Deficit Hyperactivity Disorder Resource Alliance (2020). Canadian ADHD Practice Guidelines (4.1 Edition). Toronto, ON: CADDRA. https://adhdlearn.caddra.ca/wp-content/uploads/2022/08/Canadian-ADHD-Practice-Guidelines-4.1-January-6-2021.pdf

Comissão Nacional de Incorporação de Tecnologias no Sistema Único de Saúde. (2021). Disponível em http://conitec.gov.br/pcdt-em-elaboracao Cordioli,A.V.,Gallois C.B. &Isolan L. Psicofármacos-ConsultaRápida, 5a ed. Artmed Editora: Porto Alegre/RS, 2015.

Corrêa, V.P., Gonzales, A.I., Besen, E., Moreira. E. C. J., Paiva, K. M. & Haas, P. (2020). Impacto do exercício físico no transtorno do espectro autista: uma revisão sistemática. *Revista Brasileira de Ciência e Movimento*, 28(2):89-99.

Decotelli, K. L., Bohre, L. C. T., & Bicalho, P. P. G. (2013). A droga da obediência: medicalização, infância e biopoder: notas sobre clínica e política. *Psicologia: Ciência e Profissão*, *33*(2), 446-459. https://dx.doi.org/10.1590/S1414-98932013000200014

Elbe, D. &Lalani, Z. (2012). Review of the pharmacotherapy of irritability of autism. *J. Can. Acad. ChildAdolesc. Psychiatry*, 21, 130–46.

Elia, J. Transtorno de ansiedade generalizada em crianças e adolescentes. Sidney Kimmel Medical Collegeof Thomas Jefferson University. Recuperado de: https://www.msdmanuals.com/pt-br/profissional/pediatria/transtornos-mentais--em-crian%C3%A7as-e-adolescentes/vis%C3%A3o-geral-dos-transtornos-de--ansiedade-em-crian%C3%A7as-e-adolescentes.

Figueira, P. L.&Caliman, L. V. (2014). Considerações sobre os movimentos de medicalização da vida. *Psicologia Clínica*, *26*(2), 17-32. http://www.scielo.br/scielo.php?script=sci_arttext&pid=S0103-56652014000200002&lng=en&tlng=pt

Filipe, A. M. (2020). Situar a hiperatividade e déficit de atenção em Portugal: dimensões sociais, históricas e éticas de um tema emergente na saúde global. *Cadernos de Saúde Pública*, *36*(12), e00056420. Epub, December 16, 2020.https://dx.doi.org/10.1590/0102-311x00056420

Fu I, L., Curatolo, E.& Friedrich, S. Transtornos afetivos. Brazilian Journal of Psychiatry [online]. 2000, v. 22, suppl 2, pp. 24-27. https://doi.org/10.1590/S1516-44462000000600007

Hamilton, S.S. (2018). Reading difficulty in children: Interventions. Uptodate. Topic 601 Version 23.0.

Hipólito, R. (2008). Uma visão multidisciplinar dos transtornos de aprendizagem. *Psicologia Escolar e Educacional*, 12(2), 463-465.

International Association for Child and Adolescent Psichiatry and Allied Professions (2020). Attention Deficit Hyperactivity Disorder (2020 Edition). IACAPAP. https://iacapap.org/_Resources/Persistent/2d2d690595b52c534211e842143d46293b223eae/D.1-ADHD-2020.pdf

Lima, A. C. C.&Caponi, S. N. C. (2011). A força-tarefa da psiquiatria do desenvolvimento. *Physis: Revista de Saúde Coletiva*, *21*(4), 1315-1330. https://dx.doi.org/10.1590/S0103-73312011000400009

Ministério da Saúde. Secretaria de Ciência, Tecnologia, Inovação e Insumos Estratégicos em Saúde. Departamento de Assistência Farmacêutica e Insumos Estratégicos. Relação Nacional de Medicamentos Essenciais. Rename 2022. 183p. Recuperado de https://www.gov.br/conitec/pt-br/midias/20220128_rename_2022.pdf.

Moura, D.R., Costa J.C., Santos I.S., Barros A.J., Matijasevich A., Halpern R., Dumith, S., Karam, S. & Barros, F. C (2010). Natural history of suspected developmental delay between 12 and 24 months of age in the 2004 Pelotas birth cohort. *J Paeditr Child Health*. 2010; 46:329---36.

National Institute of Child Health and Human Development. (2000). Report of the National Reading Panel. Teaching children to read: An evidence-based assessment of the scientific research literature on reading and its implications for reading instruction (NIH Publication No. 00-4769). Washington, DC: U.S. Government Printing Office.

National Institute for Helth and Care Excellence (2019). Attention Deficity Hiperactivity Disorder Diagnosis and Management (NG87). NICE. https://www.nice.org.uk/guidance/ng87/chapter/Recommendations#medication

Organização Pan-Americana da Saúde. Manual para vigilância do desenvolvimento infantil no contexto da AIDPI. Washington: OPAS, 2005.

Paula, C. S., Duarte, C, S, & Bordin, I. A S. (2007). Prevalence of mental health problems in children and adolescents from the outskirts of Sao Paulo City: treatment needs and service capacity evaluation. Brazilian Journal of Psychiatry [online]. 2007, v. 29, n. 1 pp. 11-17. https://doi.org/10.1590/S1516-44462006005000012

Portaria n. 32, de 17 de setembro de 2014. Torna pública a decisão de ampliar o uso da risperidona para o controle da irritabilidade e agressividade que podem cursar com o transtorno do espectro do autismo, de acordo com critérios a serem estabelecidos em Protocolo Clínico e Diretrizes Terapêuticas específicos no âmbito do Sistema Único de Saúde - SUS. Recuperado de https://docs.bvsalud.org/biblioref/2017/11/875293/risperidona_final.pdf

Portaria n. 7, de 12de abrilde 2022. Aprova o Protocolo Clínico e Diretrizes Terapêuticas do Comportamento Agressivo no Transtorno do Espectro do Autismo. Recuperado de https://www.gov.br/conitec/pt-br/midias/protocolos/20220419_portal-portaria_conjunta_7_comportamento_agressivo_tea.pdf.

Portaria n. 14, de 29 de julho de 2022. Aprova o Protocolo Clínico e Diretrizes Terapêuticas do Transtorno do Déficit de Atenção com Hiperatividade. Recuperado de https://www.gov.br/conitec/pt-br/midias/protocolos/portaria-conjuntan14pcdttranstornododeficitdeatencaocomhiperatividadetdah.pdf.

Reyes, A. N.&Fermann, I. L. (2017). Eficácia da terapia cognitivo comportamental no transtorno de ansiedade generalizada. Revista Brasileira de Terapias Cognitivas, 13(1), 49-54. https://dx.doi.org/10.5935/1808-5687.20170008

Rojas, V., Rivera, A. & Nilo, N. (2019). Actualizaciónen diagnóstico e intervencióntempranadelTrastornodel Espectro Autista. *Revista chilena de pediatría*, *90*(5), 478-484. https://dx.doi.org/10.32641/rchped.v90i5.1294

Sadock, B. J., Sadock, V. A. & Ruiz, Pedro (2017). Kaplan and Sadock's Comprehensive Textbook of Psychiatry. Wolters Kluwer Health.

Shaywitz, S. (2003), Overcoming Dyslexia: A New and Complete Science-Based Program for Reading Problems at Any Level, New York: Knopf/Random House, USA

Santos, D. F. M.&Tuleski, S. C. (2020). Medicalização no sistema de progressão continuada: inclusão ou omissão?.*Fractal: Revista de Psicologia*, *32*(2), 154-161. doi: https://doi.org/10.22409/1984-0292/v32i2/5704.

Schirmer, Carolina R., Fontoura, Denise R., & Nunes, Magda L.. (2004). Distúrbios da aquisição da linguagem e da aprendizagem. Jornal de Pediatria, 80 (2,Suppl.), 95-103. https://doi.org/10.1590/S0021-75572004000300012.

Silva, C. C.& Elias, L. C. S. (2020). Instrumentos de Avaliação no Transtorno do Espectro Autista: Uma Revisão Sistemática. *Avaliação Psicológica*, *19*(2), 189-197. https://dx.doi.org/10.15689/ap.2020.1902.09.

Stahl, S. M. (2017). Prescriber's Guide: Antidepressants: Stahl's Essential Psychopharmacology. Cambridge University Press.

Stepanova, E., Dowling, S., Phelps, M.&Findling, R. L. (2017). Pharmacotherapy of emotional and behavioral symptoms with autism spectrum disorder in children and adolescents. *Dialogues Clin Neurosci*, 19(4), 395-402. doi: 10.31887/DCNS.201.19.4/rfindling.

Tannock, R. (2014). DSM-5 Changes in Diagnostic Criteria for Specific Learning Disabilities (SLD): What are the Implications? International Dyslexia Association (IDA).

Topczewski, A. (2014). Attention deficit and hyperactivity disorder: a therapeutic option. *Einstein (São Paulo)*, *12*(3), 310-313. https://doi.org/10.1590/s1679-45082014ao2925

Toren, P., Laor, N. &Weizman, A. (1998). Use of atypical neuroleptics in child and adolescent psychiatry. *J. Clin. Psychiatry*, 59, 644–56.

Vendruscolo, L. F. &Takahashi, R. N. (2011). Comorbidade entre o transtorno de déficit de atenção/hiperatividade e o abuso e dependência de álcool e outras drogas: evidências por meio de modelos animais. *Revista Brasileira de Psiquiatria* 33(2), p. 203-208. https://doi.org/10.1590/S1516-44462010005000011

Weissheimer, G., Santana, J. M., Ruthes, V. B. T. N. M. &Mazza, V. A. (2020). Necessary information for the families of children with autism spectrum disorder: an integrative review. *Aquichan*, 20(2):e2028. doi: https://doi.org/10.5294/aqui.2020.20.2.

World Health Organization. International statistical classification of diseases and related health problems. World Health Organization, 2004.

Revisão Técnica:
Cristina Mariano Ruas

MEDICINA CANÁBICA

Nívea Cristina Vieira Neves

Wânia Cristina da Silva

Dosis sola facit venenum (Paracelsus, 1538)

INTRODUÇÃO

Este capítulo foi organizado com o intuito de convidar o leitor a um aprofundamento no conhecimento da Medicina Canábica. Acreditamos que o empoderamento do "ser humano" parte da busca incansável pela sabedoria do conhecimento com integridade e responsabilidade, o que, consequentemente, o levará a uma oportunidade para fazer desse mundo um lugar melhor. Encontramos, nesse contexto, inspiração para tratar o tema da *Cannabis*, resgatando o que disse o médico e alquimista suíço Phillipus Aureolus Theophrastus Bombastus Von Hohenheim, apelidado de *Paracelsus*: "Todas as substâncias são venenos; não existe uma que não seja veneno. A dose certa diferencia um veneno de um remédio"(Paracelsus, *dritte defensio*, 1538). Tal afirmação, embora do século XVI, poderá nos ajudar na compreensão da complexidade do comportamento humano frente às escolhas irracionais da gestão do risco de usar um medicamento em excesso. O uso de substâncias farmacologicamente ativas, como aquelas provenientes da *Cannabis* (Tetrahidrocanabinol (THC) e Canabidiol (CBD)), podem representar venenos ou medicamentos, dependendo da dose.

O objetivo aqui é esclarecer a comunidade de pais, professores e a toda a sociedade interessada em conhecer um pouco mais sobre a medicina canábica e aspectos clínicos do sistema endocanabinoide (SEC). Buscamos abordar o tema com clareza e simplicidade de linguagem, de forma a desmistificar o preconceito que cerca a planta *Cannabis* e seus usos, bem como encorajar a abordagem de alguns tratamentos e discussão da necessidade de utilização de substâncias canabinoides no processo de aprendizagem e neurocognição.

HISTÓRIA DA MEDICINA CANÁBICA

A medicina canábica é precedida da história da Maconha – termo que se trata de um anagrama da palavra "Cânhamo" (Carlini, 2006).

A planta *Cannabis* é uma das mais antigas espécies cultivadas que se tem relato. A história do seu uso remonta a 12.000 anos antes de Cristo (arqueólogos descobriram evidências da agricultura primitiva em um local de 12.000 anos nas montanhas Zagros, no Irã) (Brill, 1981; Ghose, 2013; Abel, 2013).

No Brasil, a planta foi trazida pelos negros escravizados, sendo seu uso disseminado também entre os indígenas que aqui habitavam, que facilmente passaram a cultivá-la, ficando conhecida pelo nome de fumo-de-Angola (Carlini, 2006).

Embora seja uma planta exótica que tenha se espalhado pelo mundo afora com muita facilidade de adaptação em regiões tropicais, ela começou a ser cultivada em quase todo o planeta somente entre os anos 1.000 e 1.500 d.C, o que parece ter iniciado com as guerras *vikings* e navios piratas, além de coincidir com o período de colonização dos povos e os sistemas de escravatura (Potter, 2009). De acordo com o manuscrito intitulado *"Marihuana: The First Twelve Thousand Years"*, o primeiro relato de uso foi citado no Norte da África em 1.510, mas, na Europa, não se teve notícia até o século XIX, sendo, portanto, fácil compreender que ela foi trazida para o Brasil no período do descobrimento (Carlini, 2006; Abel, 2013).

A *Cannabis*, segundo o "Dicionário popular da maconha", pode ser conhecida por diversos nomes populares diferentes e, por esse motivo, tem várias outras sinonímias, por exemplo: erva, maconha, baseado, *Maryjuana*, haxixe, *dagga*, *bhang*, ganja, óleo de haxixe etc. (Carlini, 2006).

Os primeiros achados da planta *maconha* ou *Cannabis* tiveram origem há milhares de anos na Ásia e, somente depois, a espécie foi cultivada em todo o mundo. Entretanto, na década de 1950, arqueólogos descobriram evidências da agricultura em Jericó, Israel, o que os levou a acreditar que a agricultura surgiu primeiro em Israel e na Jordânia (Ghose, 2013).

Dentre as evidências anteriores, chama-nos a atenção o artigo publicado em 1840, relatando a experiência do médico Britânico e professor na *Medical College of Calcuta,* W.B. O'Shaughnessy, que durante sua estadia na Índia, conheceu os vários usos da planta a ponto de registrar inúmeros resultados impressionantes com o uso terapêutico da *Cannabis* como tratamento de tétano, convulsões, asma etc. (*The Journal of the Asiatic Society of Bengal,* 2013). Outros relatos foram encontrados também para descrever o uso em cultos espirituais relacionados à medicina tradicional indígena em vários cantos do mundo.

De acordo com a geografia da *Cannabis*, demonstrada pelo Professor Barney Warf (2014), em seu artigo intitulado: "*High Points: An Historical Geography Of Cannabis*", conforme a **Figura 1**, podemos observar que a *Cannabis*, incluindo o cânhamo e sua parte psicoativa, tem uma geografia histórica longa. O autor mapeia sua difusão ao longo de vários milênios, observando as maneiras contingentes e desiguais em que foi envolvida em várias circunstâncias sociais e políticas. As setas apontam a difusão do uso da *Cannabis* desde os primeiros usos da planta no leste e sul da Ásia, sua mudança para o Oriente Médio e no mundo árabe e na África. Em seguida, volta-se para sua expansão sob o colonialismo, incluindo o cultivo deliberado pelas autoridades portuguesas e britânicas no Novo Mundo como parte da construção de uma força de trabalho pacificada. Por último, oferece uma visão geral da contestada história da *Cannab*is nos Estados Unidos, na qual uma série de pânicos morais do início do século 20 levou à sua demonização.

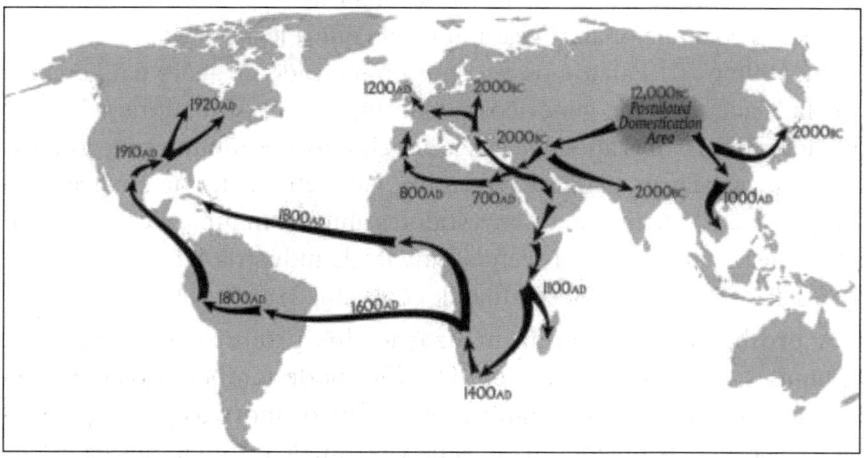

Adaptado de Warf (2014 p.419). BC=a.C: antes de Cristo; AD=d.C: depois de Cristo

Figura 1 – Mapa da difusão histórica do uso da maconha em todo mundo, desde suas origens nas estepes da Ásia Central

Por muitos anos, o uso medicinal da planta foi considerado legal em muitas regiões, sendo proibido somente no início do século XX (Louis, 2018).

Dessa forma, é possível observar que a proibição da planta coincide com o período inicial de industrialização no mundo para os produtos medicinais sintéticos. De acordo com Fernandes et al. (2012), no artigo intitulado: "Medicamentos no Brasil: Entre Naturais e Sintéticos (1920 a 2000) ", a história da produção de medicamentos à base de plantas apresenta uma forte inflexão na década de 1940 com a introdução de medicamentos sintéticos, além da ampliação e instalação de empresas multinacionais em todo o mundo, principalmente em países subdesenvolvidos à época como o Brasil. O crescimento das indústrias multinacionais consolidou os processos de síntese para os produtos farmoquímicos em substituição aos de origem natural(Fernandes, 2012).

Empresas farmacêuticas estão colocadas no *ranking* das mais rentáveis em escala global, o que pode ser colocado como observação ao interesse político para que não haja a produção a partir de plantas com potencial abundante de substâncias naturais farmacologicamente ativas. De acordo com estudo realizado por Bednarek e colaboradores (2022), intitulado "*U.S. cannabis laws projected to cost generic and brand pharmaceutical firms billions*", a legalização da *Cannabis* pelos estados dos EUA provavelmente está aumentando o uso da *Cannabis* como alternativa a fármacos convencionais. O estudo revela que a legalização da *Cannabis* entre 1996 e 2019 afetou os retornos do mercado de ações para empresas farmacêuticas de genéricos e marcas, e os retornos foram 1,5-2% menores em 10 dias após a legalização. Os retornos diminuíram, em resposta à legalização médica e recreativa, para fabricantes de medicamentos genéricos e de marca. Os investidores antecipam um único evento de legalização para reduzir as vendas anuais da indústria farmacêutica em US$ 3 bilhões em média (Bednarek et al., 2022).

A proibição punitiva da utilização dos produtos derivados da *Cannabis*, por volta da década de 1930, pode também nos dar uma explicação ou uma ideia significativa sobre os motivos pelos quais as pesquisas não avançaram na mesma velocidade e com a mesma estrutura de produção e pesquisa do mercado farmacêutico mundial dos produtos sintéticos. As proporções das mudanças do conhecimento científico dos produtos naturais tiveram um prejuízo em cerca de 100 anos em decorrência de uma política única que se perpetuou de forma punitivista (Torcato, 2016). De modo que houve uma mudança cultural bastante relevante na forma de assistência terapêutica prestada por profissionais de saúde, bem como um impacto negativo para os pacientes em detrimento da mudança dessa política unilateralista e punitiva.

Sendo assim, à vista dos benefícios descritos nos compêndios médicos daquela época, destacamos os achados da pesquisa do Professor Carlini:

> Na década de 1930, a maconha continuou a ser citada nos compêndios médicos e catálogos de produtos farmacêuticos. Por exemplo, Araújo e Lucas (1930) enumeram as propriedades terapêuticas do extrato fluido da *Cannabis*:"Hypnotico e sedativo de acção variada, já conhecido de Dioscórides e de Plínio, o seu emprego requer cautela, cujo resultado será o bom proveito da valiosa preparação como calmante e anti-espasmódico; a sua má administração dá às vezes em resultados, franco delírio e allucinações. É empregado nas dyspepsias (...), no cancro e úlcera gástrica (...) na insomnia, nevralgias, nas perturbações mentais ... dysenteria chronica, asthma etc (Carlini, 2006 p.314-317).

Observa-se, com isso, que os benefícios terapêuticos anteriormente eram observados, mas foram interrompidos por forte estratégia política, aliada à influência de produção de propagandas negativas, como o exemplo do filme de 1936 intitulado: *Reefer Madness,* que influenciou as pessoas a demonizarem tais substâncias e acreditarem que seu uso poderia criar "zumbis de drogas" (Louis, 2019).

No horizonte de mais longo prazo, a proibição da planta por causa de suas substâncias de abuso, empregadas no uso recreativo, pode ter desencadeado o maior potencial de uso ilícito da história. Em 2018, foi estimado que cerca de 300 milhões de pessoas tenham usado essas drogas em todo o mundo. Nos Estados Unidos (EUA), por exemplo, 36 milhões de pessoas relataram terem usado alguma forma de *Cannabis* (Turner et al., 1980; Louis, 2018).

No Brasil, o estudo do saudoso pesquisador Elisaldo Carlini, publicado em 2006, relata o primeiro levantamento realizado em 2001 sobre consumo de substâncias psicotrópicas. Os resultados mostraram que 6,7% da população consultada já haviam experimentado maconha pelo menos uma vez na vida, ou seja, milhões de brasileiros poderiam ser acusados e condenados à prisão por isso (Galduróz et al., 2005; Carlini, 2006).

Existem registros de uso médico do cânhamo e da "maconha" psicoativa na China, datando de 4.000 A.C, usada como anestésico durante cirurgias, dentre outros. Além disso, uma curiosidade é que a planta veio do continente asiático por todo o mundo para ser usada na culinária primeiramente e, depois, foi adotada para fumar em casos de "*asthma, catarrhos, insomnia, roncadura, flatos*", conforme as propagandas das *cigarrilhas Grimault*, em 1905 no Brasil (Carlini, 2006).

Atualmente, o cânhamo da *Cannabis sativa* não psicoativa tem sido usado principalmente na fabricação de fibras resistentes, como cordas e tecido para fabricação de tênis e calças tipo *jeans*, bem como combustível, óleo para indústria de cosméticos derivado principalmente das sementes, dentre outros produtos usados na indústria de alimentos naturais, por conter alto teor de ácidos graxos, ômega-3 e proteína de origem vegetal (Louis, 2018).

Na América do Norte, a *Cannabis* chegou pelo botânico francês Louis Herbert em 1606, o qual recebeu o direito de plantio da primeira safra em *Port Royal*, Arcádia (atual Nova Escócia). Houve um grande incentivo para os agricultores norte-americanos e canadenses, a ponto de ocorrer uma distribuição gratuita de sementes de cânhamo para incentivar a obtenção de fibra (Louis, 2018). Porém, no início do século XX, Canadá e Estados Unidos confundiram *Cannabis sativa* com cânhamo, resultando em regulamentações legais em toda a produção. Essa confusão gerou mais tarde uma ação que colaborou para tornar a maconha ilegal em todos os Estados. Em 1937, o órgão de regulamentação, denominado *Drug Enforcement Agency* (DEA), tornou a maconha ilegal e seu porte um crime (Louis, 2018).

Esse panorama internacional da medicina canábica é importante para esclarecer todo o histórico e possibilitar a compreensão de como nasceu o paradigma dos muitos preconceitos acerca desse tema, os quais têm impacto até os dias de hoje, impedindo, muitas vezes, os bons debates. Em uma perspectiva histórica, observa-se que, contraditoriamente, em 1850, a *Cannabis* foi listada na Farmacopeia dos EUA como uma cura para muitas doenças e, no início de 1900, a *Squibb Company*, a *Eli Lilly* e a *Park-Davis* estavam fabricando drogas produzidas a partir da "maconha" para uso como antiespasmódicos, sedativos e analgésicos. Entretanto, uma Lei de Substâncias Controladas de 1970 listou a "maconha" como uma droga proscrita, incluída na lista de produtos proibidos, adjetivada como"*lista negra*" (Louis, 2018).

Embora, no Brasil, produto à base de canabidiol em associação com outros canabinóides tenham os critérios e os procedimentos para a importação, em caráter de excepcionalidade, mediante prescrição de profissional legalmente habilitado, para tratamento de saúde, desde 2015, conforme RESOLUÇÃO DA DIRETORIA COLEGIADA – RDC N° 17, DE 06 DE MAIO DE 2015, a Lista de Substâncias Entorpecentes, Psicotrópicas, Precursoras e Outras sob Controle Especial da Portaria SVS/MS n° 344, de 12 de maio de 1998, foi atualizada apenas em 2019 pela RESOLUÇÃO DA DIRETORIA COLEGIADA - RDC N° 277, DE 16 DE ABRIL DE 2019 (Brasil, 2015; Brasil, 2019).

Por outro lado, em 2 de dezembro de 2020, a Organização das Nações Unidas (ONU), por meio da Comissão das Nações Unidas sobre Drogas Narcóticas (CND), órgão de formulação de políticas de drogas, reclassificou a *Cannabis* e a resina de *Cannabis* sob uma lista internacional que reconhece seu valor médico (United Nations Secretariat, 2021).

É importante destacar que a *Cannabis* e as substâncias relacionadas com a *Cannabis* foram incluídas nos calendários da Convenção Única sobre Entorpecentes desde 1961, alterada pelo Protocolo de 1972 contendo os seguintes dados sobre proibição das substancias canabinoides nos Anexos I e IV: *Cannabis* e resina de *Cannabis*, sendo o Anexo I: extratos e tinturas de *Cannabis*, bem como nos Anexos da Convenção sobre Substâncias Psicotrópicas de 1971 no Quadro I: tetrahidrocanabinol (seis isômeros do *delta* -9-tetrahidrocanabinol), além do Anexo II: dronabinol e seus estereoisômeros (*delta* -9-tetrahidrocanabinol) (United Nations Secretariat, 2021).

O início da trajetória da Medicina Canábica no Brasil foi observado a partir do fenômeno da judicialização da saúde, como o exemplo bem-sucedido da Associação Brasileira de Apoio Cannabis e Esperança - ABRACE, que teve o direito de cultivo concedido pelo judiciário brasileiro. Logo após a RDC N° 17, em 2015, houve maior possibilidade de esperança para pacientes com doenças crônicas, doenças neurocognitivas, doenças raras e tratamentos refratários sem perspectiva na terapêutica medicamentosa tradicional disponível pelo Sistema Único de Saúde (SUS) (Agência Brasil, 2017; Abrace, 2017).

O QUE É A MEDICINA CANÁBICA?

O termo "*Cannabis*" pode ser classificado quanto à intenção de uso, ou seja, recreacional ou medicinal. A Medicina Canábica ou também chamada de Medicina Marijuana deve ser conceituada como um grupo de substâncias farmacológicas que são derivadas das subespécies da planta florida do gênero *Cannabis* e que são administradas aos consumidores com a intenção de aliviar um sintoma ou uma condição. Essas substâncias podem ser administradas por várias vias, por exemplo, inalatória, oral ou por aplicação tópica na pele ou na mucosa oral (Ebber et al., 2018).

No Brasil, o uso medicinal da *Cannabis* tem sido regulamentado ao longo dos últimos anos. As legislações vigentes visam à padronização dos produtos à base de *Cannabis* quanto à composição e a boas práticas de fabricação, como deve ser realizada a importação, a restrição da prescrição apenas ao médico assistente e como deve ser a dispensação. É importante ressaltar que essas legislações propiciam aos médicos a oportunidade de selecionar a Medicina Canábica como uma ferramenta adicional para o tratamento de seus pacientes, quer seja como primeira escolha, quer seja como uma alternativa para aqueles que são irresponsivos ao tratamento convencional. Não menos importante, o conhecimento por parte dos profissionais prescritores ajuda os pacientes a se informar sobre a escolha do uso de *Cannabis* medicinal para melhoria de sua qualidade de vida (Rezende et al., 2022).

Diversos países já aceitam o uso dos canabinoides para fins terapêuticos, o que aumenta o número de pesquisas na área. Estudos clínicos bem conduzidos podem, dessa forma, impulsionar cada vez mais essa aceitação. É notório o avanço tanto na regulamentação quanto na pesquisa dos canabinoides, demonstrando a adesão do Brasil a essa alternativa terapêutica. Infelizmente, a *Cannabis sativa* é uma planta que ainda é vista com maus olhos, pois a população desconhece as suas ações terapêuticas e relaciona a sua utilização com fins recreativos. Todavia, os avanços científicos apresentam-na como uma nova alternativa para o tratamento de diversas doenças, tais como no tratamento da dor, náuseas e vômitos decorrentes da quimioterapia, esquizofrenia, epilepsia, dentre outras (Amaral et al., 2020).

SISTEMA ENDOCANABINOIDE (SEC)

O Sistema Endocanabinoide (SEC) foi uma das grandes descobertas recentes e ocorreu na década de 70. O cientista israelense Raphael Mechoulam é a referência mundial, conhecido mundialmente pela condução de pesquisas que identificaram o sistema endocanabinoide, o que possibilitou a síntese total dos principais canabinoides vegetais, tais como o tetrahidrocanabinol, canabidiol e canabigerol, entre outros compostos, sendo merecedor de premiação Nobel. Na **Figura 2**, temos uma representação da publicação por meio de uma imagem do desenho da planta, referente à página do artigo, em que é possível observar o relato do uso e a representação da *Cannabis*, dado importante e histórico datado de 1840.

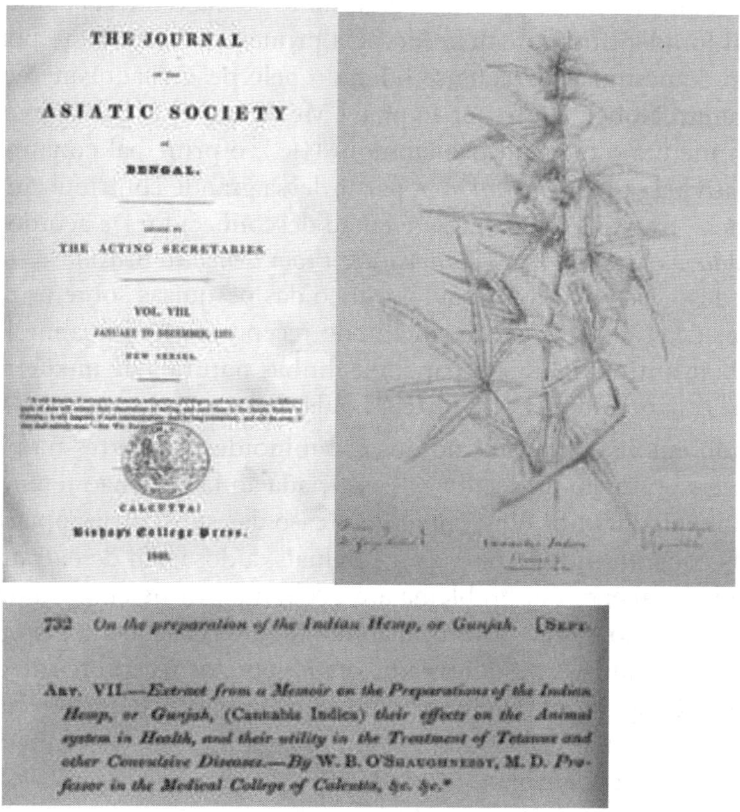

Nota. Figura da *Cannabis indica* relatada em 1840 pelo *The Journal of the Asiatic Society of Bengal, May 1839: Vol. 8, Issue 89 (1840)*, 2013).

Figura 2 – Relato do uso e representação da Cannabis datado de 1840.

O SEC é composto por neurotransmissores (lipídios endógenos) que se ligam a receptores canabinoides específicos e proteínas receptoras de canabinoides, as quais são encontradas por todo o corpo em membranas celulares do cérebro, órgãos, tecidos conjuntivos, glândulas e células do sistema imunológico. Dessa forma, está envolvido na manutenção dos principais processos do corpo humano (humor, apetite, sono, memória e sensação de dor), os quais estão no domínio de um sistema regulador biológico, conectando todos os órgãos e sistemas do corpo humano, programado para mantê-lo em equilíbrio. O Sistema recebeu esse nome por causa da planta da espécie *Cannabis*, a qual possui substâncias denominadas fitocanabinoides, bem relacionadas com receptores presentes no corpo humano (Aizpurua-Olaizola et al., 2017).

É empolgante para a ciência abordar um sistema (endocanabinoide), o qual foi identificado e definido pela primeira vez em 1964 por um centro de pesquisas Israelense liderado pelo pesquisador merecedor de prêmio Nobel, Professor Raphael Mechoulam. Ele descreveu de forma inédita o tetrahidrocanabinol (THC), o principal constituinte psicoativo da *Cannabis sativa*. A partir dessa grande contribuição para a ciência, trouxe à luz o SEC, até então desconhecido. De acordo com o *Handbook of Cannabis Therapeutics: From Bench to Bedside*, a descoberta desse sistema estimulou o avanço das pesquisas sobre os mecanismos de ação da *Cannabis*, incluindo receptores CB (canabinoides), atividade antioxidante e o papel das linhas naturais da medicina no uso de canabinoides (Louis, 2018; Louis, 2019).

Tendo em vista a proibição dos canabinoides presentes na planta *Cannabis* no início do século XX, associada ao fato de não terem sido previamente identificados, como foi o caso das substâncias opiáceas e outros constituintes de plantas medicinais, a dosagem de extratos de *Cannabis* orais era um problema até 1964. A partir de então, a definição e síntese do Δ-9-tetrahidrocanabinol foi uma descoberta histórica e tem levado a muitas pesquisas adicionais sobre os receptores de canabinoides e esperança de grande contribuição para a saúde em humanos (Whiting et al., 2015; Kaur et al., 2016; Iffland & Grotenhermen, 2017; Aizpurua-Olaizola et al., 2017).

Dos receptores CB descobertos, dois tipos são canabinoides, a saber: receptores CB1, presentes principalmente nos neurônios centrais e periféricos, e receptores CB2, presentes principalmente nas células do sistema imunológico. A descoberta deste “sistema canabinoide endógeno” (SCE) levou ao desenvolvimento de ligantes seletivos dos receptores CB1 e CB2 e isso gerou um interesse no potencial clínico dos canabinoides (Iffland & Grotenhermen, 2017; Aizpurua-Olaizola et al., 2017).

Desde então, esse sistema é alvo de muitos estudos e tem sido correlacionado a uma variedade de condições clínicas, estágios de doença e funções regulatórias importantes do corpo humano. Na **Figura 3**, tem-se a representação desse importante sistema com os principais receptores amplamente investigados.

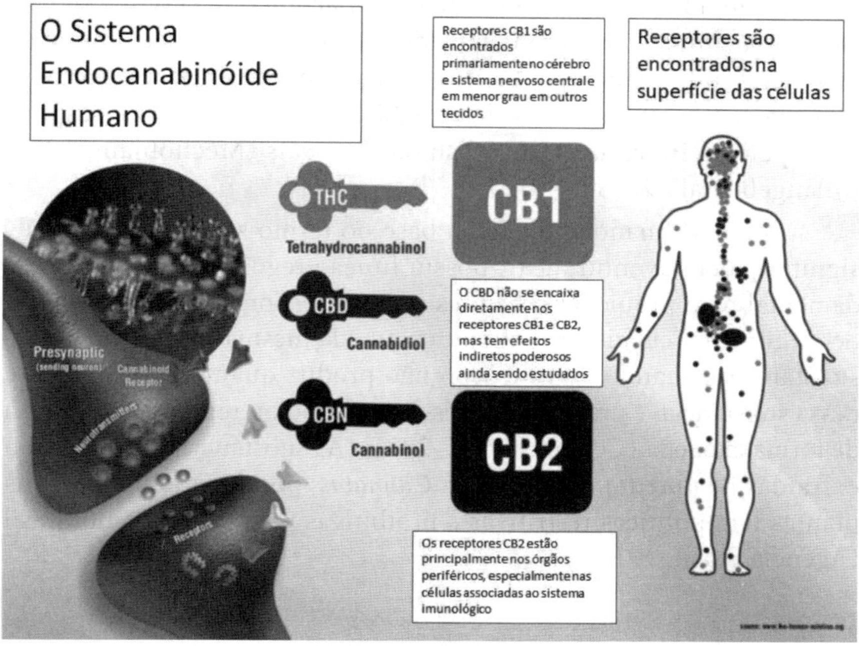

Adaptado de *the-human-solution.org*,2021.

Figura 3 – Representação do sistema endocanabinoide (SEC).

O SEC está envolvido em muitas vias de regulação fisiológica no corpo humano, o que o torna alvo de muitos medicamentos e terapias. Esse sistema é ativado por substâncias exógenas (exocanabinoides) aplicadas externamente, principalmente pela *Cannabis* fumada ou vaporizada, bem como os endocanabinoides produzidos naturalmente pelo próprio corpo. Existem ainda outros ativadores do receptor de canabinoides que são produzidos artificialmente. Note-se que o grande destaque está no SEC, que é ativado por meio de várias vias tanto endógenas quanto exógenas e não na planta da *Cannabis* em si (Aizpurua-Olaizola et al., 2017).

Conforme descrito pelo considerado "Pai" da *Cannabis* Medicinal, Professor Raphael Mechoulam, o THC atua por meio de receptores específicos - CB 1 e CB 2 - e imita a atividade fisiológica de canabinoides endógenos de dois tipos, sendo os representantes mais conhecidos, a araquidonoilanolamida (anandamida) e o 2-araquidonoilglicerol (2-AG) (Mechoulam, 1999).

A anandamida, descoberta em 1992, é a substância mais estudada atualmente no SEC, conhecida como "**a maconha do cérebro**"(correlacionada com a sensação de felicidade), pelo fato de ser produzida pelo cérebro humano com efeitos analgésicos, ansiolíticos e antidepressivos, semelhantes aos do canabinoide THC, o qual é responsável pelo efeito associado ao uso da *Cannabis* (Mechoulam, 1999; Colangeli et al., 2021).

A substância anandamida, com base no termo sânscrito "*ananda*", significa "bem-aventurança", possui função regulatória do SEC, fundamental para promover o bem-estar geral responsável pela sensação de alegria e felicidade. Vale destacar que, da mesma forma que outras substâncias, quando nosso corpo não produz quantidade suficiente dessa substância, é preciso ativar essa produção ou repor tal substância de forma exógena (Colangeli et al., 2021). As substâncias exógenas são extraídas facilmente da planta da *Cannabis*, porém, atualmente, tais plantas têm políticas restritivas e proibitivas para o cultivo no Brasil (Agência Brasil, 2017).

USOS CLÍNICOS DOS CANABINOIDES

A planta *Cannabis* é subdividida taxonomicamente em muitas espécies, subespécies e variedades, de acordo com as características filogenéticas (*Global Biodiversity Information Facility* - GBIF, 2019), mas, neste capítulo, serão tratados três tipos principais: (i) *C. sativa*; (ii) *C. ruderalis* e (iii) *C. indica*. As variedades *sativas* e *indica* são economicamente importantes e amplamente difundidas, e a primeira contém maior teor de substância psicoativa (*i.e.*, Δ-9-tetraidrocanabinol) do que a segunda (Hazekamp & Fischedick, 2012), enquanto a *ruderalis* é considerada uma variedade mais resistente e raramente é cultivada para fins medicinais (ElSohly et al., 2017), tendo em vista seu baixo teor de substâncias bioativas. As espécies de *Cannabis* produzem mais de 100 fitocanabinoides que, hoje, encontram-se quimicamente identificados e caracterizados (Bonini et al., 2018). Dentre estes, os mais abundantes são o trans-Δ-9-tetraidrocanabinol (Δ9-THC), o mais potente fitocanabinoide e responsável pelos efeitos psicoativos da planta (Whiting et al., 2015), e o canabidiol (CBD) que não apresenta efeitos psicoativos. Além desses compostos ativos, a presença de terpenoides, flavonoides e alcaloides também é descrita (Andre et al., 2016; Simões et al., 2017).

A Medicina Canábica tem ganhado destaque e crescente interesse público e clínico para o tratamento de doenças e para o manejo de sintomas. Além disso, nos últimos anos, tem-se observado uma flexibilização da legislação pelas agências regulatórias em todo o mundo para a utilização clínica dos canabinoides (Lucas et al., 2018; Sarris et al., 2020).

Um estudo de revisão sistemática e meta-análise demonstrou a potencial eficácia da utilização dos canabinoides no tratamento da dor crônica, náuseas e vômitos induzidos pela quimioterapia, espasticidade muscular na esclerose múltipla ou paraplegia, epilepsia refratária em crianças, estimulante de apetite em pacientes com HIV/AIDS, psicose, distúrbios de ansiedade e sono, glaucoma e distúrbios de movimento associados à Síndrome de Tourette (Whiting et al., 2015). Porém, em se tratando de evidências científicas sobre a utilização de canabinoides no tratamento dos distúrbios da aprendizagem, os estudos clínicos ainda são escassos. Neste capítulo, serão discutidos os transtornos e patologias que podem interferir na aprendizagem: (i) Transtorno do Espectro Autista; (ii) Transtorno do Déficit de Atenção e Hiperatividade; (iii) depressão; (iv) ansiedade e (v) epilepsia.

Na fisiopatologia do Transtorno do Espectro Autista (TEA), tem-se a hipótese de que, considerando o papel do sistema endocanabinoide no controle das respostas emocionais e na reatividade comportamental no contexto da interação social, esse sistema possa estar envolvido no desenvolvimento do autismo (Zamberletti et al., 2017). Dois estudos clínicos observacionais em crianças demonstraram que o tratamento com CBD: THC foi capaz de melhorar os sintomas do TEA, além de melhorar a qualidade de vida desses pacientes a longo prazo (Bar-Lev Schleider et al., 2019; Fleury-Teixeira et al., 2019). Um outro estudo clínico randomizado, duplo-cego, controlado por placebo (Fase 2), também conduzido em crianças demonstrou uma redução da irritabilidade e melhora nos principais sintomas do autismo (Aran et al., 2021).

No Transtorno do Déficit de Atenção e Hiperatividade (TDAH), o mecanismo dos canabinoides é desconhecido. Uma possibilidade é que os canabinoides possam aumentar a transmissão dopaminérgica, que é considerado o principal mecanismo pelo qual o metilfenidato reduz os sintomas do TDAH e melhora o desempenho cognitivo (Leonard et al., 2004). A Diretriz de Prática Clínica para o tratamento do TDAH em crianças e adolescentes não recomenda o uso de canabidiol, tendo em vista que ainda não se tem publicado na literatura científica, estudos rigorosos que relacionem sua eficácia e segurança (Wolraich et al., 2019).

Um estudo de revisão sistemática com meta-análise demonstrou que o uso de THC:CBD não melhora os sintomas da depressão de maneira significativa, quando comparado ao placebo (Black et al., 2019). Apesar das controvérsias acerca do uso de canabinoides no tratamento da depressão, foi demonstrado que os fitocanabinoides e terpenos presentes na *Cannabis* apresentam uma aplicação terapêutica potencial na modulação tanto do sistema endocanabinoide quanto dos receptores serotoninérgicos do tipo 5HT1, promovendo, dessa forma, um efeito benéfico sinérgico com resultado antidepressivo (Sarris et al., 2020).

Já no tratamento da ansiedade, tem sido demonstrado que o sistema canabinoide pode participar na modulação da ansiedade e do humor, inclusive, evidenciando que os canabinoides ou substâncias que atuam nesse sistema podem interagir em regiões específicas no cérebro, além de modular a liberação de neurotransmissores (Lisboa et al., 2017).

Por fim, recentes estudos clínicos randomizados, duplo-cegos e controlados por placebo, utilizando CBD para o tratamento de encefalopatias epilépticas em crianças, demonstraram redução significativa das crises convulsivas (Devinsky et al., 2017; Thiele et al., 2018). Apesar de o mecanismo anticonvulsivante dos canabinoides ainda ser desconhecido, é sabido que essas substâncias apresentam múltiplos alvos no sistema nervoso central e podem modular a atividade de neurônios, glia e micróglia (Gaston & Friedman, 2017).

É notório dizer que o uso dos canabinoides nos transtornos relacionados aos distúrbios da aprendizagem apresenta grande potencial terapêutico. Apesar disso, ainda se faz necessária a condução de estudos clínicos controlados, realizados com populações maiores, que possam contribuir com a recomendação da prática clínica e terapêutica na utilização dos canabinoides para o tratamento de pacientes com distúrbios da aprendizagem.

OUTROS USOS DA *CANNABIS*

Dentre tantos produtos provenientes da planta *Cannabis*, existem vários estudos sendo desenvolvidos com foco principalmente na medicina canabinóide. Entretanto, temos observado também um crescimento acelerado com diversas possibilidades para o setor de alimentos, de beleza e da moda, com grande oportunidade para utilização dos demais produtos de *Cannabis*, considerados mais periféricos do ponto de vista medicinal, tais como sementes, caule e folhas.

As grandes marcas do setor cosmético já começaram a aproveitar a crescente popularidade da *Cannabis* para investirem no *marketing* de produtos não psicotrópicos, escolhendo, por exemplo, o óleo de semente de *Cannabis* para atrair a atenção aos seus negócios tais como cosméticos e suplementos alimentares. Já o setor da moda, com produtos de linha têxtil, tem otimizado as aplicações de fibras do cânhamo no vestuário. Essa estratégia visa alcançar mais retorno para os investimentos sem comprometer a regulação dos psicotrópicos, devido à sua melhor aceitação no mercado (Yahn, 2016).

E, finalmente, a *Cannabis* tem sido uma planta de versatilidade incomparável ao longo de milênios devido à complexidade de ação de todos os compostos ativos presentes. Tanto compostos isolados há mais tempo, como fitocanabinoides, quanto terpenoides, mais recentemente descobertos, exercem efeitos adicionais de interesse terapêutico quando estão em sinergia (Mechoulam, 1986; Russo, 2007; Russo et al., 2008).

Aproveitar a combinação de todos os compostos presentes na planta tem demonstrado indícios de que eles agem sinergicamente para produzir benefícios mais potentes, o que se denomina "Efeito *Entourage*". Os resultados dos efeitos obtidos com essa combinação de compostos sugerem que os canabinoides associados funcionam melhor do que compostos isolados. Essa associação e suas diferentes atividades terapêuticas combinadas são chamadas de fitocomplexos (Anand et al., 2021).

REFERÊNCIAS

Abel, E. L. (2013). *Marihuana: The First Twelve Thousand Years*. Springer Science & Business Media. Disponível em: https://play.google.com/store/books/details?id=pGgzBgAAQBAJ. Acesso em outubro de 2021.

Abrace. (2017). *Justiça permite a ABRACE cultivar maconha*. Retrieved March 15, 2021. Disponível em: https://abraceesperanca.org.br/home/justica-permite-ong-plantar-maconha-para-fins-medicinais/. Acesso em outubro de 2021.

Amaral, A., Amorim, K., Bastos, J., Dores, R. & Neves, N. (2020). Potenciais terapêuticos dos canabinoides. *Acta Farmacêutica Portuguesa*, 9(2), 63-76. ISSN: 2182-3340.

Anand, U., Pacchetti, B., Anand, P. & Sodergren, M. H. (2021). Cannabis-based medicines and pain: a review of potential synergistic and entourage effects. *Pain Management*. https://doi.org/10.2217/pmt-2020-0110.

Andre, C. M., Hausman, J.-F. & Guerriero, G. (2016). *Cannabis sativa*: The Plant of the Thousand and One Molecules. *Frontiers in Plant Science*, 7(9), 19. DOI: 10.3389/fpls.2016.00019.

Agência Brasil (2017, May 16). *Anvisa inclui Cannabis sativa em relação de plantas medicinais*. Disponível em: https://agenciabrasil.ebc.com.br/pesquisa-e-inovacao/noticia/2017-05/anvisa-inclui-*Cannabis-sativa*-em-relacao-de-plantas-medicinais.

Agência Nacional de Vigilância Sanitária (ANVISA). Resolução RDC Nº 277, DE 16 DE ABRIL DE 2019. Dispõe sobre a atualização do Anexo I (Listas de Substâncias Entorpecentes, Psicotrópicas, Precursoras e Outras sob Controle Especial) da Portaria SVS/MS nº 344, de 12 de maio de 1998.Disponível em: https://bvsms.saude.gov.br/bvs/saudelegis/anvisa/2019/rdc0277_16_04_2019.pdf

Agência Nacional de Vigilância Sanitária (ANVISA). Resolução RDC Nº 17, DE 06 DE MAIO DE 2015 Define os critérios e os procedimentos para a importação, em caráter de excepcionalidade, de produto à base de Canabidiol em associação com outros canabinóides, por pessoa física, para uso próprio, mediante prescrição de profissional legalmente habilitado, para tratamento de saúde. Disponível em: https://bvsms.saude.gov.br/bvs/saudelegis/anvisa/2015/rdc0017_06_05_2015.pdf

Aran A, Harel M, Cassuto H, Polyansky L, Schnapp A, Wattad N, Shmueli D, Golan D, Castellanos FX. Cannabinoid treatment for autism: a proof-of-concept randomized trial. *Mol Autism*. 2021 Feb 3;12(1):6. doi: 10.1186/s13229-021-00420-2.

Bar-Lev Schleider, L., Mechoulam, R., Saban, N., Meiri, G., & Novack, V. (2019). Real life Experience of Medical Cannabis Treatment in Autism: Analysis of Safety and Efficacy. *Scientific reports*, *9*(1), 200. DOI: 10.1038/s41598-018-37570-y.

Bednarek, Z., Doremus, J. M., & Stith, S. S. (2022). U.S. cannabis laws projected to cost generic and brand pharmaceutical firms billions. *PLOS ONE*, *17*(8), e0272492. https://doi.org/10.1371/journal.pone.0272492

Fernandes, T. T. (2012). Medicamentos no Brasil: Entre Naturais e Sintéticos (1920 a 2000). *Revista Fitos*, 7(02), 119–124. https://doi.org/10.32712/2446-4775.2012.145

Black, N., Stockings, E., Campbell, G., Tran, L. T., Zagic, D., Hall, W. D., Farrell, M., & Degenhardt, L. (2019). Cannabinoids for the treatment of mental disorders and symptoms of mental disorders: a systematic review and meta-analysis. *The lancet. Psychiatry*, *6*(12), 995–1010. DOI: 10.1016/S2215-0366(19)30401-8.

Bonini, S. A., Premoli, M., Tambaro, S., Kumar, A., Maccarinelli, G., Memo, M., & Mastinu, A. (2018). *Cannabis sativa*: A comprehensive ethnopharmacological review of a medicinal plant with a long history. *Journal of Ethnopharmacology*, 227, 300-315. DOI: 10.1016/j.jep.2018.09.004.

Brill, H. (1981). Marihuana: The First Twelve Thousand Years. *Journal of Psychoactive Drugs*, *13*(4), 397–398. https://doi.org/10.1080/02791072.1981.10471902.

Cannabis sativa L. in GBIF Secretariat (2019). GBIF Backbone Taxonomy. Checklist dataset https://doi.org/10.15468/39omei accessed via GBIF.org on 2021-03-03.

Carlini, E. A. (2006). A história da maconha no Brasil. *Jornal brasileiro de psiquiatria*, *55*(4), 314–317. https://doi.org/10.1590/S0047-20852006000400008.

Colangeli, R., Teskey, G. C. & Di Giovanni, G. (2021). Endocannabinoid-serotonin systems interaction in health and disease. *Progress in Brain Research*, *259*, 83–134. https://doi.org/10.1016/bs.pbr.2021.01.003.

Devinsky, O., Cross, J. H., Laux, L., Marsh, E., Miller, I., Nabbout, R., Scheffer, I. E., Thiele, E. A., Wright, S. (2017). Cannabidiol in Dravet Syndrome Study Group. Trial of Cannabidiol for Drug-Resistant Seizures in the Dravet Syndrome. *The New England Journal of Medicine*, 376(21):2011-2020. DOI: 10.1056/NEJMoa1611618.

Ebbert, J. O., Scharf, E. L., Hurt, R. T. (2018). Medical *Cannabis*. *Mayo Clinic Proceedings*, 93(12):1842-1847. DOI: 10.1016/j.mayocp.2018.09.005.

ElSohly M. A., Radwan M. M., Gul W., Chandra S., Galal A. (2017). Phytochemistry of *Cannabis sativa* L. In: Kinghorn A., Falk H., Gibbons S., Kobayashi J. (eds) Phytocannabinoids. *Progress in the Chemistry of Organic Natural Products*, vol 103. Springer, Cham. DOI: 10.1007/978-3-319-45541-9_1.

Fernandes, T. T. (2012). Medicamentos no Brasil: Entre Naturais e Sintéticos (1920 a 2000). *Revista Fitos*, 7(02), 119–124. https://doi.org/10.32712/2446-4775.2012.145

Fleury-Teixeira, P., Caixeta, F. V., Ramires da Silva, L. C., Brasil-Neto, J. P., & Malcher-Lopes, R. (2019). Effects of CBD-Enriched Cannabis sativa Extract on Autism Spectrum Disorder Symptoms: An Observational Study of 18 Participants Undergoing Compassionate Use. *Frontiers in neurology*, 10, 1145. DOI: 10.3389/fneur.2019.01145.

Gaston, T. E., & Friedman, D. (2017). Pharmacology of cannabinoids in the treatment of epilepsy. *Epilepsy & Behavior*, 70, 313–318. DOI:10.1016/j.yebeh.2016.11.016.

Galduróz, J. C. F., Noto, A. R., Nappo, S. A. & Carlini, E. A. (2005). Uso de drogas psicotrópicas no Brasil: pesquisa domiciliar envolvendo as 107 maiores cidades do país - 2001. In *Revista Latino-Americana de Enfermagem* (Vol. 13, Issue spe, pp. 888–895). https://doi.org/10.1590/s0104-11692005000700017.

Ghose, T. (2013, July 5). *Evidence of Ancient Farming in Iran Discovered*. Live Science. Disponível em: https://www.livescience.com/37963-agriculture-arose--eastern-fertile-crescent.html. Acesso em outubro de 2021.

Hazekamp, A. & Fischedick, J. T. (2012). Cannabis – from cultivar to chemovar. *Drug Testing and Analysis, 4*(7-8), 660-667. DOI: 10.1002/dta.407.

Iffland, K. & Grotenhermen, F. (2017). An Update on Safety and Side Effects of Cannabidiol: A Review of Clinical Data and Relevant Animal Studies. *Cannabis and Cannabinoid Research*, 2(1), 139–154. https://doi.org/10.1089/can.2016.0034

Kaur, R., Ambwani, S. R. & Singh, S. (2016). Endocannabinoid System: A Multi-Facet Therapeutic Target. *Current Clinical Pharmacology*, *11*(2), 110–117. https://doi.org/10.2174/1574884711666160418105339.

Leonard, B. E., McCartan, D., White, J. & King, D. J. (2004). Methylphenidate: a review of its neuropharmacological, neuropsychological and adverse clinical effects. *Human Psycopharmacology: Clinical & Experimental, 19*, 151-180. DOI: 10.1002/hup.579.

Lisboa, S. F., Gomes, F. V., Terzian, A. L. B., Aguiar, D. C., Moreira, F. A., Resstel, L. B. M., & Guimarães, F. S. (2017). Chapter Eight - The Endocannabinoid System and Anxiety, In: Litwack, G. (ed) Vitamins and Hormones, Academic Press, vol 103, 193-279. DOI: 10.1016/bs.vh.2016.09.006.

Lucas, C. J., Galettis, P., & Schneider, J. (2018). The pharmacokinetics and the pharmacodynamics of cannabinoids. *British journal of clinical pharmacology*, *84*(11), 2477–2482. DOI: 10.1111/bcp.13710.

Louis, B. W.-S. (2018). *Cannabis: A Clinician's Guide*. CRC Press. Disponível em: https://play.google.com/store/books/details?id=I05WDwAAQBAJ. Acesso em outubro de 2021.

Louis, B. W.-S. (2019). *Cannabis as Medicine*. CRC Press. Disponível em: https://books.google.com/books/about/Cannabis_as_Medicine.html?hl=&id=7UqyDwAAQBAJ. Acesso em outubro de 2021.

Mechoulam, R. (1999). Recent Advantages in Cannabinoid Research. *Complementary Medicine Research*, *6*(Suppl. 3), 16–20. https://doi.org/10.1159/000057151.

Aizpurua-Olaizola, O., Elezgarai, I., Rico-Barrio, I., Zarandona, I., Etxebarria, N., & Usobiaga, A. (2017). Targeting the endocannabinoid system: future therapeutic strategies. *Drug discovery today*, 22(1), 105–110. https://doi.org/10.1016/j.drudis.2016.08.005

Potter, D. (2009). *The Propagation, Characterisation and Optimisation of Cannabis Sativa L as a Phytopharmaceutical*. King's College London. Chelsea Department of Pharmacy. Disponível em: https://books.google.com/books/about/The_Propagation_Characterisation_and_Opt.html?hl=&id=sSbrZwEACAAJ. Acesso em outubro de 2021.

Rezende, D. L., Fraga, O., Sol, A. (2022). Audiências públicas sobre maconha/cannabis na Câmara dos Deputados brasileira, 1997-2020. *Opinião Pública,* 28(2), 425-461. DOI: 10.1590/1807-01912022282425.

Sarris, J., Sinclair, J., Karamacoska, D., Davidson, M., & Firth, J. (2020). Medicinal Cannabis for psychiatric disorders: a clinically focused systematic review. *BioMed Central psychiatry*, 20(1), 24. DOI: 10.1186/s12888-019-2409-8.

Simões, Claudia Maria O; Schenkel, Eloir Paulo; Mentz, Lilian Auler (2017). *Farmacognosia*: do produto natural ao medicamento. São Paulo: Artmed, 2017. 502 p. ISBN: 9788582713594.

Russo, E. B. (2007). History of Cannabis and its preparations in saga, science, and sobriquet. *Chemistry & Biodiversity*, *4*(8), 1614–1648. https://doi.org/10.1002/cbdv.200790144.

Russo, E. B., Jiang, H.-E., Li, X., Sutton, A., Carboni, A., del Bianco, F., Mandolino, G., Potter, D. J., Zhao, Y.-X., Bera, S., Zhang, Y.-B., Lü, E.-G., Ferguson, D. K.,

Hueber, F., Zhao, L.-C., Liu, C.-J., Wang, Y.-F. & Li, C.-S. (2008). Phytochemical and genetic analyses of ancient Cannabis from Central Asia. *Journal of Experimental Botany*, *59*(15), 4171–4182. https://doi.org/10.1093/jxb/ern260.

The Journal of the Asiatic Society of Bengal, May 1839: Vol. 8, issue 89 (1840). (2013). https://books.google.com/books/about/The_Journal_of_the_Asiatic_Society_of_Be.html?hl=&id=xr66zQEACAAJ:

Thiele, E. A., Marsh, E. D., French, J. A., Mazurkiewicz-Beldzinska, M., Benbadis, S. R., Joshi, C., Lyons, P. D., Taylor, A., Roberts, C. & Sommerville, K. (2018). Cannabidiol in patients with seizures associated with Lennox-Gastaut syndrome (GWPCARE4): a randomised, double-blind, placebo-controlled phase 3 trial. *Lancet, 391*(10125):1085-1096. DOI: 10.1016/S0140-6736(18)30136-3.

Torcato, C. E. M. (2016). *A história das drogas e sua proibição no Brasil: da Colônia a Republica (Doctoral Thesis, Faculdade de Filosofia, Letras e Ciências Humanas,* Universidade de São Paulo (USP), São Paulo -SP). Disponível em: https://www.teses.usp.br/teses/disponiveis/8/8138/tde-05102016-165617/pt-br.php. Acesso em outubro de 2021.

Turner, C. E., Elsohly, M. A. & Boeren, E. G. (1980). Constituents of Cannabis sativa L. XVII. A review of the natural constituents. *Journal of Natural Products*, *43*(2), 169–234. https://doi.org/10.1021/np50008a001.

United Nations Secretariat. (2021). Circular Letter No.3: Notification of Commission on Narcotic Drugs (CND) decisions 63/17, 63/18, 63/19, 63/20, and 63/21, under Article 3, paragraph 7, of the Single Convention on Narcotic Drugs of 1961, as amended by the 1972 Protocol, and Article 2, paragraph 7, of the Convention on Psychotropic Substances of 1971. [NAR/CL.3/2021 (A). 1961C-Art.3; 1971C-Art. 2. CU 2021/12(A)/DTA/SGB]. Vienna: *United Nations Office on Drugs and Crime*. https://faaat.net/unsg-unodc-circularletter3-cannabis-schedul eiv-2021/

Warf, B. (Professor) (2014) High Points: An Historical Geography of Cannabis, *Geographical Review*, 104:4, 414-438, DOI: 10.1111/j.1931-0846.2014.12038.x

Whiting, P. F., Wolff, R. F., Deshpande, S., Di Nisio, M., Duffy, S., Hernandez, A. V., Keurentjes, J. C., Lang, S., Misso, K., Ryder, S., Schmidlkofer, S., Westwood, M. & Kleijnen, J. (2015). Cannabinoids for Medical Use: A Systematic Review and Meta-analysis. *JAMA: The Journal of the American Medical Association*, *313*(24), 2456–2473. https://doi.org/10.1001/jama.2015.6358.

Wolraich, M. L., Hagan, J. F., Allan, C., et al (2019). Subcommittee on Children and Adolescents with Attention-Deficit/Hyperactive Disorder. Clinical Practice Guideline for the Diagnosis, Evaluation, and Treatment of Attention-Deficit/Hyperactivity Disorder in Children and Adolescents. *Pediatrics,* 144 (4) e20192528. DOI: 10.1542/peds.2019-2528.

Yahn, C. (2016, August 19). *Roupas feitas com hemp ganham força no mercado; conheça algumas marcas*. Disponível em: https://ffw.uol.com.br/noticias/sustentabilidade/roupas-feitas-com-hemp-ganham-forca-no-mercado-conheca-algumas-marcas/. Acesso em outubro de 2021.

Zamberletti E., Gabaglio M. & Parolaro D. (2017). The Endocannabinoid System and Autism Spectrum Disorders: Insights from Animal Models. ***International Journal of Molecular Sciences, 18***(9):1916. DOI: 10.3390/ijms18091916.

Revisão Técnica:
Ana Luiza Chaves Maia

Parte IV

TERAPIAS COMPLEMENTARES

FITOTERAPIA APLICADA A TRANSTORNOS DE APRENDIZAGEM

Juliana Mendes Amorim

Paula Mendonça Leite

INTRODUÇÃO

Segundo a Resolução da Diretoria Colegiada RDC nº 26 de 2014, as plantas medicinais são espécies vegetais, cultivadas ou não, utilizadas com propósitos terapêuticos. Elas apresentam um enorme potencial, tanto devido à grande quantidade de substâncias produzidas, quanto à complexidade dessas substâncias, o que possibilita interações com diversos alvos moleculares. As plantas medicinais impulsionaram a evolução da farmacoterapia de diversas doenças e, até hoje, são responsáveis pelo desenvolvimento de grande parte dos medicamentos. A fitoterapia, por sua vez, é a prática terapêutica que emprega o uso de plantas medicinais (Leite et al., 2021; Newman & Cragg, 2020).

A Organização Mundial da Saúde (OMS) estima que cerca de 70% da população mundial utilize a fitoterapia em seus cuidados básicos de saúde e, desde a década de 70, a organização tem incentivado a adoção e ampliação da fitoterapia em seus países membros. Além disso, em países desenvolvidos como a Alemanha e a França, a fitoterapia é uma das principais práticas terapêuticas utilizadas. Os benefícios do uso de plantas medicinais e fitoterápicos incluem sua potencial ação sinérgica em doenças complexas, como os transtornos que acometem o Sistema Nervoso Central, uma maior segurança relativa quando comparados aos medicamentos convencionalmente empregados para o tratamento dessas doenças, por exemplo, além da maior conveniência para os pacientes, já que são produtos amplamente acessíveis e culturalmente aceitos por muitos pacientes (Leite et al., 2021; Newman & Cragg, 2020).

Nesse contexto, a fitoterapia apresenta um grande potencial de emprego em distúrbios relacionados à deficiência na aprendizagem, incluindo o Transtorno do Deficit de Atenção e Hiperatividade (TDAH) e o Transtorno do Espectro do Autismo (TEA), além de desordens emocionais e comportamentais, como ansiedade, insônia e depressão que também podem estar associadas a dificuldades no processo de aprendizagem (Lee et al., 2018; Leite et al., 2021).

Considerando os transtornos do neurodesenvolvimento que atingem as crianças e adolescentes, a fitoterapia é uma opção para pacientes que não toleram ou apresentam resposta limitada aos estimulantes normalmente empregados, como o metilfenidato. As plantas medicinais e fitoterápicos podem ser utilizadas de forma isolada ou em associação aos medicamentos convencionais. Os mecanismos envolvidos na ação das plantas medicinais não estão completamente elucidados, mas a neuroproteção, decorrente de atividade antioxidante, anti-inflamatória e antiapoptótica, parece ser importante (Akhondzadeh, 2018; Wang et al., 2018).

Outro fator a favor do emprego da fitoterapia em distúrbios neurológicos é a sua complexidade, que faz com que a atuação em apenas um alvo não seja tão efetiva quanto a atuação sinérgica das substâncias presentes em um fitocomplexo, os quais podem atuar em diversos alvos biológicos. Um exemplo é o *Hypericum perforatum* (Erva-de-São-João), indicado para quadros de depressão leve a moderada: essa espécie vegetal é mais ativa do que suas substâncias isoladas devido à ação conjunta de hipericina e hiperforina (Figura 1), dentre outros metabólitos presentes. Além disso, estudos demonstraram que a família das crianças acometidas por doenças que afetam o neurodesenvolvimento preferem abordagens alternativas aos medicamentos comumente empregados. Há uma preferência por Práticas Integrativas e Complementares (PICs), sendo que, dentre elas, a fitoterapia é uma das mais procuradas. Esse fato se deve à ocorrência de efeitos adversos com a farmacoterapia convencional, além de possibilidade de dependência e abuso dessas substâncias, justificando a investigação de novas e múltiplas abordagens para tratamento dessas doenças (Ahn et al., 2016; Anheyer et al., 2017; Wang et al., 2018).

Porém, ainda há pouca informação acerca do emprego das plantas medicinais e fitoterápicos em crianças/adolescente com distúrbios neurológicos com ênfase em aprendizagem. Não foram encontradas indicações em compêndios oficiais nacionais ou internacionais do emprego da fitoterapia para esses quadros de forma específica, assim, a maior parte dessa literatura é composta por revisões que abordam o tema de forma superficial e os poucos estudos pré-clínicos e clínicos apresentam problemas metodológicos. No entanto, plantas com conhecida atividade no Sistema Nervoso Central têm sido empregadas para o tratamento, em crianças, de doenças como TDAH e TEA, além de distúrbios do sono, enurese, epilepsia, paralisia cerebral e síndrome de Tourette (Anheyer et al., 2017; Gasparotto et al., 2018; Kardani et al., 2019; Lee et al., 2018).

A busca pela fitoterapia no tratamento de TDHA, por exemplo, acontece principalmente para pacientes que obtém resposta limitada aos medicamentos estimulantes utilizados ou que não toleram seus efeitos adversos como problemas para dormir. Algumas plantas com emprego relatado em TDAH são aveia (*Avena sativa*), centela (*Centella asiatica*), erva-da-graça (*Bacopa monniera*), erva-de-são-joão (*Hypericum perforatum*), ginkgo (*Ginkgo biloba*), ginseng (*Panax ginseng*), ginseng siberiano (*Eleutherococcus senticosus*), maracujá (*Passiflora incarnata*), melissa (*Melissa officinalis*), pinheiro-bravo (*Pinus pinaster*), rodiola (*Rhodiola rosea*), valeriana (*Valeriana officinalis*), além de associações entre *ginkgo* e *ginseng* e preparações chinesas como o *Ningdong* (Ahn et al., 2016; Akhondzadeh, 2018; Anheyer et al., 2017).

Uma revisão sistemática avaliou 9 trabalhos completos a cerca do uso de plantas medicinais ou fitoterápicos em crianças com TDAH. Os autores concluíram que as espécies *Melissa officinalis*, *Valeriana officinalis* e *Passiflora incarnata* apresentam eficácia moderada no tratamento de sintomas de TDAH e que os fitoterápicos avaliados parecem ser relativamente seguros com apenas um relato de evento adverso grave. Dessa forma, os autores concluíram que mais estudos devem ser conduzidos a fim de possibiltar uma recomendação específica, mas, preliminarmente, pode-se afirmar que a relação risco/benefício é positiva, sugerindo o potencial das espécies no tratamento do transtorno (Anheyer et al., 2017).

O mesmo acontece no TEA, no qual são empregadas principalmente plantas com atividade neuroprotetiva na tentativa de prevenir o estresse oxidativo. Dentre elas, podemos citar astragalo (*Astragalus membranaceus*), centela, gengibre (*Zingiber officinale*) e *ginkgo*. Há na literatura alguns estudos pré-clínicos com espécies como o *ginseng* e o chá verde (*Camellia sinensis*), estudos clínicos com erva-de-são-joão e *ginkgo*. Também há estudos que testaram a combinação de plantas medicinais com os medicamentos convencionais utilizados, como a risperidona. O objetivo dessas associações é melhorar a eficácia e reduzir efeitos adversos. Por fim, há diversos relatos de preparações herbais complexas, contendo plantas como gengibre, *ginseng*, curcuma (*Curcuma longa*), alcaçuz-chinês (*Glycyrrhiza uralensis*), entre outras (Bang et al., 2017; Gasparotto et al., 2018; Kardani et al., 2019).

Revisões sistemáticas que avaliaram da fitoterapia para tratamento de TEA de uma forma geral concluíram que a utilização de plantas medicinais e fitoterápicos nesses quadros parece ter um efeito positivo. No entanto, os autores ressaltam que os resultados não podem ser considerados conclusivos devido à heterogeneidade e às falhas nas metodologias dos estudos (Bang et al., 2017; Gasparotto et al., 2018).

Outra condição importante a ser considerada nessa temática são os distúrbios do sono, pois são uma comorbidade comum em pacientes com TEA e TDAH e podem ser desencadeados pelos tratamentos medicamentosos. Os problemas de sono podem piorar os sintomas dos distúrbios neurológicos e, com isso, apresentam um grande impacto na qualidade de vida do paciente e sua família. Algumas das plantas medicinais que podem ser utilizadas nesses casos são camomila (*Matricaria recutita*), erva-de-são-joão, lavanda (*Lavandula angustifolia*), maracujá, melissa, valeriana, dentre outras (Esposito et al., 2020). A seguir, serão apresentadas as principais plantas que podem ser úteis para pacientes com distúrbios relacionados à aprendizagem.

AÇAFRÃO (*CROCUS SATIVUS L.*)

O açafrão (Figura 1) é uma planta nativa da Ásia pertencente à família Iridaceae. Dos estigmas vermelhos das flores da espécie, é extraído um pó avermelhado, também denominado açafrão, considerado uma das especiarias mais caras do mundo e muito utilizada na culinária mediterrânea. Terapeuticamente, essa planta tem histórico de uso em casos depressivos e mais recentemente tem sido empregada também no tratamento de disfunções cognitivas. Seus principais compostos químicos são monoterpenos como crócina, picrocina e safranal, sendo o último útil em distúrbios do humor (Baziar et al., 2019).

Fonte: AFFOUARD A, JOLY A, LOMBARDO J, CHAMP J, GOEAU H, BONNET P (2020). Pl@ntNet observations. Version 1.2. Pl@ntNet. Occurrence dataset https://doi.org/10.15468/gtebaa accessed via GBIF. org on 2021-02-23. https://www.gbif.org/occurrence/2645787646.

Figura 1 – Flores com estigmas vermelhos de *Crocus sativus* L.

Estudos pré-clínicos e clínicos sugerem efeitos benéficos do açafrão para memória, funções cognitivas, quadros de ansiedade e depressão, além de um potencial efeito neuroprotetor e da ausência de efeitos adversos graves decorrente de sua utilização. Acredita-se que os constituintes da espécie sejam capazes de inibir a recaptação dos neurotransmissores dopamina e norepinefrina, mecanismo que pode justificar os resultados obtidos com o uso do açafrão em casos de depressão leve a moderados em estudos clínicos. Além disso, existem indícios de que esses compostos atuem nos sistemas monoaminérgico e glutamatérgico por serem potenciais antagonistas do receptor do ácido N-metil d-aspártico (NMDA) e agonistas do receptor GABA-a. Tais sistemas estão comprometidos em quadros de TDHA, o que, juntamente ao seu efeito antidepressivo, sugerem que o açafrão seja um bom candidato para tratamento do transtorno (Baziar et al., 2019; Ozsavci et al., 2019).

Um estudo clínico realizado por Baziar et al. (2019) comparou o açafrão encapsulado com o metilfenidato para o tratamento de TDAH e demonstrou resultados preliminares promissores. O tratamento foi realizado por 6 semanas e o açafrão demonstrou a mesma eficácia que o metilfenidato, tendo sido observado para os dois grupos apenas efeitos adversos leves a moderados, incluindo dor de cabeça, boca seca, náuseas, insônia, redução do apetite, sudoreses e vômito. É interessante observar que os efeitos adversos foram mais frequentes em números absolutos para o metilfenidato, porém não foi observada diferença estatística entre os grupos. Embora o resultado tenha sido promissor, estudos de maior duração, com maior números de participantes e controlados por placebo são requeridos para obtenção de resultados mais aprofundados (Baziar et al., 2019).

CAMOMILA (*MATRICARIA RECUTITA L.*)

A camomila (Figura 2) é uma planta pertencente à família Asteraceae cujas flores brancas lembram margaridas. A parte utilizada são os capítulos florais e contém de 0,3 a 1,5% de óleo essencial, composto principalmente por chamazuleno, alfa-bisabolol e derivados. Também apresenta flavonoides, cumarinas e taninos. Além da conhecida atividade ansiolítica, a camomila também apresenta atividades anti-inflamatória e antiespasmódica. É indicada para problemas relacionados ao sono; dentição infantil; diarreias, vômitos e cólicas intestinais e menstruais; e também para dermatites (uso tópico) (Saad et al., 2018).

Fonte: Perkins K D (2021). University of Florida Herbarium (FLAS). Version 11.1267. Florida Museum of Natural History. Occurrence dataset https://doi.org/10.15468/v5w-jn7 accessed via GBIF.org on 2021-02-23. https://www.gbif.org/occurrence/1457776734.

Figura 2 – Capítulos florais secos de *Matricaria recutita L.*

A apigenina, um de seus flavonoides, liga-se a receptores benzodiazepínicos, sendo uma das responsáveis pela atividade sedativa da planta. Devido a essa atividade calmante e sedativa, a camomila pode ser uma opção para a melhora no padrão do sono e, consequentemente, controle dos sintomas no TEA. Não há referências de contraindicações e toxicidade, mas existem relatos que a espécie pode causar dermatite de contato e aumentar o efeito de outros sedativos, portanto, o uso concomitante deve ser devidamente acompanhado. Ainda, devido à presença de cumarinas, seu uso com anticoagulantes e antiagregantes plaquetários deve ser feito com cautela (Esposito et al., 2020; Saad et al., 2018).

CENTELA (*CENTELLA ASIATICA (L.) URBAN*)

A centela (Figura 3) é uma planta da família Apiaceae, denominada *Gotu kola* na medicina tradicional chinesa e ayurvedica. Apresenta em sua composição química derivados de triterpenos pentacíclicos, polifenóis, alcalóides, glicosídeos e flavonoides. A planta toda é utilizada para finalidades medicinais, apresentando atividades ansiolítica, cardioprotetora e cicatrizante. Suas indicações estão muito relacionadas ao fato de estimular a circulação sanguínea. A espécie é contraindicada na gravidez e em altas doses pode provocar cefaleia, vertigem, hipotensão e sedação leve (Kardani et al., 2019; Saad et al., 2018).

Fonte: Ueda K (2021). iNaturalist Research-grade Observations. iNaturalist.org. Occurrence dataset https://doi.org/10.15468/ab3s5x accessed via GBIF.org on 2021-02-23. https://www.gbif.org/occurrence/2596112586.

Figura 3 – *Centella asiatica (L.) Urban.*

Seus glicosídeos triterpenóides - asiaticosídeo, madecassosídeo e brahmosida - reduzem os níveis de corticosterona adrenal no sangue durante o estresse. Eles também foram considerados úteis para distúrbios cognitivos e nervosos e problemas vasculares do cérebro. Além disso, suas atividades colinérgicas, antioxidantes e anti-neuroinflamatórias têm estimulado seu uso no tratamento de doenças que envolvem comprometimento cognitivo, incluindo TDAH e TEA (Akhondzadeh, 2018; Kardani et al., 2019).

ERVA-DE-SÃO-JOÃO (*HYPERICUM PERFORATUM L.*)

A erva-de-são-joão (Figura 4) é uma planta herbáceae de flores amarelas pertencente à família Hypericaceae com ampla distribuição pela Europa. Acreditava-se na sua capacidade de afastar maus espíritos e, com isso, essa espécie vegetal começou a ser empregada no tratamento e doenças mentais. Atualmente, sua principal indicação é no tratamento de depressão leve a moderada. Porém, apesar de ser conhecida principalmente por sua atividade antidepressiva, há evidências de efeitos benéficos da espécie em outros transtornos psiquiátricos, incluindo transtorno obsessivo-compulsivo, depressão maior e bipolar, transtorno de somatização e fobia social (Ahn et al., 2016; Ozsavci et al., 2019; Saad et al., 2018).

Fonte: Ueda K (2021). iNaturalist Research-grade Observations. iNaturalist.org. Occurrence dataset https://doi.org/10.15468/ab3s5x accessed via GBIF.org on 2021-02-23. https://www.gbif.org/occurrence/3031576223

Figura 4 – *Hypericum perforatum L.*

O mecanismo pelo qual a erva-de-são-joão produz seus efeitos terapêuticos está relacionado à inibição da recaptação de dopamina, serotonina e norepinefrina, GABA e L-glutamato. Nesse contexto, um estudo preliminar relatou melhora nos sintomas de TDAH em adolescentes, e um estudo em pacientes com TEA demonstrou redução da irritabilidade no tratamento de curto prazo. Adicionalmente, essa planta também foi investigada quanto ao seu efeito nos distúrbios do sono, reduzindo os escores da escala de problemas de sono e aumentando a latência do sono REM. Em contrapartida, a erva-de-são-joão está relacionada a interações com medicamentos mediadas pela indução do CYP450 e da glicoproteína P intestina e deve ser utilizada com cautela (Ahn et al., 2016; Anheyer et al., 2017; Esposito et al., 2020; Gasparotto et al., 2018).

GINKGO (GINKGO BILOBA L.)

O *ginkgo* (Figura 5) é uma árvore chinesa que data de mais de 200 milhões de anos, sendo considerada um fóssil vivo. No Japão, ela é um símbolo de paz e longevidade, pois resistiu às explosões atômicas da 2ª guerra mundial. Essa planta é da família Ginkgoaceae, sendo uma árvore de grande porte e apresenta folhas bilobadas. A parte utilizada são suas folhas e as indicações incluem otimização da memória, estabilização da função cognitiva, tratamento de zumbidos e vertigens e claudicações intermitentes. Essas indicações estão relacionadas à melhora da circulação cerebral e, por isso, o *ginkgo* tem sido umas das plantas mais empregadas no tratamento de TDAH (Ahn et al., 2016; Akhondzadeh, 2018; Anheyer et al., 2017; Saad et al., 2018).

Fonte: Ueda K (2021). iNaturalist Research-grade Observations. iNaturalist.org. Occurrence dataset https://doi.org/10.15468/ab3s5x accessed via GBIF.org on 2021-02-23. https://www.gbif.org/occurrence/2626189370.

Figura 5 – ***Ginkgo biloba L.***

Algumas das substâncias já isoladas do *ginkgo* são lactonas triterpênicas, glicosídeos de flavonóis, isoflavonoides, biflavonas, proantocianidinas, alquilfenóis e ácidos carboxílicos. Os compostos fenólicos estão principalmente relacionados às atividades antioxidante e anti-inflamatória, reduzindo o estresse oxidativo, e as lactonas triterpênicas são as principais responsáveis pela atividade neuroprotetora (He et al., 2018; Kardani et al., 2019).

Formulações contendo *ginkgo* estão entre os suplementos dietéticos botânicos mais vendidos em todo o mundo, e as formas farmacêuticas disponíveis no mercado do *ginkgo* incluem comprimidos, grânulos, cápsulas e soluções orais. Evidências clínicas indicam que o *ginkgo* é seguro e não apresenta efeitos adversos excessivos comparado com placebo para deficiência cognitiva e demência. O *ginkgo* ainda pode aliviar condições como ansiedade, depressão, TEA e melhorar sintomas comportamentais e cognitivos na TDAH. Esses usos estão relacionados a um efeito calmante, ao aumento da tolerância à frustração, à indução da cognição intencional e atenção, além de redução da irritabilidade (Bang et al., 2017; Gasparotto et al., 2018; He et al., 2018).

GINSENG (*PANAX GINSENG* C. A. MEYER)

O *ginseng* (Figura 6) é uma planta de origem asiática, cujas raízes secas são empregadas terapeuticamente na medicina oriental por milhares de anos. É considerada uma planta adaptógena, sendo que estudos pré-clínicos e clínicos sugerem que ela seja capaz de melhorar a concentração, reduzir o estresse e diminuir o cansaço físico e mental. Pesquisadores consideram que a espécie apresenta efeito nootrópico no sistema nervoso central, ou seja, é capaz de melhoras as funções cognitivas sem causar dependência ou efeitos adversos graves. Seus principais componentes são saponinas triperpênicas, denominadas ginsenosídeos, os quais apresentam atividades neuroprotetora e antioxidante, além serem capaz de elevar os níveis de dopamina e norepinefrina. Considerando essas atividades, o *ginseng* pode ser uma opção para o tratamento de TDAH e TEA (Ahn et al., 2016; Gasparotto et al., 2018; Saad et al., 2018).

Figura 6 – *Panax ginseng C.*

Fonte: Ueda K (2021). iNaturalist Research-grade Observations. iNaturalist.org. Occurrence dataset https://doi.org/10.15468/ab3s5x accessed via GBIF.org on 2021-02-23. https://www.gbif.org/occurrence/1993766860

Revisões da literatura sugerem resultados promissores da espécie para tratamento de TDHA E TEA. Um deles reuniu estudos clínicos que avaliaram o efeito do *ginseng* em pacientes com TDAH e demonstram melhora dos sintomas de hiperatividade, desatenção e diminuição da relação teta/beta em exame de eletroencefalografia quantitativa, parâmetro que se encontra aumentado em quadros de TDHA. Os efeitos colaterais observados incluíram dor de cabeça, fadiga, sudorese e repulsa ao sabor do tratamento. Portanto, o *ginseng* mostra-se uma espécie promissora no tratamento de TDAH, tanto como alternativa aos medicamentos convencionais quanto em conjunto com eles. Eles acrescentam ainda que as preocupações com a segurança do uso do *ginseng* são mínimas (Ahn et al., 2016; Gasparotto et al., 2018; Saad et al., 2018).

LAVANDA (*LAVANDULA ANGUSTIFOLIA MILL.*)

A lavanda (Figura 7) é uma espécie vegetal arbustiva e aromática da família Lamiaceae. É nativa do Mediterrâneo Ocidental e uma das plantas mais utilizadas para distúrbios do Sistema Nervoso Central. É empregada na fitoterapia e aromaterapia e além de suas propriedades medicinais, a lavanda tem amplo emprego em perfumes e cosméticos (Ozsavci et al., 2019; Saad et al., 2018).

Fonte: Ueda K (2021). iNaturalist Research-grade Observations. iNaturalist.org. Occurrence dataset https://doi.org/10.15468/ab3s5x accessed via GBIF.org on 2021-02-24. https://www.gbif.org/occurrence/2611324494.

Figura 7 – *Lavandula angustifolia Mill.*

A parte utilizada são suas flores, ricas em óleo essencial, sendo que os compostos majoritários desse são o linalol e acetato de linalil acetato, os quais encontram-se relacionados ao efeito ansiolítico dessa espécie. Os mecanismos de ação pelos quais os princípios ativos da espécie atuam ainda não estão bem esclarecidos. No entanto, seu uso medicinal tem sido amplamente investigado e estudos clínicos já demonstraram a utilização da espécie no tratamento de ansiedade, estresse e distúrbios do sono, efeitos que podem auxiliar na controle dos sintomas de TDAH e TEA (Esposito et al., 2020; Ozsavci et al., 2019).

MARACUJÁ (*PASSIFLORA* SP)

Passiflora é um gênero de plantas pertencente à família Passifloraceae conhecido principalmente pelo fruto, maracujá, cujo nome tem origem Tupi e significa "alimento em forma de cuia" (Figura 8). Três das espécies mais conhecidas de maracujá são *P. alata* (maracujá-doce), *P. edulis* (maracujá-azedo) e *P. incarnata* (flor-da-paixão), sendo as duas primeiras nativas do Brasil. As três espécies apresentam atividade calmante, mas possuem diferença botânicas significativas. A *P. edulis* é a mais produzida comercialmente devido à qualidade dos seus frutos enquanto a *P. incarnata* não produz frutos comestíveis, mas é a mais utilizada na produção de fitoterápicos (Ozsavci et al., 2019; Saad et al., 2018).

Fonte: Ueda K (2021). iNaturalist Research-grade Observations. iNaturalist.org. Occurrence dataset https://doi.org/10.15468/ab3s5x accessed via GBIF.org on 2021-02-24. https://www.gbif.org/occurrence/2557738006.

Figura 8 – *Passiflora edulis Sims*

A flor da paixão é composta de partes aéreas fragmentadas ou cortadas e secas de *Passiflora incarnata* L., história de uso para o tratamento de sintomas de ansiedade e insônia. Os constituintes incluem aminoácidos, alcalóides beta-carbolinínicos e flavonóides, especialmente a crisina (Ozsavci et al., 2019).

Devido à relação de doenças como TEA e TDAH com distúrbios do sono, o maracujá pode ser uma opção para auxiliar no controle de sintomas. Um estudo demostrou que o maracujá pode afetar positivamente a regulação do sono, modulando a expressão de genes relacionados ao ciclo circadiano. Algumas revisões de literatura, ainda, apontaram a espécie *P. incarnata* como possibilidade de tratamento para o TDAH por ajudar no equilíbrio das oscilações de humor e aumentar a concentração. Já outra revisão relacionou a espécie *P. edulis* para o tratamento de algumas doenças, como ansiedade, abstinência de opiáceos, insônia e TDAH (Akhondzadeh, 2018; Esposito et al., 2020; Lee et al., 2008; Ozsavci et al., 2019).

PINHEIRO-BRAVO (*PINUS PINASTER AITON*)

O pinheiro-bravo (Figura 9) é uma árvore de grande porte, um tipo de pinheiro nativo da Europa e região do Mediterrâneo. Essa planta é usada principalmente na forma de extrato por suas propriedades antioxidantes, atuando no reparo e proteção das células do corpo. Como recentemente os radicais livres foram considerados um fator que contribui para o desenvolvimento e piora dos sintomas de TDAH, a casca do pinheiro bravo começou a ser estudado para essa finalidade, assim como outras plantas com atividade antioxidante. Nesse contexto, Pycnogenol® é o extrato de casca de pinheiro marítimo francês e tem sido empregado em ensaios clínicos para tratamento de TDAH. Este extrato é rico em catequina, ácidos fenólicos, procianidinas e taxifolina e estudos mostraram sua potencialidade em melhorar os sintomas de TDAH (Ahn et al., 2016; Akhondzadeh, 2018; Anheyer et al., 2017).

Fonte: Ueda K (2021). iNaturalist Research-grade Observations. iNaturalist.org. Occurrence dataset https://doi.org/10.15468/ab3s5x accessed via GBIF.org on 2021-02-24. https://www.gbif.org/occurrence/3031692539.

Figura 9 Pinus pinaster Aiton

VALERIANA (*VALERIANA OFFICINALIS L.*)

A valeriana (Figura 10) pertence à família Caprifoliaceae (Valerianaceae) e sua parte utilizada são as raízes. É originada da Europa e oeste da Ásia e é indicada principalmente para ansiedade, hipertensão acompanhada de casos ansiosos e insônia. Em sua composição química, encontram-se os valepotriatos, que pertencem à classe dos iridóides, além de sesquitepernos, fenólicos simples, flavonoides e alcaloides (Saad et al., 2018).

Fonte: Ueda K (2021). iNaturalist Research-grade Observations. iNaturalist.org. Occurrence dataset https://doi.org/10.15468/ab3s5x accessed via GBIF.org on 2021-02-24. https://www.gbif.org/occurrence/2596057435.

Figura 10 – *Valeriana officinalis L.*

A valeriana é um dos fitoterápicos mais estudados para a insônia e tem sido tradicionalmente usada no tratamento de insônia, ansiedade e inquietação. Extratos de suas raízes são empregadas por seus efeitos sedativos e ansiolíticos e já foi comprovado que os constituintes dessa planta podem modular a excitabilidade cortical em humanos. Devido a essas atividades biológicas, a eficácia da valeriana como um tratamento para TDAH tem sido avaliada em estudos clínicos. Pesquisadores sugerem que o mecanismo de ação dos princípios ativos da espécie envolve a inibição da degradação do GABA no Sistema Nervoso Central. Os resultados sugerem a capacidade da espécie em melhorar os sintomas da doença em comparação com placebo, sendo que não foram observados efeitos adversos graves (Ahn et al., 2016; Anheyer et al., 2017; Esposito et al., 2020).

CONSIDERAÇÕES FINAIS

Considerando os relatos na literatura acerca do uso de plantas medicinais e fitoterápicos para tratamento de distúrbios de aprendizados, podemos observar que esses produtos apresentam um grande potencial e, certamente, merece a atenção de pesquisadores e instituições de saúde. Estão disponíveis estudos clínicos e, até mesmo, algumas revisões sistemáticas que sugerem os benefícios da fitoterapia em quadros de TDAH, TEA, além de doenças relacionadas, como depressão, ansiedade e insônia. Grande parte desses estudos indicam também relativa segurança do emprego da fitoterapia nesses casos. Porém, conclusões definitivas sobre o emprego das plantas medicinais e fitoterápicos em quadros específicos relacionados a distúrbios de aprendizagem ainda são consideradas precoces, especialmente, tratando-se de pacientes pediátricos, uma população menos estudada e que apresenta variações fisiológicas em relação aos adultos.

REFERÊNCIAS

Ahn, J., Ahn, H. S., Cheong, J. H., & Dela Peña, I. (2016). Natural Product-Derived Treatments for Attention-Deficit/Hyperactivity Disorder: Safety, Efficacy, and Therapeutic Potential of Combination Therapy. *Neural Plasticity*, *2016*, 1320423. https://doi.org/10.1155/2016/1320423

Akhondzadeh, S. (2018). Attention-Deficit/Hyperactivity Disorder and Herbal Medicine: An Evidenced Based Approach TT - Attention-Deficit/Hyperactivity Disorder and Herbal Medicine: An Evidenced Based Approach. *Jmpir*, *17*(65), 1–6. http://jmp.ir/article-1-2081-en.html

Anheyer, D., Lauche, R., Schumann, D., Dobos, G., & Cramer, H. (2017). Herbal medicines in children with attention deficit hyperactivity disorder (ADHD): A systematic review. *Complementary Therapies in Medicine*, *30*, 14–23. https://doi.org/https://doi.org/10.1016/j.ctim.2016.11.004

Bang, M., Lee, S. H., Cho, S.-H., Yu, S.-A., Kim, K.-B., Lu, H., Chang, G. T., & Min, S. (2017). Herbal Medicine Treatment for Children with Autism Spectrum Disorder: A Systematic Review. *Evidence-Based Complementary and Alternative Medicine*, *2017*, 1–12. https://doi.org/10.1155/2017/8614680

Baziar, S., Aqamolaei, A., Khadem, E., Mortazavi, S., Naderi, S., Sahebolzamani, E., Mortezaei, A., Jalilevand, S., Mohammadi, M.-R., Shahmirzadi, M., & Akhondzadeh, S. (2019). Crocus sativus L. Versus Methylphenidate in Treatment of Children with Attention-Deficit/Hyperactivity Disorder: A Randomized, Double-Blind Pilot Study. *Journal of Child and Adolescent Psychopharmacology*, *29*. https://doi.org/10.1089/cap.2018.0146

Esposito, D., Belli, A., Ferri, R., & Bruni, O. (2020). Sleeping without Prescription: Management of Sleep Disorders in Children with Autism with Non-Pharmacological Interventions and Over-the-Counter Treatments. *Brain Sciences*, *10*(7). https://doi.org/10.3390/brainsci10070441

Gasparotto, F. M., Dos Reis Lívero, F. A., Tolouei Menegati, S. E. L., & Junior, A. G. (2018). Herbal Medicine as an Alternative Treatment in Autism Spectrum Disorder: A Systematic Review. *Current Drug Metabolism*, *19*(5), 454–459. https://doi.org/10.2174/1389200219666171227202332

He, S., Wang, M., Jinhua, si, Zhang, T., Cui, H., & Gao, X. (2018). Efficacy and safety of ginkgo preparations for attention deficit hyperactivity disorder: a systematic review protocol. *BMJ Open*, *8*, e020434. https://doi.org/10.1136/bmjopen-2017-020434

Kardani, A., Soltani, A., Sewell, R., Shahrani, M., & Rafieian-kopaei, M. (2019). Neurotransmitter, Antioxidant and Anti-neuroinflammatory Mechanistic Potentials of Herbal Medicines in Ameliorating Autism Spectrum Disorder. *Current Pharmaceutical Design*, 25. https://doi.org/10.2174/1381612825666191112143940

Lee, B., Kwon, C.-Y., & Chang, G. T. (2018). Oriental Herbal Medicine for Neurological Disorders in Children: An Overview of Systematic Reviews. *The American Journal of Chinese Medicine*, *46*(8), 1701–1726. https://doi.org/10.1142/S0192415X18500866

Lee, S. H., Ahn, Y. M., Ahn, S. Y., Doo, H. K., & Lee, B. C. (2008). Interaction between warfarin and Panax ginseng in ischemic stroke patients. *Journal of Alternative and Complementary Medicine*, *14*(6), 715–721. https://doi.org/10.1089/acm.2007.0799

Leite, P. M., Layla, C., & Castilho, R. O. (2021). Recent progress in phytotherapy: A Brazilian perspective. *European Journal of Integrative Medicine*, *41*, 1–9.

Newman, D. J., & Cragg, G. M. (2020). Natural Products as Sources of New Drugs over the Nearly Four Decades from 01/1981 to 09/2019. *Journal of Natural Products*, 1–35.

Ozsavci, D., Bingol Ozakpinar, O., Cetin, M., & Aricioglu, F. (2019). Level of clinical evidence of herbal complementary therapies in psychiatric disorders. *Psychiatry and Clinical Psychopharmacology*, 29, 1–5. https://doi.org/10.1080/24750573.2019.1625587

Saad, G., Léda, P., Sá, I., & Seixlac, A. (2018). *Fitoterapia Contemporânea: tradição e ciência na prática clínica* (2nd ed.). Editora Guanabara Koogan LTDA.

Wang, C., Preisser, J., Chung, Y., & Li, K. (2018). Complementary and alternative medicine use among children with mental health issues: results from the National Health Interview Survey. *BMC Complementary and Alternative Medicine*, *18*(1), 241. https://doi.org/10.1186/s12906-018-2307-5

Revisão Técnica:

Vanessa de Almeida

AROMATERAPIA APLICADA À APRENDIZAGEM

Wânia Cristina da Silva

INTRODUÇÃO

A palavra **Aromaterapia** etimologicamente é originada dos vocábulos gregos "*ἄρωμα - arôma*», que significa aroma, aromaterapia; e "*θεραπεία - therapeia*", que representa cuidado, cura. Entretanto, o termo aromaterapia foi criado pelo francês René Maurice Gattefossé (1881-1950) com o seguinte significado: uso de aromas para fins terapêuticos, com ênfase nas fragrâncias dos óleos essenciais (OE), extraídos das plantas.

No Brasil, a aromaterapia foi regularizada recentemente para utilização no Sistema Único de Saúde (SUS) junto às novas práticas na Política Nacional de Práticas Integrativas e Complementares - PNPIC (Brasil, 2018). Esta política veio a corroborar e complementar a PNPIC, regulamentada pela Portaria nº 971 do Ministério da Saúde, que foi divulgada e implementada em 3 de maio de 2006 (Brasil, 2006).

De acordo com Brasil (2018), a aromaterapia é uma prática terapêutica secular que consiste no uso intencional de concentrados voláteis extraídos de vegetais - os OE - a fim de promover ou melhorar a saúde, o bem-estar e a higiene. Na década de 30, a França e a Inglaterra passaram a adotar e pesquisar o uso terapêutico dos óleos essenciais, sendo essa utilização considerada prática integrante da aromatologia - ciência que estuda os óleos essenciais e as matérias aromáticas quanto ao seu uso terapêutico em áreas diversas, com impactos econômicos significativos aos Sistemas de Saúde.

De acordo com o *National Institutes of Health National Center for Complementary and Integrative Health*, os americanos investiram cerca de US $ 30,2 bilhões, sendo US $ 28,3 bilhões para adultos e US $ 1,9 bilhão para crianças, em abordagens complementares de saúde em 2020, com previsão de crescimento do mercado global na ordem de US $ 5 trilhões em 2050. As Práticas Integrativas e Complementares (PIC's) podem ser aplicadas a diversos tratamentos, merecendo destaque aos cuidados relacionados às desordens psicoemocionais, que podem obter benefícios com abordagens terapêuticas mais naturais e com a utilização mínima de medicamentos alopáticos. Nos distúrbios de aprendizagem, a ação positiva dos óleos essenciais cítricos tem sido estudada com bastante sucesso em diversos países (NCCIH, 2021).

Os **Óleos Essenciais** (OE), também conhecidos como essências, óleos voláteis, óleos etéreos, são misturas complexas de substâncias voláteis (chegando a reunir de 20 a 200 substâncias na composição) (Simões *et al.*, 2017). Têm como característica físico-química marcante o fato de serem voláteis, possuírem aromas, que variam de acordo com a constituição química e sabor geralmente picante. A obtenção do extrato é realizada por meio de métodos milenares de destilação (Baudoux, 2019).

A definição pela Farmacopeia Europeia diz que: "um óleo essencial é um produto perfumado, geralmente de composição complexa, obtido a partir de uma matéria-prima definida botanicamente, seja por arrastamento a vapor, ou por destilação a seco, ou por um processo mecânico adequado sem aquecimento" (Pharmacopée Européenne, 2017). Na edição vigente da Farmacopeia Brasileira, 6ª edição, são "óleos obtidos de plantas, por processos físicos, que evaporam à temperatura ambiente sem deixar resíduo" (Farmacopeia Brasileira, 2019).

Por serem muito concentrados e potentes, os óleos essenciais podem representar perigo de queimaduras para as membranas mucosas do intestino ou causar queimaduras no corpo. Daí a necessidade de cuidados e orientação por profissionais da saúde habilitados quanto à sua utilização (Tisserand, 1978; Tisserand & Young, 2013; Faucon, 2013; de Sousa *et al.*, 2017).

CONTEXTUALIZAÇÃO HISTÓRICA

Em termos históricos, as primeiras extrações de óleo essencial são difíceis de datar com precisão, entretanto, de acordo com relato do

Livro de Gênesis, do antigo testamento, uma primeira forma de destilação foi usada para obter álcool de uvas na produção de um vinho, a qual remonta à época do dilúvio. "Noé, que era agricultor, foi o primeiro a plantar uma vinha. Bebeu do vinho, embriagou-se e ficou nu dentro da sua tenda" (Gênesis 9:20

Por milhares de anos, ervas, bálsamos e resinas foram usados para tratamento de beleza, embalsamamento, cerimônias religiosas ou sacrifícios e óleo de unção. Por volta de 1.500 a.C, os escritos atribuídos a Imhotep, um gênio egípcio e primeiro nome de que se tem conhecimento ao longo da história, denominado de cientista, indicam receitas semelhantes às da aromaterapia moderna (Franchomme & Pénoël, 2001).

No tocante aos métodos de extração de óleos essenciais, tais como maceração, prensagem ou fluído supercrítico, houve grandes avanços nos últimos anos, sendo, por vezes, empregada uma mistura dos métodos existentes. São reportados Enfloração (*Enfleurage* do francês), a extração com solventes orgânicos e a hidrodestilação, seja em pequena, seja em grande escala. Do bom andamento dessas extrações depende a qualidade das essências (Simões *et al.*, 2017).

No período da peste negra na Europa, uma história ficou bem conhecida como "*Os quatro ladrões*". Nesse caso, quatro ladrões cobriam seus corpos com um vinagre aromático e saíam para roubar corpos mortos pela peste. Esse vinagre lhes conferia certa imunidade, no entanto, os detalhes não são contados atualmente. A receita do vinagre aromático incluía, entre outros: *Syzygium aromaticum, Cinnamomum verum, Lavandula latifolia, Mentha x piperita* (Franchomme & Pénoël, 2001). Já no final do Século XIX, com o advento da industrialização e síntese química de substâncias, observa-se o esquecimento quase total do uso terapêutico dos óleos essenciais.

O berço da aromaterapia moderna - França: muito antes da aromaterapia ganhar esse nome, Napoleão Bonaparte, no período das guerras, levava, nas suas botas, frascos contendo óleos essenciais e outras especiarias, por exemplo, o óleo de cravo para ser utilizado como antisséptico bucal para melhorar o hálito. As cruzadas contribuíram, sobremaneira, para que os europeus trouxessem a prática do uso dos óleos essenciais para a Europa, que em 1928 recebeu o nome de *Aromathérapie,* pelo francês René Maurice Gattefossé. A versão mais conhecida da história de Gattefossé diz que, após um acidente explosivo em seu laboratório de perfumes, ele sofreu graves queimaduras e mergulhou a mão queimada em um recipiente com óleo essencial de lavanda, no qual ele percebeu as virtudes calmantes e analgésicas desse óleo e, também, pôde constatar efeitos antissépticos e anti-inflamatórios, além de uma melhora rápida sem sinal de cicatrizes. A partir de então, ele se dedicou a fazer pesquisas sobre as qualidades medicinais dos óleos essenciais e escreveu o primeiro livro sobre o tema em 1931, chamado "*Aromathérapie*" (Tisserand, 1978; Franchomme & Pénoël, 2001; Baudoux, 2019).

França - perfumes e culinária: a França é reconhecida mundialmente por seus perfumes e fragrâncias, que incluem óleos essenciais extraídos principalmente das flores, mas também de outras partes de diversas espécies de plantas. O uso de especiarias e ervas aromáticas (louro, bergamota, tomilho, estragão, menta etc.) em várias receitas contribuem para o sabor e a qualidade da cozinha francesa, que fazem com que a França também seja referência na culinária. Muitos estudos associam a qualidade da saúde dos franceses ao uso de suas ervas e essências.

Após René-Maurice Gattefossé em 1928 definir o termo *Aromathérapie*, a Sra. Maury deu origem a uma corrente voltada para a beleza e bem-estar, que se instalou na Grã-Bretanha, onde observou-se o florescimento de muitas "Escolas de Aromaterapia". Durante a segunda guerra mundial, o francês Dr Jean Valnet serviu como médico na frente da armada francesa nas muralhas chinesas, fazendo uso de óleos essenciais, tais como *lemon, chamomile*, *Eucalyptus globulus*. Dr Valnet e Madame Marguerite Maury contribuíram para difundir a Aromaterapia no mundo (Franchomme & Pénoël, 2001).

AROMATERAPIA CIENTÍFICA

Os médicos Daniel Pénoël e Pierre Franchomme introduziram, nos anos 2000, as noções de "aromaterapia científica" e "quimiotipo" que permitem determinar as propriedades terapêuticas de um OE pela qualificação das moléculas que o compõem. Além de buscar soluções de igual ou maior eficácia, nas situações mais gerais e comuns de adoecimento, a aromaterapia científica constitui uma medicina centrada na autonomia do paciente e na afirmação de uma prática de caráter preventivo e integrativo, a partir de matérias-primas de origem vegetal (Franchomme & Pénoël, 1990; Luz, 2005; Tesser & Barros, 2008; Buckle, 2015; Faucon, 2015; Baudoux, 2019). A aromaterapia utilizada de forma científica visa a fortalecer conhecimentos e habilidades dos profissionais no desenvolvimento dessa terapia em ambiente hospitalar, ambulatorial e na atenção primária à saúde (Buckle, 2015; Faucon, 2015).

A aromaterapia pode ser considerada, assim como a fitoterapia, uma prática de "cuidados empregando-se plantas medicinais", porém resguardadas as devidas diferenças, visto que na aromaterapia utilizam-se os óleos essenciais extraídos de espécies vegetais aromáticas e na Fitoterapia os chás medicinais, fitoterápicos e produtos tradicionais fitoterápicos (Brasil, 2014). As regras de bom uso da aromaterapia se baseiam nas mesmas que são empregadas para medicamentos sintéticos, ou seja, no conhecimento das propriedades terapêuticas dos OE, seus métodos de fabricação, embalagem, dispensação, dosagens, métodos de informação, educação e acompanhamento clínico dos pacientes. As preparações magistrais no Brasil devem seguir as normas de Boas Práticas vigentes e suas atualizações (Brasil, 2007).

É imprescindível que o serviço de saúde tenha condições de analisar e relatar quaisquer eventos adversos, denominados nesse caso de "Aromavigilância". Dessa forma, a aromaterapia científica abre um novo caminho para os medicamentos naturais no sentido do reconhecimento de seu interesse, seu valor e sua utilidade primária para a saúde humana, que poderá ser denominada de Medicina Aromática (Fagon & Viens-Bitker, 2012).

Química de óleos essenciais e famílias bioquímicas: os compostos constituintes dos óleos essenciais são agrupados em famílias bioquímicas de acordo com as funções orgânicas presentes: hidrocarbonetos, álcoois, ésteres, óxidos, éteres, aldeídos e cetonas (**Quadro 1**).

Famílias bioquímicas	Moléculas aromáticas	Plantas produtoras
Monoterpenos **(hidrocarbonetos)**	- Alfa e β- pinenos - Limoneno	- Pinheiro (*Pinus* sp.), Abeto (*Abies* sp.), Junípero (*Juniperus communis*) - Casca de cítrico (*Citrus* spp.)
Álcoois	- Linalol - Mentol - Geraniol - Terpineol	- Lavanda (*Lavandula* sp.) - Mentha (*Mentha x piperita*) - Palmarosa (*Cympobogon martinii*) - Melaleuca (*Melaleuca alternifolia*)
Óxidos	- 1,8-cineol	- Eucalyptus (*Eucalyptus globulus, E. radiata*), - Cânfora (*Cinnamomum camphora*), - Melaleuca (*Melaleuca quinquenervia*), - Alecrim (*Rosmarinus officinalis*)
Fenóis	- Timol e carvacrol	- Tomilho (*Thymus* sp.), Savory (*Satureja* sp.), - Tomilho selvagem (*Thymus serpyllium*), orégano de acordo com quimiotipos (*Origanum* sp.)
Ésteres	-Acetato de linalila -Acetato de bornila	-Lavanda (*Lavandula* sp.) -Acetato de bornila de alecrim, verbenona ABV (*Rosmarinus officinalis* sb verbenona)
Aldeídos alifáticos	-Citral	-Capim-limão (*Cymbopogon citratus*)
Aldeídos aromáticos	-Cinamaldeído -Cuminaldeído	-Casca de canela (*Cinnamomum* sp.) -Cominho (*Cuminum cyminum*)
Cetonas	-Cânfora -Fenchona -Menthona -Alfa e β-Thujonas	- Árvore de cânfora japonesa (*Cinnamomum camphora*), alecrim (*Rosmarinus officinalis*), - Lavanda Asp (*Lavandula latifolia*), Lavanda stoechade (*Lavandula stoechas*) -Hortelã-pimenta (*Mentha x piperita*) -Sálvia (*Salvia officinalis*), Absinto (*Artemisia absinthium*), Thuja (*Thuja occidentalis*)

Adaptado de Franchomme, 2015.

Quadro 1 Classificação simplificada das famílias bioquímicas de óleos essenciais, de acordo com as funções orgânicas de seus compostos constituintes.

O Quimiotipo: ("carteira de identidade"), o qual também é denominado raça química, permite definir as moléculas características de um OE, por meio de análises cromatográficas (cromatografia gasosa acoplada à espectrometria de massa), visto que a precisão deste é essencial na terapia, o que permite a identificação precisa da planta e do órgão produtor destilado.

Prescrição de óleos essenciais na aromaterapia: o conhecimento da composição dos óleos essenciais permitirá uma análise acurada quanto à toxicidade potencial, o que permite adaptar uma prescrição com a dosagem e via de administração adequadas com o perfil de cada paciente (Tisserand & Young, 2013; Franchomme, 2015; Faucon, 2017). Independente da via de administração é aconselhável usar OE's de grau terapêutico em uma dosagem baixa (<10%) e, preferencialmente, em períodos curtos (Faucon, 2015; Gattefossé Fondation, 2016; Clinical Aromatherapy, 2020).

OS ÓLEOS ESSENCIAIS NA APRENDIZAGEM

Os distúrbios de aprendizagem estão presentes em todas as faixas etárias. Tem-se observado um crescente aumento dos diagnósticos de Transtorno de Déficit de Atenção e Hiperatividade (TDAH) na infância e na idade adulta em todo o mundo. TDAH é um termo dado pela *American Psychiatric Association* (1994), sendo caracterizado por dificuldade de concentração, hiperatividade motora progressiva e repentina. Há um número expressivo de crianças que têm sido diagnosticadas com TDAH e, muitas vezes, esse diagnóstico é acompanhado por outros transtornos, tais como ansiedade, depressão, transtornos de aprendizagem, como Dislexia, Transtorno Desafiador de Oposição, Transtorno de Conduta, Autismo, Transtorno Bipolar e outros transtornos comportamentais (Fisher & Beckley,1999; Cooper & Bilton 1999; Godfrey, 2001).

O comprometimento cognitivo quando observado em adultos mais velhos e, até mesmo, em idosos, geralmente, apresenta-se na forma de perda de memória ou problemas relacionados à desordem neurocognitiva (Lin et al., 2007). Uma vez que os óleos essenciais afetam o sistema límbico do cérebro, eles são especialmente adequados para apoiar os indivíduos com esses desafios, embora as evidências da aromaterapia clínico científica ainda sejam escassas (Imberger et al., 1993; Degel et al. 1999; Miller,1999; Godfrey, 2001; Moss et al., 2003; Moss et al., 2008; de Sousa et al., 2017). Mesmo assim, é justificável a aplicação de óleos essenciais em contextos psicoemocionais, como depressão e ansiedade em consequência de comorbidade associada ao TDAH, em função dos resultados já publicados (Damian & Damian 1995; Franchomme & Pénoël, 2001; Godfrey, 2001; Sayorwan et al., 2012; Moss *et al.*, 2003; Zimmermann, 2012; Tisserand, 2013; Kasper et al., 2014; Hwang & Shin, 2015; Buckle 2015).

De acordo com Godfrey (2009), foi observada uma relação pronunciada dos óleos essenciais sobre certas estruturas do sistema límbico, que influenciam (estimulando ou deprimindo) o humor, a emoção, o comportamento, a memória e a atividade hormonal, conforme apresentado no Quadro 2 abaixo:

Regiões do Sistema Límbico	Óleos Essenciais
Hipófise	*Salvia sclarea* (Clary Sage); *Jasminum officinale* (Jasmine); *Pogostemon cablin* (Patchouli); *Rosa damascena* (Rose Otto); *Cananga odorata* (Ylang Ylang)
Hipotálamo	*Citrus bergamia* (Bergamota); *Boswellia carterii* (Frankincense); *Pelargonium asperum* (Geranium); *Aniba rosaeodora* (Rosewood)
Tálamo Anterior	*Salvia sclarea* (Clary Sage); *Citrus paradisii* (Grapefruit); *Jasminum officinale* (Jasmine); *Rosa damascena* (Rose Otto)
Amigdala e Hipocampo	Pimenta Preta (*Piper nigrum*); *Pelargonium asperum* (Geranium); *Citrus limonum* (Lemon); *Melissa officinalis* (Melissa); *Mentha x piperita* (hortelã-pimenta); *Rosmarinus officinalis* (Rosemary); *Thymus vulgaris* (Tomilho).

Adaptado de Godfrey,2009

Quadro 2- Exemplos de óleos essenciais que estimulam estrutura do sistema limbico

Com a descoberta do sistema endocanabinoide e pesquisas recentes com óleos essenciais extraídos da *Cannabis*, especialmente os canabinoides, tem-se observado que a *Cannabis* pode apresentar resultados superiores no tratamento do TDAH em relação àqueles obtidos com metilfenidato (um medicamento sintético). Pessoas com TDAH são conhecidas por apresentarem níveis relativamente baixos de dopamina. O mecanismo de ação envolvendo o óleo de *Cannabis* está relacionado a um provável aumento de biodisponibilidade de dopamina, usando uma via metabólica diferente daquelas que envolvem os estimulantes sintéticos como o metilfenidato, dexedrina, que atuam inibindo a recaptação da dopamina. O uso do óleo de *Cannabis* pode ser combinado com muitas atividades naturais de aumento da dopamina, por exemplo, a prática de exercícios físicos, a meditação, *yoga*, dentre outras, para diminuir os sintomas de TDAH, além de aumentar a concentração e melhorar a qualidade do sono (Strohbeck-Kuehner et al., 2008;

Loflin et al., 2014). Apesar dos benefícios do canabidiol, a Diretriz de Prática Clínica para o tratamento do TDAH em crianças e adolescentes ainda não recomenda o seu uso, devido à escassez de estudos com rigor metodológico sobre eficácia e segurança dos canabinoides, especialmente da substância tetrahidrocanabinol - THC (Wolraich et al., 2019).

Um estudo realizado em 1998 demonstrou que a aromaterapia afeta positivamente o humor, padrões de alerta de EEG (atividade cerebral) e a habilidade de realização de cálculos matemáticos. Dois grupos de indivíduos adultos receberam três minutos de aromaterapia, usando dois aromas: lavanda *(Lavandula angustifolia)* ou alecrim *(Rosmarinus officinalis)*. Os participantes também realizaram cálculos matemáticos simples antes e depois da terapia. O grupo tratado com lavanda apresentou aumento de sonolência e humor menos deprimido. Os participantes desse grupo relataram que se sentiam mais relaxados e surpreendentemente realizaram cálculos matemáticos mais rápidos e precisos. Os participantes do grupo tratado com alecrim apresentaram maior estado de alerta, tiveram escores de ansiedade mais baixos e mantiveram-se alertas após a aromaterapia (Diego et al., 1998).

Em outro estudo realizado no Reino Unido em 2003, também com a utilização de óleos essenciais de lavanda *(Lavandula angustifolia)* e alecrim *(Rosmarinus officinalis)*, os resultados obtidos demonstraram que o tratamento com a lavanda produziu um decréscimo significativo no desempenho da memória e diminuição do tempo de reação para tarefas baseadas na memória e na atenção, em comparação com os controles que não usaram aromaterapia. Em contraste, o tratamento com alecrim produziu um aumento significativo de desempenho para a qualidade geral da memória e fatores de memória secundária, em comparação com os controles. Em relação ao humor, os resultados obtidos revelaram que, após a conclusão da avaliação cognitiva, os participantes do grupo controle e do grupo tratado com lavanda estavam significativamente menos alertas do que os participantes que receberam alecrim. Essas descobertas indicam que as propriedades olfativas desses óleos essenciais podem produzir efeitos objetivos no desempenho cognitivo, bem como efeitos subjetivos no humor (Moss et al., 2003).

Em 2001, foi realizado um estudo em *Denver* (Estados Unidos da América, EUA) com crianças em idades escolares de seis a quatorze anos, que foram previamente diagnosticadas com TDAH. Nenhuma delas estava em tratamento medicamentoso para esse distúrbio. As crianças foram divididas em dois grupos: controle, que não recebeu nenhum tratamento, e outro grupo que foi tratado com um dos três óleos essenciais: Lavanda, Vetiver ou Cedro. As análises revelaram uma melhora significativa de 32% na concentração e foco das crianças do grupo tratado com óleo essencial de Vetiver. Um resultado semelhante foi visto com as crianças do grupo tratado com o óleo essencial de madeira de Cedro. O grupo tratado com Lavanda não apresentou melhora significativa entre os testes pré e pós-tratamento, mas apresentou melhorias pontuais do sono e descanso (Friedmann, 2003).

Em 2018, na Ucrânia, foi realizado um estudo com alunos do ensino médio, com idades entre 13 e 17 anos, para avaliar o efeito dos óleos essenciais na memória de curto prazo, na memória numérica e na memória visual (imagem). A análise do desempenho revelou que houve diferenças significativas na produtividade da memória de curto prazo dos participantes de diferentes grupos. Os óleos essenciais de alecrim e lavanda aumentaram significativamente a memória da imagem em relação ao controle. Entretanto, a inalação do óleo essencial de alecrim aumentou a memorização de números dos participantes desse grupo, em relação à memorização de números obtidas pelos participantes tratados com óleo de lavanda (Filiptsova et al., 2018).

Um estudo realizado na Itália, em 2015, coletou dados da literatura sobre o óleo essencial de bergamota (*Citrus bergamia*), endêmica da região da Calábria, para analisar objetivamente a segurança e os seus efeitos benéficos à saúde humana. Os estudos clínicos avaliados nessa revisão de literatura sobre as aplicações terapêuticas do *Citrus bergamia* sugeriram que seu uso pode ser útil para reduzir a ansiedade e o estresse (Navarra et al., 2015).

O óleo essencial de lavanda desempenha um papel importante na melhoria do sono, relaxando os nervos e todo o corpo, e sua inalação pode ajudar a adormecer mais facilmente e alcançar o sono profundo. Além disso, o óleo essencial de lavanda também é eficaz na redução da inflamação e ajuda a controlar os sintomas de TDAH, afetando a liberação e a absorção de neurotransmissores, como norepinefrina, serotonina e dopamina, que são necessárias para o relaxamento e para a obtenção de uma sensação de bem-estar (Koulivand et al.,2013).

Segundo Godfrey (2009), existem recomendações para a utilização dos óleos essenciais de noz-moscada, alecrim, hortelã-pimenta e eucalipto, devido ao benefício no auxílio à concentração e à clareza, o que parece estar relacionado à sua atividade estimuladora encefálica. No entanto, por causa dos potenciais traços de sensibilidade entre os indivíduos com TDAH, os óleos de alecrim e hortelã devem ser considerados com cautela e administrados em baixas dosagens para esses indivíduos (Godfrey, 2009).

Finalmente, podemos encontrar várias informações científicas, bem como informações "familiares" (tradição passada de uma geração a outra), a respeito dos usos de óleos essenciais de maneira integrativa e complementar em condições clínicas como o TDAH, autismo e outras desordens de aprendizagem (Kurtz, 2008).

Existe uma variedade de referências científicas, livros e *e-books* sobre óleos essenciais. Com o advento da tecnologia de informação, aumentou a oferta de informações por redes sociais, páginas na internet, *vlogs e blogs* populares, muitos dos quais com relatos de experimentos da vida real com óleos essenciais, porém sem rigor científico de revisões feitas por pares. Entretanto, como trata-se de uma Prática Integrativa e Complementar da Saúde, que preza por incorporar também a experiência tradicional de uma população, e sem fazer qualquer juízo de valor, relataremos aqui alguns desses achados que poderão contribuir para projetos com melhor elaboração científica para o futuro.

O *blog* francês *Ecco Verde* descreve um projeto de pesquisa intitulado "*L'aromathérapie à l'école: avantages*", que foi realizado em escolas bávaras, na Alemanha, para avaliar os efeitos da aromaterapia no comportamento dos alunos. Os resultados observados foram: aumento de concentração e redução nos conflitos. Esses benefícios foram vivenciados por alunos que estudam em salas de aula sutilmente perfumadas com óleos essenciais cítricos. Nesse projeto, professores e alunos também foram convidados a compartilhar suas percepções no início e no final do estudo. Ambos concordaram que os óleos essenciais auxiliam no aprendizado e a criar um ambiente agradável em sala de aula (Ecco Verde, *L'aromathérapie à l'école: avantages*, 2021). Nos resultados desse experimento, foi observada uma queda acentuada das faltas dos alunos durante o estudo da aromaterapia nas escolas (Ecco Verde,L'aromathérapie à l'école : avantages, 2021). De acordo com o *blog*, a professora da Universidade de *Hanover*, que coordenou o projeto mencionado, relata utilizar os aromas naturais também em seus seminários, pois o "*Lemon refresca a cabeça e desperta a mente, promovendo, assim, o trabalho mental prazeroso*".

Outro experimento popular foi realizado em uma escola secundária nos EUA. *The Talon* é um premiado jornal administrado por estudantes da *Rochester High School*, que relata o experimento da sala de aula denominado: *Essential oils in classrooms*. Uma pergunta de pesquisa foi feita sobre o uso de óleos essenciais em sala de aula: "*Quais são os efeitos dos óleos essenciais na aprendizagem dos alunos?*" A resposta foi dada por diversas pessoas da comunidade escolar, dentre eles, professores, alunos, coordenadores etc. Nesse estudo, um difusor contendo óleos essenciais foi colocado na sala de aula, enquanto os alunos estudavam. A professora responsável pelo experimento afirma que: "*embora possa haver alguns aromas que não são os melhores para uma sala de aula, há muitos aromas que os alunos gostam*"; "*Acho que a lavanda é um ótimo óleo para a sala de aula*"; "*Lavender é um óleo de cheiro agradável que a maioria das pessoas gostam e é muito calmante.*" A docente relata que alguns professores têm apenas luz artificial em suas salas de aula, então suas salas não têm uma sensação natural em comparação com outras salas de aula que têm a luz do sol brilhando. Nesses casos, usar óleos essenciais pode ajudar a trazer "*ar fresco*" e uma sensação mais natural para o ambiente (*The Talon - Rochester High School*, 2019).

CONSIDERAÇÕES FINAIS

Em ambientes educacionais, nos quais pode ser observado um alto nível de estresse emocional com certo grau de comprometimento da capacidade de aprender dos alunos, devemos ter a responsabilidade da busca do equilíbrio psicoemocional do aluno. Essa meta não deve ser somente uma meta educacional, mas parte integrante do desenvolvimento do indivíduo em suas competências humanas, técnicas e psicossociais.

Esperamos que, neste breve capítulo, seja despertada a atenção dos atores envolvidos na aprendizagem que o tratamento terapêutico baseado no efeito dos aromas, extraídos das plantas, é uma ciência poderosa capaz de provocar no indivíduo altos benefício na saúde, no bem-estar e qualidade de vida.

REFERÊNCIAS

Baudoux, D. (2019). *Contemporary French Aromatherapy: A Pharmacological and Therapeutic Guide to 100 Essential Oils*. Singing Dragon.

Bíblia Sagrada: Nova Versão Internacional,NVI/Sociedade Bíblica Internacional. - Santo André: Geográfica, 2017 960p. ISBN 978-85-8064-206-3.

Brasil. Ministério da Saúde. Portaria nº 971, de 03 de maio de 2006. Aprova a Política Nacional de Práticas Integrativas e Complementares (PNPIC) no Sistema Único de Saúde. Brasília, DF: Ministério da Saúde, 2006.

Brasil. Ministério da Saúde. Agência Nacional de Vigilância Sanitária. RESOLUÇÃO-RDC Nº 67, DE 8 DE OUTUBRO DE 2007. Dispõe sobre Boas Práticas de Manipulação de Preparações Magistrais e Oficinais para Uso Humano em farmácias.

Brasil. Ministério da Saúde. Agência Nacional de Vigilância Sanitária. RESOLUÇÃO DA DIRETORIA COLEGIADA - RDC Nº 26, DE 13 DE MAIO DE 2014. Dispõe sobre o registro de medicamentos fitoterápicos e o registro e a notificação de produtos tradicionais fitoterápicos.

Brasil. Ministério da Saúde. PORTARIA Nº 702, DE 21 DE MARÇO DE 2018. Altera a Portaria de Consolidação nº 2/GM/MS, de 28 de setembro de 2017, para incluir novas práticas na Política Nacional de Práticas Integrativas e Complementares - PNPIC. Brasília, DF: Ministério da Saúde, 2018.

Buckle, J. (2014). *Clinical Aromatherapy - E-Book: Essential Oils in Practice*. Elsevier Health Sciences.

Buckle J. (2015). Clinical Aromatherapy. Essential oils in healthcare. Chap. 11 Stress and Well-Being.3e Ed Elsevier Inc., pp 223-237.

Clinical Aromatherapy. (2020). *The Nursing Clinics of North America*, *55*(4), 489–504.

de Sousa, D. P., Silva, R. H. N., Silva, E. F. da, & Gavioli, E. C. (2017). Essential Oils and Their Constituents: An Alternative Source for Novel Antidepressants. *Molecules, 22*(8). https://doi.org/10.3390/molecules22081290.

Cooper, P; Bilton, K. (1999) *ADHD: Research, Practice and Opinion*: Whurr Publishers London.

Damian, P.; Damian, K. (1995) *Aromatherapy Scent & Psyche: Using Essential Oils for Physical and Emotional Well-Being:* Healing Arts Press, Rochester Vermont.

Degel, J.; Koster, E. G. (1999) Odors: implicit memory and performance effects: *Chemical Senses 24: 317-325.*

Diego, M. A., Jones, N. A., Field, T., Hernandez-Reif, M., Schanberg, S., Kuhn, C., McAdam, V., Galamaga, R., & Galamaga, M. (1998). Aromatherapy positively affects mood, EEG patterns of alertness and math computations. *The International Journal of Neuroscience*, *96*(3-4), 217–224.

Farmacopeia Brasileira. Agência Nacional de Vigilância Sanitária -Anvisa 6ª EDIÇÃO, 2019.

Godfrey, H. (2001). The role of essential oils in the treatment and management of attention deficit hyperactive disorder. *International Journal of Aromatherapy,* 11(4), 193–200.

Ecco Verde. L'aromathérapie à l'école : avantages. Study Better at School with Natural Fragrances. Disponível em: https://www.ecco-verde.com/info/beauty-blog/study-better-at-school-with-natural-fragrances.

Fagon J.Y., Viens-Bitker C. (2012) - *Rapport Médecines complémentaires à l'Assistance publique* – Hôpitaux de Paris, 33p.

Faucon M. (2009) - *Aromathérapie pratique et usuelle*, *Editions Sang de la Terre*, octobre 2009, 153 p. ISBN: 978-2-86985-228-0.

Faucon M. (2012) - *La biochimie en aromathérapie scientifique* : ses limites, revue Profession Kiné PK n° 34, mars/avril/mai 2012, p 34-37.

Faucon M. (2013) - *Principes de l'aromathérapie scientifique et applications pratiques en podologie, in chapitre Thérapeutiques*, *EMC Elsevier Masson*, 2013, [27-130-A-13] –doi:10.1016/S0292-062X(13)62115-7.

Faucon M. (2017) - *Traité d'Aromathérapie scientifique et médicale*, *Editions Sang de la Terre*, 1ère Edition avril 2012; 3ème Edition 2017, 989 p. ISBN: 978-2-86985-334-7.

Filiptsova,O.V. Gazzavi-Rogozina,L.V. Timoshyna,I.A. Naboka, O.I. Dyomina,Ye.V. Ochkur,A.V. The effect of the essential oils of lavender and rosemary on the human short-term memory, *Alexandria Journal of Medicine*,Volume 54, Issue 1,2018,Pages 41-44, ISSN 2090-5068, https://doi.org/10.1016/j.ajme.2017.05.004.

Fisher, B.; Beckley, R. A. (1999) Attention Deficit Hyperactive Dis*order – practical coping methods: CRC Press*.

Franchomme P, Jollois R., Pénoël D. (2001) - *L'aromathérapie exactement*: encyclopédie de l'utilisation thérapeutique des extraits aromatiques, *Editions R. Jollois*, 491p. ISBN 2-87819-001-7.

Franchomme P. (2015) - *La science des huiles essentielles médicinales. Ed. G. Trédaniel*, 629p.

Friedmann, T.S. (2003). Attention Deficit and Hyperactivity Disorder (ADHD). *Int. J Clin Aromather.* Disponível em: http://files.meetup.com/1481956/ADHD%20Research%20by%20Dr.%20Terry%20Friedmann.pdf.

Gattefossé Fondation (2016) - *Cartographie des essais cliniques en milieu hospitalier*. Disponível em: http://www.gattefosse.com/fr/applications-therapeutiques-des-huiles-essentielles/cartographie-des-essais-cliniques-en-milieu-hosp.

Heather Godfrey (2009). Essential Oils & ADHD. P.G.C.E., B.Sc. (Joint Hons), F.I.F.A., M.F.H.T. *International Journal of Clinical Aromatherapy* (2009): vol 6 Issue 1. Updated 2018.

Hwang E., Shin S. (2015) - The effects of aromatherapy on sleep improvement: a systematic literature review and meta-analysis. *J Altern Complement Med.* 2015; 21: 61-68.

Imberger, J.; Rupp, C.; Karemat, E.; Buchbauer, G. (1993) Effects of essential oils on human attention processes: *International Symposium on Essential Oils.*

Kasper S., Gastpar, M., Müller,W.E., Volz, H.-P., Möller H.-J., Schläfke, S., Dienel, A. (2014) - Lavender oil preparation Silexan is effective in generalized anxiety disorder – a randomized, double-blind comparison to placebo and paroxetine. *Int J Neuropsychopharmacol*. 17(6) :859-869.

Koulivand PH, Khaleghi Ghadiri M, Gorji A. Lavender and the nervous system. *Evid Based Complement Alternat Med.* 2013; 2013:681304. doi: 10.1155/2013/681304.

Kurtz, L. A. (2008). *Understanding Controversial Therapies for Children with Autism, Attention Deficit Disorder, and Other Learning Disabilities: A Guide to Complementary and Alternative Medicine.* Jessica Kingsley Publishers.

Lin P.W., Chan W.C., Ng B.F. (2007) – Efficacy of Aromatherapy (*Lavandula angustifolia*) as an intervention for agited behaviours in Chinese older persons with dementia: a cross-over randomized trial, *International Journal of Gériatric Psychiatry*, volume 22, Issue 5, 2007, 405-410.

Loflin, M.; Earleywine, M.; De Leo, J. & Hobkirk, A. (2014). Subtypes of attention deficit-hyperactivity disorder (ADHD) and cannabis use. *Substance Use & Misuse*, *49*(4), 427–434.

Luz MT. Cultura contemporânea e medicinas alternativas: novos paradigmas em saúde no fim do século XX. *Physis.* 2005;15(Supl):145-76. DOI: 10.1590/S0103-73312005000300008.

Miller, A. (1999) Appropriateness of psychostimulant prescriptions to children, theoretical and empirical perspectives: *J. Psychiatry 44: 1017-1024.*

Miguel A. Diego, Nancy Aaron Jones, Tiffany Field, Maria Hernandez-reif, Saul Schanberg, Cynthia Kuhn, Mary Galamaga, Virginia McAdam & Robert Galamaga (1998). Aromatherapy Positively Affects Mood, Eeg Patterns of Alertness and Math Computations, *International Journal of Neuroscience*, 96: 3-4, 217-224, DOI: 10.3109 / 00207459808986469.

Moss, M., Cook, J., Wesnes, K., & Duckett, P. (2003). Aromas of rosemary and lavender essential oils differentially affect cognition and mood in healthy adults. *The International Journal of Neuroscience*, *113*(1), 15–38.

Moss, M., Hewitt, S., Moss, L., & Wesnes, K. (2008). Modulation of cognitive performance and mood by aromas of peppermint and ylang-ylang. *The International Journal of Neuroscience*, *118*(1), 59–77.

National Center for Complementary and Integrative Health (2021). Complementary, Alternative, or Integrative Health: What's in a Name? *NCCIH* Pub NO.: D347. Disponível em: http://www.nccih.nih.gov.

Navarra, M., Mannucci, C., Delbò, M., & Calapai, G. (2015). *Citrus bergamia* essential oil: from basic research to clinical application. *Frontiers in Pharmacology*, *6*, 36.

Pharmacopée européenne (2017) - 9ème édition, 9.0 à 9.3, Conseil de l'Europe, EDQM. orders@edqm.eu.

Peter Strohbeck-Kuehner, Gisela Skopp, Rainer Mattern(2008). *Cannabis* improves symptoms of ADHD. *Cannabinoids* 2008;3(1):1-3.

Sayorwan, W., Siripornpanich, V., Piriyapunyaporn, T., Hongratanaworakit, T., Kotchabhakdi, N., Ruangrungsi, N., (2012) - The effects of lavender oil inhalation on emotional states, autonomic nervous system, and brain electrical activity. *J Med Assoc Thai* 95(4):598-606.

Simões, Claudia Maria O; Schenkel, Eloir Paulo; Mentz, Lilian Auler (2017). *Farmacognosia*: do produto natural ao medicamento. São Paulo: Artmed, 2017. 502 p. ISBN: 9788582713594.

Godfrey, H. The role of essential oils in the treatment and management of attention deficit hyperactive disorder. (2001). *International Journal of Aromatherapy*, *11*(4), 193–200.

The Talon - Rochester High School. Essential oil in the classroom. Disponível em: https://rochestertalon.com/8905/lifestyles/essential-oils-in-classrooms/.

Tisserand, R. (1978). *The Art of Aromatherapy: The Healing and Beautifying Properties of the Essential Oils of Flowers and Herbs*. Inner Traditions / Bear & Co.

Tisserand R., Young R. (2013) - Essential Oil Safety: A guide for Health Care Professionals, *Ed. Churchill Livingstone*, ISBN-13: 978-0443062414.

Tisserand R, Young. R. (2014) Essential oil safety second edition, a guide for health care professionals. *Churchill livingstone Elsevier*.

Tesser, Charles Dalcanale, & Barros, Nelson Filice de. (2008). Medicalização social e medicina alternativa e complementar: pluralização terapêutica do Sistema Único de Saúde. *Revista de Saúde Pública*, *42*(5), 914-920. https://dx.doi.org/10.1590/S0034-89102008000500018.

Wolraich, M. L., Hagan, J. F., Allan, C., et al (2019). Subcommittee on Children and Adolescents with Attention-Deficit/Hyperactive Disorder. Clinical Practice Guideline for the Diagnosis, Evaluation, and Treatment of Attention-Deficit/Hyperactivity Disorder in Children and Adolescents. *Pediatrics*, 144 (4) e20192528. DOI: 10.1542/peds.2019-2528.

Zimmermann E. (2012) - Lavender essential oil for management of generalized anxiety disorders: evidence and practical experience. *The International Journal of Clinical Aromatherapy*. 2012.

Revisão Técnica:

Francielda Queiroz Oliveira

Ana Luiza Chaves Maia

TRATAMENTO HOMEOPÁTICO NOS TRANSTORNOS DE APRENDIZAGEM

Daniela Quadros de Azevedo

Rachel Oliveira Castilho

INTRODUÇÃO

Atualmente, a homeopatia tem se mostrado uma prática médica extremamente importante no tratamento de diversas doenças do ambiente clínico. Na pediatria, há diversos relatos de cura e remissão de sintomas por meio dessa terapêutica, uma vez que esta é capaz de atuar em várias fases do adoecimento, sendo, assim, muito bem aceita pela população infantil.

A homeopatia é um método de tratar as doenças pela lei do semelhante, ou seja, utiliza-se um medicamento que cause os mesmos sinais e sintomas da doença que se quer tratar. É uma especialidade médica, veterinária, odontológica e farmacêutica que consiste em ministrar aos doentes doses mínimas do medicamento para evitar intoxicações e para estimular a reação orgânica. A partir da década de 80, alguns estados e municípios brasileiros começaram a oferecer o atendimento homeopático como especialidade médica aos usuários dos serviços públicos de saúde. Em 2006, a Política Nacional de Práticas Integrativas e Complementares (PIC) para o Sistema Único de Saúde (SUS) (Portaria nº 971/GM/MS) propõe a implementação de ações e serviços relativos a cinco práticas, dentre elas, a homeopatia, pelas Secretarias de Saúde dos estados, do Distrito Federal e dos municípios, nos sistemas de atenção à saúde. Atualmente, 29 PICs são ofertadas no SUS. As PICs são tratamentos que utilizam recursos terapêuticos baseados em medicina tradicional e complementar/alternativa, que envolvem abordagens que buscam estimular os mecanismos naturais de prevenção de agravos e recuperação da saúde.

A implementação da homeopatia no SUS representa uma importante estratégia para a construção de um modelo de atenção centrado na saúde, uma vez que recoloca o sujeito no centro do paradigma da atenção, compreendendo-o nas dimensões física, psicológica, social e cultural. Na homeopatia, o adoecimento é a expressão da ruptura da harmonia dessas diferentes dimensões. Dessa forma, essa concepção contribui para o fortalecimento da integralidade da atenção à saúde.

Com o passar dos anos, a homeopatia cresce e se expande, difundindo-se na pediatria e entre as medicinas complementares, fato que pode estar relacionado aos efeitos adversos dos medicamentos alopáticos e as características dessa prática médica.

Podem-se destacar várias vantagens do tratamento de doenças infantis com a homeopatia, a exemplo: diminuição de crises em pacientes com doenças crônicas com sintomas de repetição, prevenção de doenças agudas como gripe e dengue, melhora da qualidade de vida da criança por meio de remissão de sintomas, valorização das esferas emocionais do ser humano, além de baixos efeitos adversos (Lima et al., 2010). As principais patologias apresentadas na pediatria são os distúrbios comportamentais e emocionais, patologias do trato respiratório (alergias, síndromes gripais e, principalmente, asma) e do trato gástrico (diarreias e distúrbios digestivos), sendo que essas comumente apresentam sintomas de retorno e baixo índice de cura (Pinto et al.,2013).

A busca por atendimento de um profissional homeopata vem em uma linha crescente na pediatria. Um estudo realizado em um ambulatório de homeopatia no estado da Paraíba no período de 2008 a 2011 constatou que foram atendidas 1.532 crianças. Cerca de 30% destas crianças realizaram pelo menos uma consulta de retorno. A faixa etária predominante foi a de 1 a 4 anos (43,3%). A principal causa da consulta foi relacionada aos sintomas respiratórios (Ferreira Ramos, 2018).

Dentre os transtornos mentais comuns, cabe destacar a depressão e a ansiedade. A depressão é um transtorno psiquiátrico grave que pode atingir crianças e adolescentes, refletindo negativamente no funcionamento social, escolar e familiar desse grupo. Jovens com depressão têm um risco aumentado de suicídio (Curatolo; Brasil, 2005).

Há alguns anos, a depressão nessas fases da vida não era reconhecida pelos profissionais de saúde, seus sintomas eram ignorados e também eram escassos o conhecimento e as pesquisas sobre o assunto. Assim, como consequência, muitos adolescentes sofreram e não desfrutaram da oportunidade de serem tratados. Atualmente, pode-se perceber que muitos avanços já foram alcançados para compreensão e tratamento desse problema. Com relação à etiologia, a depressão é multifatorial, isto é, são vários os fatores que podem predispor essa patologia. Existem fatores biológicos, que envolvem tanto a questão genética, quanto a diminuição de neurotransmissores (noradrenalina e serotonina) nas sinapses; fatores ambientais, como problemas no relacionamento com os pais; vitimização por abuso físico ou sexual e vivência de perdas significativas (American Psychiatric Association, 2013).

A farmacoterapia é uma parte importante do tratamento da depressão no adolescente e, nesse caso, a escolha da medicação deve ser individualizada. A opção por um agente terapêutico deve estar baseada no perfil dos sintomas, no diagnóstico e nas comorbidades associadas. Os antidepressivos inibidores seletivos da recaptação da serotonina (ISRSs), no momento atual, são considerados os agentes de primeira escolha no tratamento da depressão juvenil. São prescritos com mais frequência em virtude de sua eficácia comprovada nessa população e por causarem menos efeitos adversos. O uso de antidepressivos em pacientes com até 18 anos triplicou entre 1987 e 1996, depois dobrou em 2000, mas logo se estabilizou devido às suspeitas do aumento do risco de suicídio. Apesar da polêmica, estudos demonstraram que esses medicamentos são eficazes no tratamento de jovens deprimidos. Visto a relevância do tema e o número de casos de depressão juvenil crescente no país, é importante avaliar o tratamento de escolha, uma vez que um adolescente deprimido pode resultar em um adulto deprimido e gerar várias consequências prejudiciais por toda a vida, além de resultar em outras patologias psiquiátricas, tais como Transtorno Obsessivo Compulsivo (TOC), Transtorno Bipolar, Esquizofrenia (*Depressão - OPAS/OMS Organização Pan-Americana Da Saúde*, n.d.).

Grimaldi-Bensouda e colaboradores (2012) realizaram um estudo observacional na França com o objetivo de comparar a utilização de medicamentos psicotrópicas convencionais e medicamentos homeopáticos, entre grupos de pacientes que procuram por atendimento para transtornos de ansiedade e depressão. A amostra totalizou 710 pacientes. Cada grupo buscou por tratamentos distintos: tratamentos com prescrição de medicamentos convencionais estritamente; homeopatia em um ambiente misto de práticas (prescrição de medicamentos convencionais e homeopáticos); e tratamento reduzido à homeopatia. Pacientes que optaram por consultar com profissionais que prescrevem homeopatia relataram menor utilização de medicamentos psicotrópicos, em um período de 12 meses, e eram mais propensos a experimentar melhora clínica do que pacientes tratados com tratamento convencional (Grimaldi-Bensouda et al., 2012).

A depressão é um dos principais motivos para o uso de terapias alternativas e complementares nos Estados Unidos, e o tratamento homeopático é uma das alternativas terapêuticas procuradas por esses pacientes. No Brasil, alguns estudos no interior de São Paulo já foram conduzidos com o objetivo de verificar a eficácia do tratamento homeopático para a depressão e revelaram resultados promissores. Cardinalli Adler et al. (2007) realizaram revisão dos prontuários dos casos novos de depressão, atendidos entre março e dezembro de 2006, no SUS, no município de Jundiaí – SP. O diagnóstico foi confirmado por entrevista estruturada. Os pacientes receberam homeopatia individualizada e a evolução foi avaliada pela escala de Montgomery & Åsberg (MADRS). Os resultados obtidos foram: dos 15 casos, observou-se resposta terapêutica (redução maior que 50% dos escores de depressão) em 14 pacientes (93%) e, após uma média de sete semanas de tratamento, apenas um paciente apresentou piora clínica e foi encaminhado ao tratamento convencional. Estes resultados sugerem que a homeopatia pode ser uma alternativa terapêutica no tratamento da depressão (Cardinalli Adler et al., 2007).

As reações de ansiedade, como apreensão, tensão ou desconforto diante da expectativa de perigo, são comuns na infância e fazem parte do processo de desenvolvimento emocional normal. Entretanto, a ansiedade é um transtorno quando sua intensidade, duração, frequência e repercussão sintomática extrapolam a normalidade, segundo desenvolvimento e vivências de cada criança ou adolescente. Os transtornos de ansiedade fazem parte das doenças psiquiátricas mais comuns na adolescência, com uma prevalência em torno de 10 a 30%, sendo mais comuns em meninas, estando associados à menor escolaridade. Mais de 50% desses adolescentes já experimentaram ou experimentarão, na evolução de seu transtorno ansioso, um episódio depressivo (*ARCA FIOCRUZ: Transtornos de Ansiedade Em Adolescentes: Considerações Para a Pediatria e Hebiatria*, n.d.)

A abordagem diante de um diagnóstico de transtorno de ansiedade pode ser dividida em: tratamento não medicamentoso (incluindo suporte, psicoeducação e psicoterapia) e tratamento medicamentoso. As especificidades e gravidade de cada caso orientam a melhor forma do tratamento (*ARCA FIOCRUZ: Transtornos de Ansiedade Em Adolescentes: Considerações Para a Pediatria e Hebiatria*, n.d.).

De forma geral, os casos de ansiedade que necessitam de tratamento medicamentoso recebem a mesma abordagem, podendo ter pequenas variações segundo os diferentes quadros clínicos apresentados. Os antidepressivos e os ansiolíticos são as classes de medicamentos mais estudadas e utilizadas para tratamento de transtornos de ansiedade na adolescência; antipsicóticos, betabloqueadores, anticonvulsivantes e antihistamínicos são opções, cujo uso é preconizado como potencializadores e coadjuvantes. Dentre os antidepressivos, os ISRSs, os tricíclicos (ADT) e os inibidores de recaptação de serotonina e noradrenalina (IRSN) são os mais utilizados (*ARCA FIOCRUZ: Transtornos de Ansiedade Em Adolescentes: Considerações Para a Pediatria e Hebiatria*, n.d.). Porém, ambos têm efeitos adversos como ganho de peso, fazendo com que o paciente, principalmente o adolescente, não tenha uma adesão adequada ao tratamento a longo prazo.

A seguir serão relatados alguns estudos que descrevem evidências sobre a eficácia dos medicamentos homeopáticos no tratamento da ansiedade, cujos participantes pertencem à faixa etária adulta, entre 18 e 46 anos de idade. Revelando a escassez de estudos direcionados à clínica homeopática na pediatria.

O estudo realizado por Barbosa (2019) teve como objetivo avaliar os benefícios da homeopatia e da meditação no controle dos níveis traço e estado de ansiedade em uma amostra de 214 estudantes da área da saúde da Universidade Santa Cruz do Sul (UNISC), em Santa Catarina. Os resultados revelaram que, para 99,1% dos estudantes, a ansiedade prejudica o desempenho acadêmico. As variáveis qualidade do sono, consumo de bebida alcoólica, não ter hábitos de lazer, considerar-se ansioso e o consumo de medicamentos apresentaram significância para o nível ansiedade-traço.

Na etapa de intervenção (tratamento homeopático associado à prática de meditação), 27 estudantes participaram e 70,37% obtiveram redução nos escores de ansiedade, 22,22% melhora parcial e 7,41% elevação dos escores de ansiedade. Portanto, com os resultados, tratamentos como a homeopatia e a meditação demonstraram ser eficazes como medidas complementares ao tratamento da ansiedade em estudantes universitários (Barbosa et al., 2019).

Na França, as autoridades de saúde foram aconselhadas a melhorar o acesso a tratamentos alternativos para a ansiedade e distúrbios do sono, por meio, por exemplo, da utilização de medicamentos homeopáticos. Villet e colaboradores (2016) conduziram um estudo observacional aberto com o objetivo de descrever a evolução clínica de pacientes com prescrição de medicamento homeopático para ansiedade e / ou distúrbios do sono. A amostra totalizou 639 pacientes e a ansiedade estava presente em 85,4% (pela escala HAM-A). Após 4 semanas, os escores médios de ansiedade diminuíram em mais de 7, 12 e 6 pontos, pelas escalas HAM-A, *Spielberger State* e *Trait*, respectivamente. Estes resultados revelam que o medicamento homeopático pode ser uma alternativa ao uso de psicofármacos para o tratamento de primeira escolha da ansiedade. Porém, mais estudos são necessários para confirmar essas possibilidades (Villet et al., 2016).

Em relação à epilepsia, há pesquisas que suscitam os benefícios das medicinas tradicionais complementares integrativas, incluindo a homeopatia, para esse distúrbio neurológico, principalmente, àqueles relacionados à diminuição dos efeitos adversos oriundos da terapêutica convencional realizada com medicamentos antiepilépticos.

A epilepsia é um distúrbio neurológico que acomete crianças, adolescentes e adultos jovens, caracterizado pela ocorrência de crises convulsivas espontâneas e recorrentes. Pode ser causada por fatores genéticos, estruturais, metabólicos ou desconhecidos. Dentre os tipos de epilepsia existentes, o que provoca maior atenção é aquele que apresenta resistência aos tratamentos medicamentosos com fármacos antiepilépticos, deixando de oferecer regressão no quadro da doença (American Psychiatric Association, 2013).

Apenas dois terços dos pacientes com epilepsia obtêm sucesso com o tratamento e, quando apresentam diminuição nas crises convulsivas, outro fator a ser considerado é o efeito adverso. Em um estudo realizado no departamento de neuropediatria de um hospital universitário no leste da Alemanha, pais de pacientes com idade entre 0 e 18 anos, com epilepsia, foram convidados a participar de pesquisa com aplicação de uma entrevista estruturada durante 4 meses em 2014. Esta pesquisa buscou levantar os fatores motivadores para o uso das medicinas tradicionais integrativas (Hartmann et al., 2016). A amostra correspondeu a 164 pais. Destes, 21 (13%) afirmaram que usaram medicinas tradicionais complementares integrativas no tratamento de seu filho. Os medicamentos mais comumente usados foram homeopáticos

(67%). 48% dos pais relataram redução na frequência de convulsões, 57% mencionaram a melhoria na condição geral de seus filhos e 95% desejaram continuar com as PICs para a terapia de epilepsia. Dos não usuários (143 pais), 91 (66%) expressaram o desejo de aprender mais sobre as PICs (Hartmann et al., 2016).

Além dos distúrbios psíquicos e neurológicos, citados anteriormente neste capítulo, a obesidade é uma condição cada vez mais constante na infância e na adolescência e se converteu em um dos problemas mais preocupantes da saúde pública mundial e brasileira. A obesidade é definida como um distúrbio nutricional e metabólico caracterizado pelo aumento de massa adiposa no organismo, refletindo em um aumento de peso corpóreo (Hernandes & Valentini, 2010).

Frente aos fatores psicossociais, as crianças obesas têm sua autoestima bastante diminuída, sentem-se rejeitadas, tendem a isolar-se e apresentam grande dificuldade de interação e aprendizagem na escola. Este pensamento reflete as consequências da obesidade que derivam de valores ligados à cultura atual que considera o corpo gordo como feio e pouco saudável. O número de publicações envolvendo o acompanhamento de pessoas obesas com tratamento homeopático é muito restrito. Porém, para os homeopatas, a obesidade, assim como diabetes, hipertensão e outras doenças, são apenas manifestações de desequilíbrio frente à vida. Uma vez equilibrado, o paciente passa a viver mais feliz em seu meio, melhora a adesão à dietoterapia, atingindo o peso adequado, se a sua bagagem hereditária permitir (Escher De Oliveira Nielson et al., 2013).

Outros transtornos que podem influenciar a aprendizagem são os do neurodesenvolvimento. Esses distúrbios de neurodesenvolvimento podem envolver transtornos de atenção, memória, percepção, linguagem, solução de problemas ou interação social. O Transtorno do Espectro Autista (TEA) é um transtorno mental complexo do neurodesenvolvimento, caracterizado por déficits persistentes na interação social e comunicação, com padrões de comportamento repetitivos e restritos, interesses e/ou atividades e desenvolvimento intelectual irregular (American Psychiatric Association, 2013). Outros transtornos neurodesenvolvimentais comuns incluem Transtorno de Déficit de Atenção/Hiperatividade (TDAH), Transtornos de Aprendizagem, por exemplo, dislexia, disortografia, discalculia e deficiência intelectual. Os sintomas começam na infância e a causa é desconhecida, embora, em alguns casos, existam evidências de um componente genético ou uma outra causa médica. O estresse materno durante a gravidez foi apontado, em uma revisão sistemática com meta-análise, como um potencial impacto na saúde da criança a curto e longo prazo e está associado ao TEA e a outras condições (Caparros-Gonzalez et al., 2021).

O diagnóstico é baseado na história sobre o desenvolvimento e observação. O tratamento consiste no controle do comportamento e, às vezes, intervenção medicamentosa. O tratamento do TEA é geralmente multidisciplinar, e estudos recentes mostram benefícios mensuráveis de abordagens baseadas no comportamento, que encorajam a interação e a compreensão da comunicação. Embora não exista nenhum tratamento curativo para o TEA, o controle ou a redução dos sintomas são abordagens recomendadas. Normalmente, esses tratamentos envolvem terapia comportamental; fonoterapia; terapia física e ocupacional e terapia medicamentosa (American Psychiatric Association, 2013). Há evidências científicas de que antipsicóticos atípicos, por exemplo, risperidona, aripiprazol, únicos aprovados pelo FDA, ajudam a aliviar problemas comportamentais, como comportamentos ritualísticos, autoprejudiciais e agressivos. Outros fármacos são, às vezes, utilizados para controlar sintomas específicos, incluindo antidepressivos para comportamentos ritualísticos, estabilizadores de humor, como o valproato, para comportamentos intempestivos e de autolesão. Estimulantes e outros fármacos para TDAH são empregados para desatenção, impulsividade e hiperatividade. Intervenções dietéticas, incluindo alguns suplementos vitamínicos e uma dieta livre de glúten e caseína, podem ser úteis, mas necessitam de maior comprovação, entretanto muitas famílias optam por usá-las. Os pais, ao buscarem tratamento, tendem a usar abordagens complementares e alternativas de saúde (CHA, *Complementary Health Therapy* e CAM, *Complementary and Alternative Medicine*) para seus filhos com TEA, que muitas vezes são desenvolvidas independentes ou em paralelo com a medicina convencional. Essas terapias incluem produtos naturais, com suplementos de plantas medicinais (Kava-kava, camomila, *Gingko biloba*, valeriana, Erva de São João, Echinaceae etc.), práticas mentais e corporais, como, massagem, *yoga*, *Tai Chi*, *Qi Gong*, acupuntura, terapia energética ou outras abordagens, como exemplo, dietas especiais com vitaminas A,C, B6, B12, minerais, ômega 3, entre outros (Lindly et al., 2017).

Um estudo randomizado sobre as intervenções da medicina alternativa e complementar usadas em uma amostra de 84 famílias australianas, com crianças na pré-escola, diagnosticadas com TEA, mostrou que a frequência de acesso (n) para a maioria desses serviços foi relativamente baixa. As dietas de exclusão de glúten e caseína (24), óleos / ácidos graxos (20) e suplementos vitamínicos e minerais (27) foram às intervenções primárias mais usadas pelas famílias com crianças com TEA, a homeopatia foi utilizada em seis crianças. Nesse trabalho, houve evidências de uma relação entre o número de intervenções utilizadas pelas famílias e o estado de desenvolvimento, sendo assim, pesquisas futuras precisam explorar mais essas abordagens e os fatores que influenciam as decisões dos pais em relação à educação e às intervenções terapêuticas (Carter et al., 2011).

O TDAH é um problema comum, crescente e é diagnosticado por meio da análise de um conjunto de comportamentos, tais como: a incapacidade de regular emoções ou gerenciar atrasos motivacionais e problemas com o funcionamento executivo. Comumente, esse transtorno é diagnosticado erroneamente (American Psychiatric Association, 2013). Frequentemente, acompanha Transtornos do Espectro do Autismo e dislexia. O TDAH afeta crianças, adolescentes e adultos, e a psicoeducação deve ser oferecida em todos os casos. A modificação ambiental deve ser implementada sempre que viável, para reduzir o impacto do TDAH no dia a dia do indivíduo, mas raramente os tratamentos medicamentosos são usados em crianças na pré-escola, entretanto podem ser usados se não houver sucesso na modificação ambiental e se houver prejuízo significativo em pelo menos um domínio (Asherson, 2020).

Para o tratamento do TDHA em crianças, é necessário explorar novas opções terapêuticas seguras e econômicas, a fim de alcançar melhora no quadro clínico e, nesse sentido, a homeopatia oferece uma opção para isso. Para exemplificar, uma série de casos comparativos de 20 crianças com diagnóstico de TDAH receberam tratamento homeopático em comparação com 10 crianças que receberam o tratamento usual (Fibert et al., 2016). Onze diferentes medicamentos foram utilizados de acordo com a anamnese: Stramonium (4), Tuberculinum (3), Calcarea carbonica (3), Medorrhinum (2), Carcinosin (2) Aranea ixobola (1), Baryta carb (1), Lac delphinum (1), Sulphur (1), Syphilinum (1), Lycopodium (1). Adicionalmente, a individualização dos tratamentos, 4 crianças foram tratadas com nova metodologia homeopática, elas receberam 30 CH, 200 CH, 1 M e 10 M de *Cannabis, Launderette*, antipsicóticos e antibióticos. O tratamento com o medicamento homeopático ocorreu com administração diária. Algumas crianças (25%)

tiveram grandes mudanças, três receberam diagnósticos adicionais de TEA e quatro descreveram agravos ambientais. Como conclusão, o tratamento com a homeopatia foi associado a melhorias sustentadas e crescentes, e a intervenção foi aceitável para os participantes. Porém, os autores do estudo recomendaram, para maiores conclusões, ensaios controlados randomizados de eficácia comparativa (Fibert et al., 2016).

Um relato de caso de um jovem de 16 anos com diagnóstico de TDAH, síndrome de Asperger e dislexia, que recebeu tratamento homeopático e tautopático por um ano e meio, apresentou melhorias no estado de TDAH, demonstradas pelo desenvolvimento educacional e realizações profissionais alcançadas pelo paciente. As ultradiluições moleculares de *Cannabis*, droga recreativa que o paciente foi submetido no útero materno, parecem ter contribuído para as melhorias. Contudo, pesquisa sistemática com número maior de indivíduos são necessárias para confirmar ou refutar essa observação (Fibert, 2015).

Transtornos de aprendizagem incluem problemas de leitura, matemática (discalculia), ortografia, expressões escritas ou manuscritas (disortografia), compreensão ou uso da linguagem verbal ou não verbal (transtornos de aprendizagem específicos comuns). A dislexia é um termo específico do transtorno de leitura. Alguns sinais e sintomas da dislexia são: atraso na aquisição da palavra, dificuldades na articulação da palavra, dificuldades de lembrar os nomes das letras, números e cores, dificuldades em lidar com palavras apesar das habilidades normais para cálculos matemáticos. Estima-se que 15% das crianças em escolas públicas têm problemas de leitura e, destas, metade tem inabilidades persistentes de leitura. A dislexia ocorre principalmente em meninos, mas o sexo não é fator de risco do seu desenvolvimento. A inabilidade de aprender regras da linguagem impressa é considerada parte da dislexia. Crianças afetadas podem ter dificuldades de determinar a raiz ou a procedência das palavras, bem como determinar na palavra qual a sequência das letras. Deve-se atentar que alguns problemas de leitura são, geralmente, causados por inabilidade na compreensão da palavra ou insuficiência cognitiva, além de problemas de percepção visual e movimentos oculares anormais, os quais não são considerados dislexia. Entretanto, esses problemas podem interferir posteriormente no aprendizado da palavra (American Psychiatric Association, 2013). O tratamento da dislexia consiste em intervenções educacionais, incluindo instruções diretas ou indiretas quanto às habilidades de reconhecimento de palavras ou componentes. A homeopatia pode ser uma terapêutica auxiliar, uma vez que trabalha a complexidade do indivíduo em seu contexto físico, social, emocional, ambiental, intelectual, ocupacional e financeiro.

Em um estudo multicêntrico, randomizado e controlado, 70 crianças, com idades entre 6 e 13 anos, que sofriam de dislexia, foram avaliadas quanto ao seu bem-estar e desempenho na aprendizagem com a terapia "*Sunflower*". Essa terapia alternativa e complementar combina suplementação nutricional, fitoterapia, homeopatia, massagem, manipulação osteopática, cinesiologia e programa neuro-linguístico. No estudo mencionado, as crianças do grupo de tratamento e do grupo de controle foram avaliadas por meio de uma bateria de testes padronizados de cognição, alfabetização e autoestima, antes e depois da intervenção terapêutica. Como resultado, foi observado que houve melhorias significativas na autoestima acadêmica e na autoestima de leitura para o grupo de tratamento. A maioria dos pais, 57,13%, sentiu que a terapia foi efetiva nas dificuldades de aprendizagem. Entretanto, os pesquisadores sugerem novas pesquisas para corroborar estes resultados (Bull, 2007).

Apesar da carência de publicações sobre o tratamento com a homeopatia, direcionadas ao tratamento de transtornos do neurodesenvolvimento, de aprendizagem, como a dislexia, emocionais e comportamentais, além de outras patologias que influenciam na aprendizagem na infância e na adolescência, é necessário salientar que, ao valorizar os aspectos subjetivos da individualidade na semiologia e na farmacologia, a homeopatia consegue atuar de forma objetiva na modulação das susceptibilidades emocionais e psíquicas e auxiliar no tratamento desses transtornos. A homeopatia é um sistema médico complexo de abordagem integral e dinâmica do processo saúde-doença, com ações no campo da prevenção de agravos, promoção e recuperação da saúde e tem ações destinadas a garantir às pessoas e à coletividade condições de bem-estar físico, mental e social, como fatores determinantes e condicionantes da saúde. Portanto, o tratamento homeopático pode contribuir para o fortalecimento da integralidade da atenção à saúde, pode fortalecer a relação médico-paciente, promovendo a humanização na atenção, estimulando o autocuidado e a autonomia do indivíduo com melhoria da qualidade de vida. Além disso, tem a vantagem de menores efeitos colaterais em comparação às drogas convencionais e custo reduzido.

REFERÊNCIAS

APA. American Psychiatric Association. (2013). Diagnostic and Statistical Manual of Mental Disorders. ***American Psychiatric Association***. https://doi.org/10.1176/appi.books.9780890425596.

ARCA FIOCRUZ. Transtornos de ansiedade em adolescentes: considerações para a pediatria e hebiatria. (n.d.). Retrieved March 3, 2021, from https://www.arca.fiocruz.br/handle/icict/8411.

Asherson, P. (2020). ADHD across the lifespan. In ***Medicine (United Kingdom)***, 48(11), 737–741. Elsevier. https://doi.org/10.1016/j.mpmed.2020.08.013.

Barbosa, T. R., Kila, A. T., Moyses, M. P. P., & Morsch, L. M. (2019). Ansiedade-traço e estado em universitários da área da saúde: avaliação e intervenção. ***Anais Do Salão de Ensino e de Extensão***, 0(0), 47. https://online.unisc.br/acadnet/anais/index.php/salao_ensino_extensao/article/view/19930.

Bull, L. (2007). Sunflower therapy for children with specific learning difficulties (dyslexia): A randomized, controlled trial. ***Complementary Therapies in Clinical Practice***, 13(1), 15–24. https://doi.org/10.1016/j.ctcp.2006.07.003.

Caparros-Gonzalez, R. A., Torre-Luque, A. de la, Romero-Gonzalez, B., Quesada-Soto, J. M., Alderdice, F., & Peralta-Ramírez, M. I. (2021). Stress During Pregnancy and the Development of Diseases in the offspring: A Systematic-Review and Meta-Analysis. ***Midwifery***, 97, 102939. https://doi.org/10.1016/j.midw.2021.102939.

Cardinalli Adler, U., De Paiva, M., De Toledo César, A., Schiabel Adler, M., Molina, A., & Calil, M. (2007). ***Tratamento homeopático da depressão: relato de série de casos Homeopathic treatment of depression: series of case report***. http://www.fmj.br

Carter, M., Roberts, J., Williams, K., Evans, D., Parmenter, T., Silove, N., Clark, T., & Warren, A. (2011). Interventions used with an Australian sample of preschool children with autism spectrum disorders. ***Research in Autism Spectrum Disorders***, 5(3), 1033–1041. https://doi.org/10.1016/j.rasd.2010.11.009.

Curatolo, E; Brasil, H. (2005). Depressão na infância: Peculiaridades no diagnóstico e tratamento farmacológico. J Bras Psiquiatr 54(3), 170-176, 2005. https://portal.fiocruz.br/sites/portal.fiocruz.br/files/publique/bipolar_heloisa_brasil.pdf

Depressão - OPAS/OMS. Organização Pan-Americana da Saúde. (n.d.). Retrieved March 3, 2021, from https://www.paho.org/pt/topicos/depressao.

Escher De Oliveira Nielson, S., Gleice, J., & De Freitas, A. (2013). Homeopatia e Obesidade: uma prática alternativa na saúde. In ***Revista EVS - Revista de Ciências Ambientais e Saúde***. 40 (1). https://doi.org/10.18224/EST.V40I2.2722.

Ferreira Ramos, B. (2018). Ambulatório de homeopatia em unidade de saúde de pediatria: por que não continuar? Homeopathy ambulatory in pediatric health unit: why not continue? *Brazilian Journal of Health Review Braz. J. Hea. Rev*, 1(2), 432–438. https://www.brazilianjournals.com/index.php/BJHR/article/view/793.

Fibert, P. (2015). Case report of a 16 year old youth with diagnoses of attention deficit hyperactivity disorder (ADHD), Asperger's syndrome and dyslexia receiving homoeopathic and tautopathic treatment. *European Journal of Integrative Medicine*, *7*(3), 312–317. https://doi.org/10.1016/j.eujim.2015.03.008

Fibert, P., Relton, C., Heirs, M., & Bowden, D. (2016). A comparative consecutive case series of 20 children with a diagnosis of ADHD receiving homeopathic treatment, compared with 10 children receiving usual care. *Homeopathy*, *105*(2), 194–201. https://doi.org/10.1016/j.homp.2015.09.008.

Grimaldi-Bensouda, L., Engel, P., Massol, J., Guillemot, D., Avouac, B., Duru, G., Lert, F., Magnier, A. M., Rossignol, M., Rouillon, F., Abenhaim, L., & Begaud, B. (2012). Who seeks primary care for sleep, anxiety and depressive disorders from physicians prescribing homeopathic and other complementary medicine? Results from the EPI3 population survey. *BMJ Open*, 2(6). https://doi.org/10.1136/bmjopen-2012-001498.

Hartmann, N., Neininger, M. P., Bernhard, M. K., Syrbe, S., Nickel, P., Merkenschlager, A., Kiess, W., Bertsche, T., & Bertsche, A. (2016). Use of complementary and alternative medicine (CAM) by parents in their children and adolescents with epilepsy - Prevelance, predictors and parents' assessment. *European Journal of Paediatric Neurology*, 20(1), 11–19. https://doi.org/10.1016/j.ejpn.2015.11.003.

Hernandes, F., & Valentini, M. P. (2010). Obesidade: causas e consequências em crianças e adolescentes. *Conexões*, *8*(3), 47–63. https://doi.org/10.20396/conex.v8i3.8637727.

Lima. A.C. *et.al*. (2010).Tratamento homeopático da asma infantil. Rev. Pesq. Inov. Farm. 2(1). https://revista.pgsskroton.com/index.php/RPInF/article/view/165

Lindly, O., Thorburn, S., Heisler, K., Reyes, N., & Zuckerman, K. (2017). Parent disclosure of complementary health approaches used for children with autism spectrum disorder: Barriers and facilitators. *Complementary Therapies in Medicine*, 35, 47–52. https://doi.org/10.1016/j.ctim.2017.09.003.

Pinto, A. I. A. Homeopatia em Pediatria. [Tese de Doutorado]. Universidade Fernando Pessoa.2013.

Villet, S., Vacher, V., Colas, A., Danno, K., Masson, J. L., Marijnen, P., & Bordet, M. F. (2016). Open-label observational study of the homeopathic medicine Passiflora Compose for anxiety and sleep disorders. *Homeopathy*, *105*(1), 84–91. https://doi.org/10.1016/j.homp.2015.07.002.

Revisão Técnica:

Ana Luiza Chaves Maia

OPÇÕES NÃO FARMACOLÓGICAS NOS TRANSTORNOS DE APRENDIZAGEM

Camila Gosenheimer Righi

Márcia Zakur Ayres

Wânia Cristina da Silva

INTRODUÇÃO

As abordagens terapêuticas não farmacológicas e educacionais dirigidas a pessoas com transtornos de aprendizagem têm sido objeto de debates frequentemente, muitas vezes, desconsiderando ou desvalorizando as evidências científicas a respeito de sua eficiência e validade social (Fernandes & de la Higuera Amato, 2013).

Muitas estratégias terapêuticas diferentes são usadas, porém a farmacoterapia é o método mais estudado por se mostrar eficaz na redução dos sintomas entre crianças com distúrbios de neurodesenvolvimento em estudos clínicos controlados. Entretanto, as evidências mostram um alto risco de efeitos negativos, incluindo vários efeitos adversos, os quais são a principal razão que requer o desenvolvimento de intervenções não farmacológicas. Por outro lado, não há censo sobre a relevância e o uso dos métodos não farmacológicos (Zarafshan et al., 2017).

A intenção deste capítulo é trazer à luz a reflexão sobre intervenções não farmacológicas usadas com sucesso como método sistemático, melhorar a compreensão e percepção do drama das famílias, escolas, bem como para contribuir no avanço da inserção dessas terapias no sistema público e privado de saúde.

O conceito de saúde tem evoluído nas últimas décadas, ampliando e extrapolando os conceitos pré-determinados. A abordagem em saúde integral considera "os sintomas como fenômenos resultantes da interação complexa entre fatores genéticos, biológicos, psicológicos, sociais e culturais" (Estanislau & Bressen, 2014).

Pesquisas apontam que os encaminhamentos de demandas escolares têm sobrecarregado o sistema de saúde, que já se encontra em um cenário de escassos recursos terapêuticos. O tratamento médico e as prescrições farmacológicas são importantes e, em muitos casos, imprescindíveis, mas generalizar e supervalorizar a doença não beneficia a ninguém. Existem opções não farmacológicas aplicadas individualmente ou com a proposta interdisciplinar e complementar nos casos de dificuldades e transtornos de aprendizagem. Felizmente, uma visão mais ampla tem envolvido o trabalho com a detecção e intervenção precoce, em prevenção e controle aos fatores de risco e na intervenção após o diagnóstico, com as ações voltadas para a promoção de saúde. A aproximação de especialistas e especialidades das áreas de educação, saúde e outras técnicas de promoção de bem-estar corrobora os objetivos de desenvolvimento do aluno integralmente, atendendo às suas necessidades individuais, visando ampliar seus recursos de aprendizagem.

INTERVENÇÃO ESCOLAR

O ambiente escolar detém boa parte do tempo do aluno. Ressalta-se que a atuação do professor, em sua prática diária, é fundamental para o sucesso do processo interventivo. O processo de intervenção escolar deve ser contínuo, com atenção individualizada, não se encerrando quando os sintomas forem amenizados. Muitas lacunas de aprendizagem e na compreensão dos conteúdos podem ter sido afetadas devido aos entraves educacionais vividos pelo aprendiz. A intervenção escolar é recomendada para todo e qualquer caso de dificuldade e/ou distúrbio de aprendizagem com ou sem a apresentação de diagnóstico.

PSICOPEDAGOGIA

A psicopedagogia é uma área de conhecimento e ação interdisciplinar em educação e saúde, que estuda e atua com os processos de aprendizagem e com os problemas decorrentes desse processo (Scoz, 2016). O objeto de trabalho do psicopedagogo é a aprendizagem humana em suas diversas formas e manifestações segundo o Código de Ética da Associação Brasileira de Psicopedagogia, ABPp. Durante as sessões, o trabalho é desenvolvido com atividades, jogos, leituras e atividades diversas. Dentre as técnicas, podem ser utilizados o PEI: Programa de Enriquecimento Instrumental, o Treino Cognitivo, o RTI: Resposta à intervenção, atividades psicopedagógicas de intervenção e reabilitação, dentre outros programas e modelos de intervenção. A intervenção psicopedagógica propõe estratégias de desenvolvimento da aprendizagem do aluno de maneira individual e personalizada e de forma abrangente em dificuldades e transtornos. O psicopedagogo também atua na orientação e intermediação da situação do aluno com a família e a escola (Bossa,2019).

FONOAUDIOLOGIA

As áreas de atuação do profissional fonoaudiólogo, descritas pelo Crefono, abrangem: Fluência, Audiologia, Neuropsicologia, Fonoaudiologia do Trabalho, Fonoaudiologia Neurofuncional, Gerontologia, Fonoaudiologia Educacional, Saúde Coletiva, Linguagem, Disfagia, Motricidade Orofacial (MO) e voz. As ações envolvem todas as faixas etárias, níveis de escolaridade e diagnóstico.

Na fonoaudiologia educacional, o profissional tem habilitação para planejar, elaborar, acompanhar e executar os "projetos, programas e ações que contribuam para o desenvolvimento de habilidades e competências de educadores e educandos, visando à otimização do processo de ensino e aprendizagem" (CREFONO,2022). A reabilitação do Processamento Auditivo Central é realizada em sessões com profissionais da fonoaudiologia e são de extrema importância para o desenvolvimento das funções executivas e aquisição da aprendizagem.

TERAPIA OCUPACIONAL

A definição de Terapia Ocupacional (T.O.) pelo Conselho Federal de Fisioterapia e Terapia Ocupacional diz que é uma "profissão de nível superior voltada ao estudo, à prevenção e ao tratamento de indivíduos com alterações cognitivas, afetivas, perceptivas e psicomotoras, decorrentes ou não de distúrbios genéticos, traumáticos e/ou de doenças adquiridas" (COFFITO,2022) Em casos de atrasos no desenvolvimento neuropsicomotor, por exemplo, a Terapia Ocupacional (T.O.) estimula as partes motora, sensorial e neurológica da criança. Os diagnósticos que apresentam transtornos em coordenação motora, múltipla deficiência, processamento sensorial e disfunção neuromotora, bem como comprometimentos destas áreas, no Transtorno do Espectro Autista (TEA), Transtorno do Déficit de Atenção (TDAH) e Transtornos Específicos de Aprendizagem são beneficiados pela atuação do Terapeuta Ocupacional (Folha e Monteiro, 2017)

FISIOTERAPIA

A fisioterapia na educação infantil, por meio de atividades lúdicas, tem por objetivo promover o desenvolvimento da aprendizagem infantil em todo o seu potencial, por meio da relação entre motricidade e aprendizagem (Secretti *et al.*,2019). A intervenção fisioterapêutica é destinada a ajudar as crianças a alcançar novas habilidades ou refinar as capacidades existentes. O treinamento é eficaz quando ocorre o aprendizado motor com retenção de uma habilidade. As estratégias de aprendizagem incorporadas na intervenção fisioterapêutica incluem demonstração, instrução verbal, *feedback*, variabilidade e prática (Voos et all, 2016).

MÉTODOS E PROGRAMAS NO TRANSTORNO DO ESPECTRO AUTISTA (TEA)

Diversos métodos e técnicas de intervenção no Transtorno do Espectro Autista (TEA) têm sido criados desde a sua descrição pela primeira vez em 1943 pelo médico austríaco Leo Kanner (Mas, 2018). Os conceitos e as metodologias do TEACCH (*Treatment and Education of Autistic and related Communication-handicapped Children*), PECS (*Picture Exchange Communication Symbol*) e ABA (*Applied Behavior Analysis*) serão destacadas por serem os mais indicados e utilizados. Entretanto, há outras abordagens que são utilizadas na intervenção com pessoas que fazem parte do grupo do TEA, como Modelo *Denver* de Intervenção Precoce ESDM, o Método DIR – *Floortime* (*Developmental, Individual Difference, Relationship-based Model*) e o Treinamento de Respostas Pivôs (*Pivotal Response Treatment*, PRT (Wong,2014).

TREATMENT AND EDUCATION OF AUTISTIC AND RELATED COMMUNICATION-HANDICAPPED CHILDREN (TEACCH)

Criado em 1966, nos EUA, o TEACCH (*Treatment and Education of Autistic and related Communication-handicapped Children*) utiliza-se de um método de avaliação chamado PEP-R (Perfil Psicoeducacional Revisado) (Kwee,2009). O PEP-R é baseado na organização do ambiente físico por meio de sistemas de trabalho, como tarefas ou atividade a fazer e visa desenvolver uma maior autonomia, com a construção de novos significados e habilidades, em tarefas diárias e nos estudos (Mello, 2007).

APPLIED BEHAVIOR ANALYSIS (ABA)

A ABA *(Applied Behavior Analysis)* também conhecida como Análise do Comportamento Aplicada possui mais de 50 anos de pesquisas científicas e é considerada pela Organização Mundial de Saúde (OMS) como um método de comprovada eficácia. A ABA é derivada do Behaviorismo, de aplicação comportamental, intensiva e sistemática. Consiste na aplicação de métodos que estimulam comportamentos funcionais, fortalece as habilidades existentes e modelam novas habilidades para que o indivíduo aprenda e desenvolva a comunicação, a interação e os novos padrões comportamentais (MELLO, 2007; Benitez et al., 2020).

PICTURE EXCHANGE COMMUNICATION SYMBOL (PECS)

O protocolo PECS (*Picture Exchange Communication Symbol*) é baseado na investigação e na prática dos princípios da Análise Comportamental Aplicada (ABA), com o objetivo de desenvolver a Comunicação Alternativa (CA), por meio de figuras ou pictogramas (Mello, 2007).

O Protocolo pode ser aplicado a pessoas que "não falam" ou que têm dificuldade na comunicação ou na organização da linguagem verbal.

PSICOLOGIA ESCOLAR E TERAPIA COGNITIVO COMPORTAMENTAL (TCC)

A abordagem clínica em Terapia Cognitivo Comportamental (TCC) se caracteriza por ser um modelo de psicoterapia breve, estruturado e direcionado para a resolução de problemas atuais e a modificação de pensamentos e comportamentos disfuncionais (Oliveira, 2001).

Para os pacientes com distúrbios de qualquer natureza, os desafios escolares podem se tornar uma experiência estressante com comprometimentos acadêmicos e sociais. A TCC busca integrar emoção, cognição, comportamento e habilidades socioemocionais (Jager et al., 2021).

O profissional psicólogo que atua com a abordagem escolar analisa e intervém nas relações entre o paciente, o sistema de ensino e os pares educativos, bem como toda a repercussão comportamental dessas relações na aprendizagem.

PSICANÁLISE

Desde que Freud demonstrou seu interesse pela pedagogia com o intuito de possibilitar uma melhor compreensão a respeito do desenvolvimento da criança e do adolescente, muitos educadores e terapeutas têm se voltado ao estudo da premissa da psicanálise, que é a diferenciação do psíquico em consciente e inconsciente (Freud, 1913).

A psicanálise tem sido tema na formação docente, ligada aos aspectos científicos e epistemológicos da aprendizagem (Fernandez,2009; Bossa,2019).

Ao indivíduo em análise, com questões de aprendizagem, é possibilitada uma modificação, ao mesmo tempo limitada e importante, da personalidade do aprendiz, que permite entender e interagir e sua relação com a aprendizagem (Lyra & Rocha,2012).

ATIVIDADE FÍSICA / EDUCAÇÃO FÍSICA

Muitos estudos têm apontado que a prática de atividade física, além dos benefícios para o corpo, proporciona a melhoria na capacidade de concentração, fixação de conteúdos, raciocínio lógico e memória. A atividade física orientada em escolinhas de esportes e academias, a educação física na escola, bem como dentro de sala de aula, tem sido proporcionada a todas as faixas etárias, visando ao desenvolvimento físico, cognitivo e emocional e à diminuição do sedentarismo (Kolyniak Filho, 2010).

Um relatório da Escola Americana de Medicina apontou que "crianças mais ativas prestam mais atenção, possuem velocidade de processamento cognitivo mais rápido e se saem melhor nas provas do que as crianças menos ativas" (Institute of Medicine, 2013).

EQUOTERAPIA

A equoterapia é um "método terapêutico que utiliza o cavalo dentro de uma abordagem interdisciplinar nas áreas de saúde, educação e equitação, buscando o desenvolvimento biopsicossocial de pessoas com deficiência e/ou com necessidades especiais" (Ande, 2021).

A Equoterapia trabalha com quatro programas básicos, que atendem às demandas individuais de cada pessoa. São eles: a hipoterapia, a educação e a reeducação, o programa pré-esportivo e a prática esportiva paraequestre. O praticante da equoterapia intervém e é intervindo à medida que interage com o cavalo (Prestes et al., 2010).

MUSICOTERAPIA

A musicoterapia é uma técnica que utiliza os sons para intervir e tratar com o objetivo de "desenvolver potenciais e/ou restabelecer funções do indivíduo para que possa alcançar uma melhor integração intra e/ou interpessoal e, consequentemente, uma melhor qualidade de vida, pela prevenção, reabilitação ou tratamento" (UBAM, 2021).

NUTRIÇÃO

A relação entre a nutrição e a aprendizagem vem sendo cada vez mais estudada, devido à sua importância para o desenvolvimento corporal e intelectual do ser humano. Um crescente aumento no número de casos de transtornos de aprendizagem associados aos distúrbios alimentares ou à desnutrição vem preocupando pais, professores e especialistas, na observação de sintomas de dificuldades em atenção, concentração e memória. No âmbito da aprendizagem, o nutricionista atua institucionalmente em escolas na elaboração do cardápio de alimentação coletiva, bem como na clínica no atendimento individual de pacientes com demandas para intervenção alimentar e para praticantes de atividades físicas (CRN2).

YOGA

O *yoga* é uma filosofia milenar, originária da Índia, com mais de 5.000 anos de história. A palavra *yoga* significa "controlar e unir". Recentes estudos demonstraram que essa prática associada aos conceitos da neurociência têm trazido efeitos benéficos na aprendizagem. O *Yoga* apresenta várias técnicas – dentro e fora da sala de aula – que permitem alcançar os estados propícios à aprendizagem prescritos pela Neurociência Cognitiva. Dentre essas técnicas, há inclusive uma de prática do *Yoga* dentro da sala de aula, denominada R.Y.E - *Recherche sur le Yoga dans l'Éducation* (Arenaza, 2002).

Com práticas, tais como exercícios, controle da respiração e meditação, é possibilitado o trabalho da parte física e mental, proporcionando a ampliação da criatividade, equilíbrio e controle emocional, com um melhor desempenho na aprendizagem e sensação de bem-estar, tanto para o aluno quanto para o professor.

MINDFULNESS

O termo *Mindfulness* origina-se na língua inglesa e, em português, é traduzido como "Atenção Plena". A atenção é a função mais frágil no cérebro humano. Recebemos vários estímulos no dia e os filtros motivacionais que checam se os estímulos serão ou não armazenados de acordo com a condição cognitiva e com os interesses individuais (Bishop et al., 2004; Lueke & Gibson, 2015).

O *Mindfulness* ou Atenção Plena trabalha a capacidade de estar presente plenamente no momento e na ação em que está envolvido, consciente do que está fazendo, buscando a paz e sem julgamentos (Kabat-Zinn, 1990).

MASSOTERAPIA

A massoterapia é uma das terapias alternativas mais eficazes e amplamente utilizadas. Embora a maioria das sessões de massagem terapêutica seja para dor, pesquisas recentes sugerem que ela é eficaz para outras condições, incluindo crescimento de bebês prematuros, TDAH, depressão e condições imunológicas (Campo et al., 2007; Field, 2014).

A massoterapia busca a integração de técnicas orientais e ocidentais, visando trazer benefícios para o aparelho locomotor, muscular e esquelético, bem como para o equilíbrio das energias do corpo. Durante a aplicação da massoterapia, ocorre a liberação de hormônios que promovem o relaxamento, o estímulo da circulação sanguínea e o alívio de músculos tensionados (Field, 2014).

Para desempenhar essa função no Brasil, o profissional passa por uma formação de no mínimo 1.200 horas, quando aprende diversas técnicas, a saber: Massagem clássica, Drenagem linfática e corporal, Cromoterapia, Reflexologia podal, *Quick Massage*, Aromaterapia,

Shiatsu, *Tui Ná* (Tuina), *Do-in*, Auriculoterapia, segundo o Conselho Brasileiro de Auto Regulamentação da Massoterapia (CONBRAMASSO).

Apesar da crescente pesquisa em tratamentos complementares, como massagem, poucos estudos examinaram os correlatos neurobiológicos da massagem terapêutica. Entretanto, podemos destacar um recente estudo envolvendo participantes saudáveis, o qual revelou que 4 minutos de massagem nas costas aumentou o fluxo sanguíneo cerebral (Ouchi et al, 2006, Sliz et al, 2012).

As técnicas de massagem são elementos importantes para o sucesso do tratamento e têm sido bem indicadas como terapias complementares para melhor evolução do tratamento de diversas condições clínicas e bem-estar dos pacientes.

ACUPUNTURA

A acupuntura é uma terapia milenar originária da China. Agulhas especiais para a técnica são introduzidas em pontos específicos do corpo para tratar doenças físicas e emocionais, visando promover a saúde (Kaptchuk, 2002).

No campo da aprendizagem, encontramos estudos, dentre eles, alguns ensaios randomizados de acupuntura em crianças com Paralisia Cerebral (PC) sobre a eficácia clínica da acupuntura para crianças com PC, publicados principalmente na China. Embora os resultados sejam bem animadores, são necessárias evidências de eficácia e segurança mais robustas para sustentar os resultados apresentados para utilização da acupuntura na Paralisia Cerebral (Duncan 2004; Sun 2004; Zheng 2005, Zhang et al, 2017)

A acupuntura é uma especialidade médica, de natureza multiprofissional, que tem o seu exercício permitido a médicos, médicos veterinários e cirurgiões-dentistas, cada qual em sua área legal de competência e atuação. É uma especialidade orientada pelo Conselho Médico Brasileiro de Acupuntura (CMBA).

CONSIDERAÇÕES FINAIS

A compreensão da situação do sujeito, referente à sua aprendizagem, tem um grande impacto em sua rotina familiar e escolar com reflexos em seu desempenho e em sua autoimagem, autoestima e autoconfiança.

Em muitos casos, os tratamentos não farmacológicos, associados ou não às terapias farmacológicas, podem ser recursos valiosos e promotores de saúde integral e bem-estar ao aprendente.

Dessa forma, é imprescindível que seja proporcionada a avaliação e intervenções individuais, pertinentes a cada caso, com o intuito de aperfeiçoar o processo de aprendizagem e melhorar a qualidade de vida com impacto positivo em seu presente e futuro, como indivíduo pertencente e atuante na sociedade.

REFERÊNCIAS

ABPP Associação Brasileira de Psicopedagogia Disponível em < abpp.com.br >.

ANDE BRASIL, Associação Nacional de Equoterapia - Ande-Brasil Disponível em: <http://equoterapia.org.br/articles/index/articles_list/134/121/0>.

Arenaza, Diego. 2002. Site: Yoga na Educação. Disponível em

< ced.ufsc.br/yoga >.

Benitez, Priscila, Albuquerque, Isis, Manoni, Nathalia V., Ribeiro, Ana Flávia, & Bondioli, Ricardo M.. (2020). Centro de aprendizagem e desenvolvimento: estudo de caso interdisciplinar em aba. Psicologia: teoria e prática, 22(1), 351-367. https://dx.doi.org/10.5935/1980-6906/psicologia.v22n1p351-367

Bishop, S. R., Lau, M. A., Shapiro, S., Carlson, L., Anderson, N., Carmody, J., ... Devins, G. (2004). Mindfulness: A proposed operational definition. Clinical Psychology: Science and Practice, 11, 230–241

Bossa, Nadia A. A psicopedagogia no Brasil: contribuições a partir da prática. Rio de Janeiro: Wak Editora, 2019.

Campo T, Diego M, Hernandez-Reif M. Pesquisa em terapia de massagem. *Revisão de Desenvolvimento*. 2007; 27 :75-89.

CMBA, Colégio Médico Brasileiro de Acupuntura – CMBA Disponível em <cmba.org.br>

CREFONO, Conselho Regional de Fonoaudiologia, 6ª.região. Disponível em

< crefono6.org.br >

CRN2, Conselho regional de Nutricionistas 2ª região. Disponível em: <http://www.crn2.org.br/>

COFFITO, Conselho Federal de Fisioterapia e Terapia Ocupacional. Disponível em: < https://www.coffito.gov.br/nsite/?page_id=3382>

CONBRAMASSO, Conselho Brasileiro de Auto Regulamentação da Massoterapia. Disponível em https://www.conbramassoconselho.com.br/.

Duncan B, Barton L, Edmonds D. Parental perceptions of the therapeutic effect from osteopathic manipulation or acupuncture in children with spastic cerebral palsy. *Clinical Pediatrics* 2004;43:349-53.

Educating the Student Body Taking Physical Activity and Physical Education to School. Institute of Medicine of the National Academies. Report Brief

Whashington D.C., May 2103. Disponível em: https://www.nap.edu/resource/18314/EducatingTheStudentBody_rb.pdf.

Estanislau, G. M.; Bressan, R. A. 2014. Saúde Mental na Escola: o que os educadores devem saber. São Paulo: Artmed, 280 p.

Fernandez, A.(1990). A inteligência aprisionada – Porto Alegre: Artes Médicas

Fernandes, F. D. M., & de la Higuera Amato, C. A. (2013). Análise de Comportamento Aplicada e Distúrbios do Espectro do Autismo: revisão de literatura. In *CoDAS* (Vol. 25, Issue 3, pp. 289–296). https://doi.org/10.1590/s2317-17822013000300016

Field T. (2014). Massage therapy research review. *Complementary therapies in clinical practice*, *20*(4), 224–229. https://doi.org/10.1016/j.ctcp.2014.07.002

Folha, D., & Monteiro, G. (2017). Terapia Ocupacional na atenção primária à saúde do escolar visando a inclusão escolar de crianças com dificuldades de aprendizagem/ Occupational Therapy in primary health at school seeking inclusion of students with learning difficulties. *Revista Interinstitucional Brasileira de Terapia Ocupacional - Revisbrato, 1*(2), 202-220. doi:https://doi.org/10.47222/2526-3544.rbto5311

Jager, Márcia Elisa, Torres, Isadora Esteve, Freitas, Laís Ismael, & Santos, Samara Silva dos. (2021). Abordagem cognitivo-comportamental na escola: possibilidades de intervenção. Aletheia, 54(1), 105-112. https://dx.doi.org/DOI10.29327/226091.54.1-11

Kabat-Zinn, J. 1990. Full catastrophe living: Using the wisdom of your body and mind to face stress, pain, and illness. New York: Delta, 460 p.

Kaptchuk TJ. Acupuntura: Teoria, eficácia e prática . *Annals of Internal Medicine* 2002; 136 :374-83.

Kolyniak Filho, Carol. (2010). Motricidade e aprendizagem: algumas implicações para a educação escolar. Construção psicopedagógica, 18(17), 53-66. Recuperado em 05 de novembro de 2022, de http://pepsic.bvsalud.org/scielo.php?script=sci_arttext&pid=S1415-69542010000200005&lng=pt&tlng=pt.

Kwee, Caroline Sianlian, Sampaio, Tania Maria Marinho e Atherino, Ciríaco Cristóvão TavaresAutismo: uma avaliação transdisciplinar baseada no programa TEACCH. Revista CEFAC [online]. 2009, v. 11, suppl 2, pp. 217-226. Disponível em: <https://doi.org/10.1590/S1516-18462009000600012>. Epub 31 Ago 2009. ISSN 1982-0216. https://doi.org/10.1590/S1516-18462009000600012.

Lira, Jessica, & Rocha, Julliana. (2012). Freud: contribuições acerca da aprendizagem e suas implicações educacionais. Vínculo, 9(2), 39-43. Disponível em: http://pepsic.bvsalud.org/scielo.php?script=sci_arttext&pid=S1806-24902012000200007&lng=pt&tlng=pt.

Lueke, A., & Gibson, B. (2015). Mindfulness Meditation Reduces Implicit Age and Race Bias: The Role of Reduced Automaticity of Responding. *Social Psychological and Personality Science*, *6*(3), 284–291. https://doi.org/10.1177/1948550614559651

Mas, N. A. (2018). Transtorno do espectro autista-história da construção de um diagnóstico. Dissertação de Mestrado, Instituto de Psicologia, Universidade de São Paulo, São Paulo. doi:10.11606/D.47.2018.tde-26102018-191739. Disponível em: www.teses.usp.br

Mello, Ana Maria S. Ros. Autismo: guia prático. 7ª ed. Brasília : CORDE, 2007. 104 p. Disponível em <goo.gl/6vJIir>.

Oliveira, Clarissa Tochetto de; DIAS, Ana Cristina Garcia; Piccoloto, Neri Maurício. Contribuições da terapia cognitivo-comportamental para as dificuldades de adaptação acadêmica. Rev. bras.ter. cogn., Rio de Janeiro , v. 9, n. 1, p. 10-18, jun. 2013. Disponível em: <http://pepsic.bvsalud.org/scielo.php?script=sci_arttext&pid=S1808-56872013000100003&lng=pt&nrm=iso>.

Ouchi Y, Kanno T, Okada H, Yoshikawa E, Shinke T, Nagasawa S, et al. Changes in cerebral blood flow under the prone condition with and without massage. *Neuroscience Letters*. 2006;407(2):131–5. doi: 10.1016/j.neulet.2006.08.037.

Prestes, Daniela Bosquerolli, Weiss, Silvio, & Oliveira Araújo, Julio César. (2010). A equoterapia no desenvolvimento motor e autopercepção de escolares com dificuldade de aprendizagem. *Ciências & Cognição*, 15(3), 192-203. Disponível em: http://pepsic.bvsalud.org/scielo.php?script=sci_arttext&pid=S1806-58212010000300016&lng=pt&tlng=pt.

Secretti, G. B., Petermann, X. B., & Marques, R. N. (2019). Atividades Psicomotoras Desenvolvidas nos Anos Iniciais do Ensino Fundamental. *Vivências*, *15*(28), 43-49. https://doi.org/10.31512/vivencias.v15i28.13

Sliz, D., Smith, A., Wiebking, C., Northoff, G., & Hayley, S. (2012). Neural correlates of a single-session massage treatment. *Brain imaging and behavior*, *6*(1), 77–87. https://doi.org/10.1007/s11682-011-9146-z

Sun JG, Ko CH, Wong V. Randomised control trial of tongue acupuncture versus sham acupuncture in improving functional outcome in CP. *Journal of Neurology, Neurosurgery, and Psychiatry* 2004;75:1054-7

UBAM, União Brasileira de Associações de Musicoterapia disponível em https://ubammusicoterapia.com.br.

Voos, Mariana Callil O papel do fisioterapeuta na inclusão escolar na educação infantil. Fisioterapia e Pesquisa [online]. 2016, v. 23, n. 4 [Acessado 5 Novembro 2022], pp. 343-344. Disponível em: <https://doi.org/10.1590/1809-2950/00000023042016>. Epub Oct-Dec 2016. ISSN 2316-9117. https://doi.org/10.1590/1809-2950/00000023042016.

Wong, C. Odom, S. L. Hume, K. Cox, A. W. Fettig, A. Kucharczyk, S. Schultz, T. R. (2014). Evidence-based practices for children, youth, and young ddults with Autism Spectrum Disorder. Chapel Hill: The University of North Carolina, Frank Porter Graham Child Development Institute, Autism Evidence Based Practice Review Group. Disponível em: http://cidd.unc.edu/Registry/Research/Docs/31.pdf

Zarafshan, H., Salmanian, M., Aghamohammadi, S., Mohammadi, M. R., & Mostafavi, S.-A. (2017). Effectiveness of Non-Pharmacological Interventions on Stereotyped and Repetitive Behaviors of Pre-school Children with Autism: A Systematic Review. *Basic and Clinical Neuroscience*, *8*(2), 95–103.

Zhang, M., Li, J., & Kjeldstrøm, M. (2017). Acupuncture for children with cerebral palsy. *The Cochrane Database of Systematic Reviews*, *2017*(1), CD007127. https://doi.org/10.1002/14651858.CD007127.pub2

Zheng WG. Treatment of Infantile cerebral palsy mainly by acupoint-pressing and tuina. *Journal of Acupuncture and Tuina Science* 2005;3(1):48-50.

Revisão Técnica:

Vanessa de Almeida

SOBRE OS ORGANIZADORES

WÂNIA CRISTINA DA SILVA

A Dra. Wânia Cristina da Silva, pesquisadora em medicamentos e assistência farmacêutica desde 2011, é graduada em Farmácia e Bioquímica pela Universidade Federal de Ouro Preto (UFOP/1999), mestra em ciências Farmacêuticas (UFOP/2014) e doutora em Medicamentos e Assistência Farmacêutica pela Universidade Federal de Minas Gerais (UFMG/2019). Além disso, é máster internacional em *Atención Farmacéutica Integral* (*Universidad Barcelona*/2013 e práticas no hospital *Clínic y Provincial da Faculdade de Medicina de Barcelona*/1999). Realizou, ainda, estágio pós-doutoral em Ciência e Integração de Dados em uma cooperação da Fiocruz Brasília, com a Fiocruz Bahia e o Ministério da Saúde, em um projeto de análise temporal e espacial do perfil da utilização de medicamentos biológicos no âmbito do SUS.

Atua como professora convidada na faculdade de medicina da UFMG na disciplina de Política de Saúde e Planejamento, é palestrante nacional e internacional nos temas de Assistência Farmacêutica, Farmacoeconomia, Análise de Impacto Orçamentário e Farmácia Clínica: tratamentos oncológicos, biossimilares, medicina canábica, fitoterapia e aromaterapia científica.

Ganhadora do Prêmio Internacional em Inovação cientifica pelo Projeto intitulado: *"Relação das Medicinas Tradicional Indígena e Cientifica Oficial na Aldeia Omágua Kambeba do Baixo rio Negro - Amazonas"*.

Idealizadora do Projeto TeraVita Instituto com abordagem em Saúde Integrativa com suporte em Inteligência Artificial da Saúde (IAS) e gestão de serviços de saúde.

Currículo Lattes: http://lattes.cnpq.br/5772929171265313

ORCID: https://orcid.org/0000-0002-5108-5724

LinkeIn:https://www.linkedin.com/in/wania-cristina-da-silva-msc-phd-76a5a514/

ANTONY DE PAULA BARBOSA

Farmacêutico Industrial/ Bioquímico e Farmacêutico Esteta

O professor doutor Antony de Paula Barbosa é graduado em Licenciatura em Química e Farmácia com habilitação em Farmácia Industrial e em Análises Clínicas pela Universidade Federal do Rio de Janeiro (UFRJ).

Tem especialização em Cosmetologia e pós-graduação em Farmácia Estética pelo Núcleo de Estudos em Estética Carolina Puga (NEPUGA).

Concluiu o mestrado e doutorado em Química de Produtos Naturais pelo Instituto de Pesquisas de Produtos Naturais da UFRJ (IPPN) e o pós-doutorado em Fitoterapia pela *Université Lille Nord de France* na França e em Ciências Farmacêuticas pela Universidade Federal de Minas Gerais (UFMG). É revisor de periódicos indexados nacionais e internacionais.

SOBRE OS AUTORES

ADRIANA DE SOUZA MEDEIROS BATISTA

Formada em Ciências Biológicas e Tecnologia em Radiologia com Especialização em Psicopedagogia Institucional e Clínica, possui mestrado e doutorado em Ciências e Técnicas Nucleares pela Universidade Federal de Minas Gerais (UFMG). Professora Adjunta da Faculdade de Medicina da UFMG no Programa de Pós-graduação em Promoção da Saúde e Prevenção da Violência.

ORCID - https://orcid.org/0000-0001-6834-7551

Lattes.cnpq.br/3064491413062751

CAMILA GOSENHEIMER RIGHI

Titulações: *Graduação* em Enfermagem pela Universidade Federal do Rio Grande do Sul (UFRGS) em 2008. *Especialização* em Gerenciamento dos Serviços de Enfermagem pela Faculdade de Enfermagem da UFRGS em 2009. *MBA em Auditória em Saúde* pela Faculdade de Tecnologia em Saúde (Fasaúde) em 2010. *Mestre* em Ciências da Saúde pela Faculdade de Medicina da UFRGS em 2013. *Doutora* em Ciências da Saúde pela Faculdade de Medicina da UFRSG em 2018.

Atuação: *Proprietária* da empresa *CGR Assessoria e Consultoria Científica* para desenvolvimento de pesquisas científicas, administração e gestão de pesquisas, análises estatísticas, publicações e embasamento de práticas de profissionais de saúde por meio da aplicação de evidências científicas tanto em práticas assistenciais quanto gerenciais. *Gerenciadora de Pesquisas - Hospital Israelita Albert Einstein (HIAE)*. Analista de Contratos de Pesquisa - *Fundação Médica do Rio Grande do Sul (FUNDMED). Consultora Científica - Unimed Central de Serviços do Rio Grande do Sul. Membro do Conselho Diretor* da Associação Brasileira de Gestão e Administração em Pesquisas Científicas ou Brazilian Research Administration and Management Association (*BRAMA Brazil*).

DANIEL NIGRO LOPES

Graduado em Medicina pela Faculdade de Medicina de Catanduva (FIPA), residência médica em Psiquiatria pelo Serviço de Saúde Dr. Cândido

Ferreira (SSCF) e residência em Psiquiatria da Infância e Adolescência pela Universidade Estadual de Campinas (Unicamp). Mestrando em ciências médicas pela Unicamp. Supervisor voluntário no Ambgen-Unicamp.

DANIELA QUADROS DE AZEVEDO

Farmacêutica pela Universidade Federal de Ouro Preto. Especialista em Homeopatia pela Associação Mineira de Farmacêuticos Homeopatas (AMFH) e em Gestão e Docência do Ensino Superior pela Pontifícia Universidade Católica de Minas Gerais (PUC/MG). Mestre em Educação em Diabetes pelo Instituto de Ensino e Pesquisa Santa Casa de Misericórdia (IEP/BH/MG). Doutoranda do Programa de Pós-Graduação em Ciências Farmacêuticas da Faculdade de Farmácia da Universidade Federal de Minas Gerais (UFMG). Linha de pesquisa: biofármacos naturais e sintéticos. Coordenadora da Liga Acadêmica de Homeopatia (LigaHo) do Curso de Medicina do Centro Universitário de Belo Horizonte (UniBH). Professora de cursos técnicos, graduação e pós-graduação em Farmácia, bem como dos Programas de Residência da Associação Médica Homeopática de Minas Gerais (AMHMG) e do Hospital Sofia Feldmann.

INGRID CAROLINE SILVA DIAS

Biomédica graduada pela Faculdade de Minas (Faminas-BH), mestre em Neurociências pela Universidade Federal de Minas Gerais (UFMG). Durante o mestrado, desenvolveu sua pesquisa com marcadores inflamatórios e risco cardiovascular em pacientes com esquizofrenia. Atualmente, é doutoranda do Programa de Pós-Graduação em Patologia pela Universidade Federal de Minas Gerais (UFMG), atuando na linha de pesquisa de Patologia Clínica e Medicina Laboratorial.

Currículo Lattes: http://lattes.cnpq.br/4844509027943603

JULIANA MENDES AMORIM

Farmacêutica graduada pela Universidade Federal de Minas Gerais (UFMG). Mestre e Doutora em Ciências Farmacêuticas pela UFMG. Atuou como docente na Faculdade Pitágoras de Betim (Betim/MG) e na Faculdade Multivix (São Mateus/ES). Atua, principalmente, em projetos de pesquisa, ensino e extensão relacionados ao desenvolvimento, ao controle de qualidade e a aplicações terapêuticas de fitoterápicos e plantas medicinais. Atualmente, é professora em cursos de pós-graduação e extensão na área de fitoterapia e é uma das proprietárias da Mikania, uma empresa de suporte acadêmico e em pesquisa com plantas medicinais.

JUSSARA AMARAL MATEUS GROSSI

Graduada em Farmácia pelo Centro Universitário Newton Paiva em 2004. Especialista em Farmácia Hospitalar e Serviços de Saúde pela Associação Mineira de Farmacêuticos; Especialista em Gestão da Assistência Farmacêutica pela Universidade Federal de Santa Catarina por meio do Programa de Assistência Farmacêutica do Ministério da Saúde; Especialista em Farmácia Estética e Cosmetologia pela Faculdade de Ciências Gerenciais da Bahia por meio do Nepuga (Núcleo de Estudos Carolina Puga).
Coautora dos materiais didáticos do Curso de Gerenciamento da Assistência Farmacêutica Municipal, promovido pela Secretaria de Estado de Saúde de Minas Gerais e de artigos sobre Atenção Farmacêutica, publicados em revistas científicas. Desde 2007 até a presente data, é efetiva no município de Jequitibá/MG como coordenadora da Assistência Farmacêutica municipal.

Currículo Lattes - http://lattes.cnpq.br/0085528599349382

MÁRCIA ZAKUR AYRES

Mestre em Promoção de Saúde e Prevenção da Violência pela Faculdade de Medicina da Universidade Federal de Minas Gerais (UFMG). Especialista em Psicopedagogia Clínica e Institucional, Neurociências e Psicanálise Aplicadas à Educação, Psicomotricidade, Neuropsicologia, Neuropsicopedagogia e Gestão de Empresas. Possui graduação em Pedagogia pela Universidade do Estado de Minas Gerais (UEMG). Docente, palestrante, escritora, orientadora educacional e pesquisadora na área de Aprendizagem e Educação Integral.

http://lattes.cnpq.br/1863409710852585

MICHELE POLYANA ROCHA MENDES

Pós-doutoranda no Departamento de Análises Clínicas e Toxicológicas pela Universidade Federal de Minas Gerais (UFMG); possui doutorado em Análises Clínicas e Toxicológicas pela UFMG (2021), mestrado também em Análises Clínicas e Toxicológicas pela UFMG (2015). Graduada em Farmácia pelo Centro Universitário de Caratinga (UNEC, 2010). Possui experiência na área de Medicina Laboratorial e Docência em cursos de Graduação e Pós-graduação. Atualmente, é professora da disciplina de Toxicologia do Curso de Farmácia da Nova Faculdade – Contagem/MG; na qual também coordena o Curso de Farmácia. Atua na área de Toxicologia Ocupacional e Ambiental na validação de métodos analíticos e identificação de biomarcadores para a biomonitorização da exposição à xenobióticos e seu impacto na saúde humana.

Endereço para acessar este CV: http://lattes.cnpq.br/7733085113499064

NÍVEA CRISTINA VIEIRA NEVES

Graduada em Farmácia Bioquímica, habilitação em Análises Clínicas, pela Universidade Federal de Ouro Preto (UFOP) e mestra em Ciências Farmacêuticas pela mesma instituição. Possui doutorado em Ciências Farmacêuticas no Programa de Pós-Graduação em Ciências Farmacêuticas (PPGCF/UFMG), com período sanduíche na *Trinity College Dublin*, Irlanda. Atualmente, é professora em cursos de graduação na área da saúde, pós-graduação em Análises Clínicas, Farmácia Clínica e Fitoterapia, e integrante de projetos de extensão na área de Fitoterapia (UFMG).

ID Lattes: 2749870826478125

OROZIMBO HENRIQUES CAMPOS NETO

Profissional com experiência acadêmica em ensino, pesquisa e extensão e também como gestor no Sistema Único de Saúde (SUS). Na carreira acadêmica formou-se como Doutor em Saúde Pública pela Faculdade de Medicina da Universidade Federal de Minas Gerais (UFMG); Mestre em Saúde Pública/Área de Concentração: Políticas de Saúde e Planejamento pela Faculdade de Medicina da UFMG e Farmacêutico com Habilitação em Análises Clínicas pela UFMG. Pesquisador do Grupo de Pesquisa em Economia da Saúde (GPES/UFMG). Professor do MBA em Gestão de Saúde da Pontifícia Universidade Católica de Minas Gerais (PUC/MG). Professor da Especialização em Saúde Coletiva e da Família da Faculdade Sete Lagoas (FACSETE - modalidade EAD). Professor do curso de graduação em Farmácia na Faculdade Ciências da Vida (FCV) em Sete Lagoas/MG. Na gestão de serviços de saúde foi Assessor-Chefe do Núcleo de Atendimento à Judicialização da Saúde na Secretaria de Estado de Saúde (SES-MG) e Diretor de Atenção Primária e Vigilância em Saúde na Secretaria Municipal de Saúde de Pedro Leopoldo/MG (SMS/PL). Atualmente, é Assessor de Gestão Estratégica e inovação em Saúde na Secretaria Municipal de Saúde de Contagem/MG.

Lattes: http://lattes.cnpq.br/6238532692062651

PAULA MENDONÇA LEITE

Farmacêutica graduada pela Universidade Federal de Minas Gerais (UFMG). Especialista em Gestão de Redes de Atenção à Saúde pela FIOCRUZ. Mestre e Doutora em Ciências Farmacêuticas pela Universidade Federal de Minas Gerais. Atuou como docente no Centro Universitário Una, Campus Guajajaras e Sete Lagoas. Atua, principalmente, em projetos de pesquisa, ensino e extensão relacionados à Fitoterapia na Saúde Pública, Quimiossistemática e Plantas Medicinais na Hemostasia. Atualmente, é professora em cursos de pós-graduação e extensão na área de fitoterapia, está realizando residência Pós-Doutoral no Laboratório de Farmacognosia e Homeopatia da UFMG e é uma das proprietárias da Mikania, uma empresa de suporte acadêmico e em pesquisa com plantas medicinais.

RACHEL OLIVEIRA CASTILHO

A professora titular Rachel Oliveira Castilho é farmacêutica, formada pela Universidade Federal do Rio de Janeiro (1995). Concluiu o mestrado (1997) e o doutorado (2001) em química de produtos naturais no Rio de Janeiro, Brasil e pós-doutorado na *Friedrich-Alexander-Universität Erlangen-Nürnberg* - Alemanha (2014). Desde 2006, é professora na Universidade Federal de Minas Gerais, Faculdade de Farmácia, onde é líder do Laboratório de Farmacognosia e Homeopatia (GnosiaH) e membro permanente do Programa de Pós-Graduação em Ciências Farmacêuticas. Tem projetos do CNPq, CAPES, FAPEMIG, *School of Pharmacy do Trinity College, University of Dublin* e Prefeituras de Itajubá e Betim. É uma das líderes do Núcleo de Estudos Pesquisa e Desenvolvimento em Ciências Farmacêuticas (NEPDCFAR/UFMG) e coordenadora do projeto em Rede CuraÓrtese. Atua nas seguintes áreas: a) Bioprospecção e fitoquímica de espécies vegetais brasileiras com atividade biológica (química de produtos naturais); b) Padronização de extratos e desenvolvimento de métodos de análise em plantas medicinais e derivados; c) Desenvolvimento de preparações farmacêuticas com plantas medicinais e d) Quimiossistemática micromolecular. Bolsista de produtividade em pesquisa 2.

Link do lattes: http://lattes.cnpq.br/7330288730144585

SALVINA MARIA DE CAMPOS CARLI

Bacharel em Biomedicina com habilitação em Análises Clínicas. Mestre e Doutora em Neurociências pela Universidade Federal de Minas Gerais (UFMG). Especialista em Hemoterapia e Terapia Celular. Especializando em Gestão de Serviços de Saúde com foco em competências comportamentais. Professora Titular de Hematologia, Imunologia Clínica e Citologia Clínica na Faculdade de Minas-BH. Membro do Comitê de Boas Práticas de Laboratório da Sociedade Brasileira de Transplante de Medula Óssea. Biomédica no Centro de Processamento Celular da Clínica Hematológica/Grupo Oncoclínicas, atuando na Criopreservação de Células Tronco Hematopoéticas para Transplante de Medula Óssea.

http://lattes.cnpq.br/6662146223141208

SONIA FARIA MENDES BRAGA

Titulação: graduação em Fisioterapia na Faculdade de Ciências Médicas de Minas Gerais. Especialista em Geriatria e Gerontologia e em Políticas Públicas na Faculdade de Ciências Humanas e Filosofia pela Universidade Federal de Minas Gerais UFMG. Mestra em Ciências da Saúde/Epidemiologia no Centro de Pesquisas René Rachou Fundação Oswaldo Cruz - CPqRR/FIOCRUZ. Doutora em Saúde Pública pela Faculdade de Medicina da UFMG. Pós-doutora em Saúde Pública pela Faculdade de Medicina da UFMG. Experiência em pesquisa junto ao Grupo de Pesquisas em Economia da Saúde (GPES) do Departamento de Medicina Preventiva e Social da Faculdade de Medicina/UFMG. Docência na Escola de Saúde Pública do Estado de Minas Gerais e no Curso de Especialização em Saúde da Família da Faculdade de Medicina da UFMG para a formação de médicos no Programa de Saúde da Família. Atualmente, docente no curso de graduação em medicina do Departamento de Medicina Preventiva e Social e na pós-graduação em Saúde Pública da Faculdade de Medicina/UFMG, com desenvolvimento de atividades na área de Saúde Coletiva, Políticas de Saúde e Planejamento, Avaliação de Serviços de Saúde e Epidemiologia.

CV: http://lattes.cnpq.br/4926908134725561

https://www.linkedin.com/in/sonia-faria-mendes-braga-bb629251/

VANESSA CRISTINE REZENDE

Médica pela Universidade Federal de Ouro Preto (UFOP), em que participou do Projeto de Extensão "ComTATO: Aproximar e Promover Saúde" e atuou em uma ação com enfoque em crianças de zero a dois anos de idade pelo Programa PET-Saúde. Trabalhou na Atenção Primária pela Prefeitura Municipal de Belo Horizonte e, atualmente, está no último ano da Residência Médica de Pediatria pelo Hospital e Maternidade Sepaco, localizado na capital paulista.

Construindo ideias
e conectando mentes

Este livro foi composto com tipografia ITC Berkeley Oldstyle Std
e impresso em Papel offset 75gr. em março de 2023.